Knut Hamsun · *Amerika*

Knut Hamsun

Amerika

Kritische Schriften

Herausgegeben von
Tore Hamsun

Langen Müller

Aus dem Norwegischen von Jutta und Theodor Knust

Titel der Originalausgabe:
Fra det moderne Amerikas Aandsliv

Schutzumschlagmotiv:
Knut Hamsun zur Zeit der Entstehung der Schrift »Vom Geistesleben des modernen Amerika«

Umschlaggestaltung: Werner Rebhuhn, Hamburg
Satz: Jos. C. Huber, Dießen
Druck und Binden: Mohndruck Graphische Betriebe GmbH, Gütersloh
Printed in Germany 1981
ISBN: 3-7844-1869-4

INHALT

ZU DIESER AUSGABE

Knut Hamsuns Haltung während der beiden Weltkriege hat viele veranlaßt zu glauben, daß er, neben seiner antibritischen Einstellung, Amerika gegenüber ähnlich gefühlt habe. Das trifft nicht ganz zu. Seine Haltung Amerika gegenüber war zwar kritisch, wies jedoch Nuancen auf. Ebensowenig trifft zu, was fast alle Deutschen annehmen, daß Hamsun während seines ganzen Lebens durch und durch deutschfreundlich gewesen sei – er konnte unter gewissen Umständen genau das Entgegengesetzte sein.
Hamsuns Einstellung zu Amerika und England und zu andern Mächten wechselte im Lauf seines langen Lebens. Bevor er hinauskam und sich in der Welt umsah, stand er keiner Macht besonders kritisch gegenüber. Während seines Aufenthalts in Amerika spürt man dann eine gewisse englandfreundliche Neigung auf Kosten der Amerikaner. Doch später glich sich auch das wieder aus. Die Aktien der Engländer fielen wegen des Burenkriegs, der Beschießung von Alexandrien und anderer grausamer Dinge, während er nun die Zustände, die er mit Amerika verband und die ihn zum Teil verärgert und empört hatten, mit mehr Abstand betrachtete. Man kann wohl sagen, daß er keinen unveränderlichen *politischen* Standpunkt einnahm, bevor der Erste Weltkrieg vor der Tür stand. Vor dieser Zeit war seine Stellungnahme für und gegen Menschen, Zustände und Institutionen mehr von lebensphilosophischer Art. In seinem polemisch geprägten Jugendwerk ist es der Liberalismus als Lebensanschauung, den er angreift. Er verhöhnt den Engländer Gladstone, aber sein Spott trifft fast ebenso unbarm-

herzig den Franzosen Victor Hugo wie den Russen Tolstoi. Und hätten die Deutschen in den Jahren 1880 bis 90 einen liberalen Politiker oder Philosophen von Format gehabt, dann wäre auch dieser nicht verschont geblieben. – Wollte man jedoch alle Plus- und Minuspunkte über die verschiedenen Länder in Hamsuns Produktion zusammenzählen (ich habe es nicht getan), dann würde England wahrscheinlich an letzter Stelle in der Zusammenfassung stehen.
Aber einen deutlich politischen Standpunkt nimmt er damals noch nicht ein. Er ist jung, unabhängig, ständig in gärender Unruhe. Noch ist er nicht das geworden, was er selbst mit einiger Ironie einen »seßhaften Geist« nannte. Sein Gefühl für soziale Gemeinschaft ist wenig entwickelt. Das kommt erst später, als er Haupt einer Familie mit Haus und Hof ist. Mit dem Bürger Knut Hamsun entwickeln sich auch seine politischen Standpunkte.
In den Jahren vor 1914 betrachtete Hamsun Deutschland mit Achtung und Wohlwollen, doch eigentlich kaum mehr. Ja, bei gegebenem Anlaß konnte er von wirklichem Unwillen über die »Preußerei« gepackt werden. Er bewunderte die großen deutschen Denker und einige Dichter, aber eingehende Kenntnisse von der deutschen schönen Literatur besaß er nicht. Es ist bezeichnend, daß seine vielen literarischen Vorträge in der Jugend niemals einen deutschen Dichter behandelten, dagegen wohl vier französische: Balzac, Flaubert, Zola und Maupassant. Er freute sich über das Verständnis, auf das seine Bücher in den deutschsprachigen Ländern stießen, und fühlte sich wohl auch ein wenig geschmeichelt, aber man kann nicht sagen, daß er diese Länder kannte. Im Jahr 1896 lebte er einige Monate in München. Auf Hamsun machte die Stadt einen behaglichen Eindruck, und er blickte mit Sympathie auf ein Land, das sich durch Philosophie, Arbeitsamkeit und Kammermusik auszeichnete. Später traten noch handfestere Punkte dazu.

Rußland stand Hamsun auf vielerlei Weise näher als Deutschland. Hier fühlte er sogar eine geistige Verwandtschaft, einen Kontakt auf gefühlsbestimmten Gebieten, die sowohl ihn als auch seinen russischen Leserkreis erfüllten. Die Lektüre der großen Dichter und eine lange Reise durch das Land weckten in Hamsun gewisse Vorstellungen von einer »Zeit der Slawen nach der der Germanen«. Ja, er betrachtete eine solche Entwicklung als unabwendbares Schicksal – das vielleicht nicht einmal von Übel wäre.
Was England betrifft, so war Hamsuns Einstellung ebenfalls keineswegs affektiv geprägt – zu Anfang. Wie gesagt, lehnte er Gladstone und seine liberale Politik, die seiner Ansicht nach ein scheinheiliger Deckmantel war, ab, und von 1899 bis 1902 führten die Briten außerdem noch ihren Krieg gegen die Buren. Wie bei den meisten lag Hamsuns Sympathie ausgesprochen auf Seiten der Buren. Doch im Jahr 1905, als sein Land nur um Haaresbreite von einem Krieg mit Schweden entfernt war, neigte auch er dazu, Norwegens beste Stütze in England zu sehen. Noch 1908 schrieb er an seine künftige Ehefrau über einen imponierenden britischen Flottenbesuch im Hafen Kristiania. Er begrüßte ihn als eine Demonstration gegen Schweden *für* das selbständige Königreich Norwegen. Aber soweit mir bekannt, war dies auch das letzte Mal, daß er Sympathie für irgendeine politische Aktivität Englands äußerte.
Sten Sparre Nilsons Buch über Hamsun und die Politik, *En ørn i uvaer* (Ein Adler im Unwetter), Gyldendal Norsk Forlag 1960, enthält meiner Ansicht nach interessante und richtige Beobachtungen im Hinblick auf Hamsuns Verhältnis zu Amerika, England und Deutschland. Der Autor stellt die Theorie auf und untermauert sie, daß Hamsuns monomane *Konsequenz*, wenn es um das Engagement England gegenüber geht, in Relation zu einer Krise in seinem Leben gesehen werden müsse, der Krise um die Fünfzig,

die auf eine Spannung in seinem Gemüt zurückzuführen sei, auf ein verzweifeltes Festhalten an gewissen Lebensidealen – ehret die *Jungen!* Auf der äußeren Ebene werde dieser Konflikt in der politischen Situation vor dem Ersten Weltkrieg dramatisch veranschaulicht: der *junge* deutsche Staat, zu Hamsuns eigenen Lebzeiten gegründet, der in seinem ständigen Wachstum das vierhundert Jahre alte britische Weltreich bedroht.

Diese Ansicht ist sicher richtig, wenn man sich ausschließlich an Hamsuns rein politisches Engagement hält. Auf der andern Seite zeigt seine *Kunst,* gerade als er alterte, Ausgewogenheit und harmonische Entwicklung. Er bleibt ein Bahnbrecher und Erneuerer. Kein norwegischer Künstler, nicht einmal der auf vielfältige Weise geistesverwandte Edvard Munch, hat die schwere Übergangszeit von Sturm und Drang zur Resignation souveräner überwunden. Könnte man vielleicht sagen, daß ein aggressives Element in Hamsuns Natur in seinen politischen Engagements zum Vorschein gekommen sei? Nicht unbedingt. Denn auch in seinem dichterischen Werk liegt dieser antreibende Rest von Kräften, die dem Kunstwerk Tragweite verleihen und es, auch der Tendenz nach, zur Verkündigung erhöhen. Viele irrationale Momente spielen da hinein – sie zu analysieren gehört nicht hierher.

Es ist behauptet worden, daß Hamsun, wenn er England wirklich kennengelernt und eine Zeitlang unter Engländern gelebt hätte, die Nation gewiß mit andern Augen betrachtet haben würde. Möglicherweise hat diese Ansicht etwas für sich. Ebenso ist jedoch möglich, daß Hamsun, wenn er sich in den Südstaaten Nordamerikas aufgehalten hätte statt unter den Yankees der Nordstaaten, auch Amerika anders gesehen hätte. Ich persönlich glaube nicht, daß ein kürzerer oder längerer Aufenthalt in England eine *ausschlaggebende* Wirkung gehabt hätte. Man darf schließlich nicht übersehen, daß einige von Hamsuns Meinungen über die Briten sachlich begründet werden können, und zwar gerade auf den Gebieten, wo er gefühlsmäßig besonders stark reagierte. Erlauben Sie mir, als Abschluß des Themas England – Hamsun einen, wie man annehmen darf, unbefangenen Dritten, den hervorragenden englischen Schriftsteller und Journalisten Malcolm Muggeridge (*Stern,* Juli 1961) zu zitieren:

> Im vorigen Jahrhundert, als wir Engländer noch groß und mächtig waren, bildeten wir uns sehr viel darauf ein, daß man uns nicht leiden konnte. Wohl nichts bereitete dem Europa bereisenden Engländer der Oberschicht größeres Vergnügen als das Gefühl, verabscheut zu werden – aufgrund seines arroganten Wesens und aufgrund der hartnäckigen Weigerung, andere Sprachen als die eigene zu sprechen oder zu verstehen. Insofern war er das ganze Gegenteil zu dem heutigen amerikanischen Touristen, der von der innigen, aber eitlen Hoffnung besessen ist, überall geliebt zu werden. – Heute, wo Britannia aufgehört hat, die Meere zu beherrschen – jetzt, wo es eine gewöhnliche Erscheinung ist, daß alle vierzehn Tage ein Stück Kolonialgebiet mit Flagge, Nationalhymne und Stimme in den UN sich selbst überlassen wird –, heute sieht der reisende Engländer zu seinem großen Verdruß der Gefahr ins Auge, daß man ihn wirklich mag, daß man seine Art, sich mit den Dingen abzufinden, ehrlich bewundert. Das ist eine neue und höchst verwirrende Erfahrung.

Ja, um die Wahrheit zu sagen, glaube ich, daß heute Hamsun selbst einen solchen Engländer mit milden Augen betrachten würde. Von *seinem* Standpunkt aus.
Doch einstweilen ist es Knut Hamsuns Verhältnis zu Amerika und zum amerikanischen Geistesleben, von dem dieses

Buch ein Bild vermitteln soll, und ich wähle als Ausgangspunkt für meine Einleitung eine Begebenheit, deren ich mich selber noch gut erinnere.
Im Sommer 1927 bekam mein Vater einen Brief, der – übersetzt – folgendermaßen lautete:

St. Louis, 14. Juni 1927

Lieber Mr. Hamsun,
Die St. Louis Post-Dispatch, die von meinem Vater Joseph Pulitzer am 12. Dezember 1878 gegründet wurde, wird im Dezember 1928 ihre Jubiläumsnummer zum 50. Jahrestag herausgeben. Ich erkühne mich, Sie zu bitten, uns zu helfen, diese Ausgabe zu etwas über das gewöhnliche Hinausgehende zu machen, indem Sie uns einen Beitrag geben.
Die Leitartikelseite wird einer Zusammenfassung von Meinungsäußerungen über unsere Zivilisation, die Richtung, die sie nimmt, mit einer Beurteilung der jüngsten, sie beeinflussenden Strömungen und einem Ausblick über die wichtigsten Gedanken gewidmet, die in unserer Zeit darüber geäußert werden, was uns die Zivilisation bringen wird.
Ich schicke Ihnen Mr. Clair Kenamore, unsern Auslandsredakteur, der alle Einzelheiten mit Ihnen besprechen kann.
Selbstverständlich sind die Fragen, die überall auf der Welt die Gedanken beschäftigen, die, wie der Mensch geworden ist und wohin es geht. Das ist die Bedeutung dieser gärenden Unruhe, an deren Ursachen und an deren vermutlichen Auswirkungen die Post-Dispatch interessiert ist. Wir wissen, daß Sie, wie alle denkenden Menschen, an dem Thema interessiert sind und eine Meinung dazu haben. Ich hege deshalb die besondere Hoffnung, die Ehre und Freude zu haben, Ihren Namen auf der Li-

ste derer zu finden, die einen Beitrag leisten werden, und gestatte mir zu verbleiben

Ihr ergebener
Joseph Pulitzer
Redakteur

Die Antwort meines Vaters an Mr. Pulitzer liegt in einem nicht sehr eleganten, aber verständlichen Englisch in Kladde vor:

I thank you faithfully for your letter and will try to write that article, it is for me a great honour, and I hope to satisfy you as I may think, compose and write in my native language. Mr. Knopf will point out an able translator.

Yours truly
K. H.

Der Artikel wurde am 12. Dezember 1928 in der *St. Louis Post-Dispatch* und am gleichen Tag in einer Reihe von europäischen Zeitungen unter dem Titel *Festina lente* veröffentlicht.

Welche Gedanken mögen Hamsun bewegt haben, als er diese Bitte von Mr. Pulitzer erhielt? Unterschieden sie sich sehr von denen, die er in diesem Artikel zum Ausdruck brachte? Seine erste Reaktion war vielleicht ein Anflug von Triumph. Vielleicht dachte er eine Sekunde lang an die Zeit zurück, als eine weltweit bekannte amerikanische Zeitung noch völlig außerhalb seiner Reichweite lag. Und nun kam sie zu ihm. Der Sohn des Mannes, der den Pulitzerpreis gestiftet hatte, bat um seine Hilfe für die Jubiläumsnummer einer Weltzeitung, um »etwas über das gewöhnliche Hinausgehende«...

Hamsun war jetzt ein weltbekannter Dichter, auch in Amerika viel gelesen. Es war lange her, daß er dort geschuftet und Enttäuschungen erlitten hatte. Und die Jahre hatten ihm viel Zeit zum Nachdenken gelassen. – Ich sehe ihn noch vor mir, wie er den Brief sorgfältig zusammenfaltet, ihn wieder in den Umschlag steckt, sich, nachdenklich vor sich hinsummend, an seinen Patiencetisch setzt und die Karten gründlich mischt, während sich ein schiefes Lächeln seinen Weg bahnt – doch nur einen Augenblick lang. Mit rituellem Ernst legt er die Karten aus. Festina lente.

Zweifellos war es dieser Aufenthalt in Amerika, der dem jungen Knut Hamsun die letzte Reife gab und ihm den Weg zum literarischen Durchbruch bahnte. Dieser gewaltige Umschwung von den provinziellen Verhältnissen zu Haus zu den bunten Bildern einer Neuen Welt wirkte selbstverständlich schockierend, abstoßend, erregend – auf alle Fälle aufbauend.

Hamsuns Zeit in Amerika erstreckt sich, wie bekannt, über zwei Perioden von insgesamt gut vier Jahren – von Februar 1882 bis Herbst 1884 und von Herbst 1886 bis Sommer 1888. Hamsun hielt sich nicht als Stipendiat, Gast oder Tourist in den Vereinigten Staaten auf. Ihm wurde nicht, wie Bjørnstjerne Bjørnson einige Jahre früher, von Norwegisch-Amerikanern mit Hurrarufen zugejubelt. Hamsun kam als Emigrant, und jeden Tag hatte er von neuem um sein tägliches Brot zu kämpfen, für eine Position unter seinen Landsleuten dort drüben und für das, was an literarischem Talent in ihm brannte.

Mit einem Empfehlungsschreiben von Bjørnstjerne Bjørnson glaubte er, für den Anfang gut gerüstet zu sein. Doch Rasmus B. Anderson, Professor für nordische Literatur in Madison, Wisc., raubte ihm bald alle Illusionen im Hinblick auf die Ausübung der norwegischen Dichtkunst in Amerika. Er riet dem jungen Schriftsteller, richtige Arbeit anzunehmen. Was Hamsun auch tat. Doch Arbeit und Aufenthaltsorte wechselten im Lauf der vier Jahre, die er in

den Staaten lebte. Er wurde Erdarbeiter und Schweinehirt auf einer Farm – Handlungsgehilfe in Elroy, Wisc. – Kontorist in einer Holzhandlung – Sekretär bei dem Dichter und Pastor Kristofer Janson in Minneapolis – Erntearbeiter auf der Prärie – Straßenbahnschaffner in Chicago – Verfasser von literarischen Vorträgen, die er selbst hielt, und Journalist. Viele Jobs und viele Sorgen – und was hatte er davon? – Darüber hat sich Hamsun selbst unmittelbar in seinen Briefen an Freunde und Bekannte geäußert. Wir hören da von großen und kleinen Begebenheiten von einem Tag zum andern, von der harten Jagd nach einem Job, und hier können wir uns in seine Stimmungen einlesen.
Der erste Eindruck von New York ist von starker Wirkung. Hamsun ist noch so jung, so frisch und voller Erwartungen. Er schreibt am 19. Februar 1882 an Torger Kyseth in Raufoss:

> Sie, Torger, hätten mit in New York sein und all die Herrlichkeiten dort sehen müssen. Die Eisenbahn geht hinauf in die Luft über die Dächer der Häuser, und Telegrafen- und Telefondrähte spannen sich zu Tausenden von einem Haus zum andern; die Brücke von New York nach Brooklyn ist ungefähr acht Kilometer lang; dort führt die Eisenbahn entlang; und darüber sind feine Stahldrähte zu einem Netz gespannt, auf dem die Fußgänger gehen. Diese Brücke ist die größte Ingenieurleistung der Welt und liegt so hoch, daß man in eine andere Luftschicht kommt, wenn man darübergeht; und ein furchtbarer Wind bläst dort. Und die Häuser müßten Sie sehen! Ich habe in New York Häuser mit dreizehn Etagen gefunden, von denen zwei Stockwerke unter der Erde liegen. Eines Tages ging ich mit einem Brief zum »New York Post Office«, d.h. zum Postamt. Als ich hinkam, wurde ich auf irgendeiner schaukelnden Vorrich-

tung in die zweite Etage gezogen; abwärts ging ich die Treppen hinunter, aber die wollten fast kein Ende nehmen. Das Postoffice ist auch ein ganz ansehnliches Gebäude; es erstreckt sich über ein ganzes Stadtviertel und ist genau quadratisch.

Das neue Rathaus in Chicago ist gleichfalls quadratisch und nimmt fast das ganze Viertel an der New Street ein; es ist das *schönste* Gebäude, das ich gesehen habe. Der Granit ist so blank, daß wir uns darin gespiegelt haben, und die Ornamente sind reine Kunstwerke aus Europa.

Aber der junge Hamsun hatte etwas anderes zu tun, als sich in blankgeschliffenem Granit zu spiegeln. Die tägliche Mühe ohne Aussichten für die Zukunft war es, die sein Dasein prägte. In seinem allerletzten Buch, *Auf überwachsenen Pfaden,* das er fast siebzig Jahre später schrieb, erinnerte er sich:

Nein, keine großen Dinge und Besonderheiten, nur eine Reihe einzelner Erlebnisse von einem Tag zum andern in einer fremden Landschaft und einer kleinen trockenen Präriestadt. Nicht einmal ein Fluß war da, und es gab keinen Wald, nur ein wenig Gestrüpp. Es ging mir recht gut, ich arbeitete in der Landwirtschaft bei anständigen kleinen Leuten, aber ich wurde von Heimweh gequält und weinte oft. Meine Hausmutter lächelte nachsichtig, sie lehrte mich das Wort *homesick.*

Es war dennoch weder Heimweh noch Hunger, was Hamsun schließlich zwang, Amerika zum erstenmal zu verlassen. Es war eine ernste Erkrankung. Damals glaubte man, es sei Tuberkulose, doch vermutlich ist es eine bösartige Bronchitis gewesen. Als er von dem Arzt in Minneapolis, der ihn behandelte, aufgegeben worden war, fuhr er nach Norwegen zurück – um zu sterben.

Es dauerte lange, bis er sich erholte. Aber ein Jahr in der Luft des Landesinneren unter freundlichen Menschen in Aurdal in der Landschaft Valdres gab ihm die Gesundheit zurück. Er wohnte im Hotel Frydenlund, wo er auch Artikel für Zeitungen in Kristiania schrieb und literarische Vorträge hielt. In Valdres fand er einen Freund fürs Leben, den Postmeister Erik Frydenlund.

Als Hamsun im Herbst 1886 wieder in Amerika landete, schrieb er an den Freund in Aurdal:

> Ich bin in Chicago. Jetzt – es ist gar nicht so leicht, hier einen »Job« zu bekommen, ich bin bei ungefähr hundert Stellen gewesen und habe Hunderte von Bewerbungen auf Annoncen in der »Chgo. Tribune« geschrieben, ohne Erfolg zu haben. Vor ungefähr zwei Wochen habe ich diese Jagd begonnen. Dann dachte ich: Nein, jetzt ist Schluß mit der Qual des Wartens! Und ich ging zur Eisenbahn auf Arbeit – mitten auf den Straßen Chicagos. Gestern war mein erster Tag. Wir sind fünf- bis sechshundert Mann, der Lohn beträgt 1,75 Dollar den Tag, aber es ist eine gewaltige Arbeit. Für den nächsten Monat ist mir ein brillanter Zukunftsposten als Kondukteur bei der Kabellinie versprochen worden. Ich will dir erklären, was das ist. – Hier begegnet man in den Straßen Trambahnwagen, die von selbst fahren, keine Pferde, kein Dampf, man sieht nur diese Reihe von Wagen einem entgegenkommen, und niemand kann erkennen, was die vorantreibt. Die Sache ist aber die, daß sich unten in der Erde eine Einrichtung befindet, die die Wagen vorwärtstreibt, ein Kabel, mehrere englische Meilen lang, und mitten zwischen den Bahngleisen ist eine Spalte, in welcher die Zugvorrichtung läuft, die die Bahn mit dem in die Erde gegrabenen Kabel verbindet. – An einer solchen Bahn werde ich nach Ablauf eines Monates angestellt.

Zunächst werde ich lediglich als Reserve beschäftigt, und dafür bekomme ich etwa 50 bis 60 Dollar im Monat, wenn ich jedoch im Frühjahr eine reguläre Kabelbahn fahre, kann ich den Lohn bis auf 100 Dollar bringen. Das ist, wie gesagt, ein Zukunftsposten. Wenn ich nur gesund bleibe, damit ich den Posten nutzen kann. Ich hoffe es. Hier gibt es Hunderte von Bewerbern für Stellungen dieser Art, aber nun habe ich das Wort des Direktors darauf, daß ich eingestellt werde, und er hat meinen Namen vorgemerkt. Huih!

Hamsuns Optimismus ist vielleicht nicht ganz so echt, wie er ihn gern erscheinen lassen möchte. Das geht später aus dem Brief hervor, in dem er schreibt, daß die Arbeit gewaltig an seinen Kräften zehrt, daß seine Hände davon kaputt gehen, so daß ihm das Schreiben schwer wird. Doch das tut er deutlich zu dem Zweck, daß der Freund, der ihm Geld geliehen hat, nicht die Zuversicht verliert, dieses wiederzubekommen. Eine »Zukunftsstellung« bei der Straßenbahn von Chicago gibt ihm mehr Kredit als eine noch so schwindelerregende Berufung zum Dichter.
Kristofer Janson erzählt in seinen »Lebenserinnerungen« von 1913 von einer Begegnung mit Hamsun im Sommer 1887: »Er vertraute mir auf der Straße an, daß er sich mit einem Roman beschäftige, den zu schreiben er aber nie die Ruhe finde, weil er immer daran denken müsse, wie er sich das Essen für den Tag beschaffen könne. Sein schöner Vortrag über Maupassant, Flaubert, Zola u.a. brachte keine Einnahme; denn was verstand schon das kleinbäuerliche Volk zu Haus von einer geistreichen Darstellung von Dichtern, deren Namen die Leute vielleicht noch nie gehört hatten? In seiner Verzweiflung glaubte er, Friseur werden zu müssen, da er beim Haarschneiden geschickt war. Er hatte das als Schuhmacherlehrling in Bodø geübt. In jenem Som-

mer bekam ich einen Brief von ihm, in dem er humoristisch sein Landstreicherleben schildert. Der Brief ist datiert Casselton, 16. Juli 1887 und lautet folgendermaßen:

Wir nahmen Heuer von Minneapolis für Eisenbahnbauarbeit dort draußen. Früh am Morgen setzte man uns auf der leeren Prärie ab. Drei Leinenzelte standen in der Nähe, das war alles, was wir sahen. Hu, dort wollten wir nicht bleiben! Deshalb nahmen wir unsere Säcke auf den Nacken und zogen zu Fuß zur nächsten Stadt. Von dort per Bahn nach einer andern Stadt, um Landarbeit anzunehmen. Bekamen keine. Dann nach Fargo, wo wir nachts in einem leeren Güterwagen schliefen, der einsam auf den Schienen stand. Am Morgen rasierte ich mich unter einer Brücke, unter der, die nach Moorhead hinüberführt, beobachtet und verfolgt von einer alten Waschfrau, die Kleider im Fluß spülte. Wir bekamen auch in Fargo keine Farmarbeit. Deshalb zogen wir hier herunter nach Casselton in Dakota, wo wir wieder in einem verlassenen Güterwagen logierten. Dann kam der 4. Juli. Wir – drei von uns – erfreuten uns, so gut es gehen wollte, an einer Flasche Bier und einem großen Roggenbrot. Am 5. brachen wir auf, trotteten sechs Meilen landeinwärts und bekamen Arbeit auf einer sogenannten »Großfarm«, wo wir inzwischen nach zwei Tagen weggejagt worden sind, weil wir uns das grobe Geschimpfe nicht gefallen lassen wollten. Also wieder nordwärts nach Casselton, abermals sechs Meilen nach der andern Seite hinaus, wo wir wieder Arbeit fanden und noch sind.
Es war ein bißchen abenteuerlich, wie wir gereist sind, aber ganz interessant. Da sind wir also jetzt in Dakota und werden gewiß bis nach der Ernte bleiben. Die Bezahlung ist übrigens nicht so besonders.
Ein scheußliches Land, dieses Dakota! Wie ein Meer. Es

macht auf mich den gleichen Eindruck wie der Atlantik – genauso. Die Wagen draußen auf den Straßen scheinen zu schwimmen, die Häuser zu fliegen. Es ist trostlos einförmig. Und dann am Tag bei der Arbeit die starre heiße Sonne, weiß, geifernd, so grausam heiß. Nicht eine Wolke über uns. Der Wind ist wärmer als lau. Und auf Meilen im Umkreis gibt es nicht einen einzigen Schatten. Auf den sogenannten Baum-Claims steht hier und da ein Busch. Ein trauriger Anblick. Die Zweige spreizen sich aufwärts, als wollten sie diese gefräßige Ofenhitze um Gnade bitten. Der Stamm, die Rinde nur erbärmlicher verbrannter Zunder. Aber der Sonnenuntergang ist ganz unvergleichlich. Ich habe niemals woanders etwas wie dieses Rot gesehen, das so blutig um die Sonne geifert. Niemals auf einem Gemälde, niemals in einem Gedicht. Ich glaube, daß es überhaupt keine Sprache dafür gibt. Jacobsen hätte das einmal sehen müssen.
Hier ist es langweilig. Wir sind dreißig Mann auf dieser Stelle; aber sie sind ja alle Farmer, geistige Internatslehrlinge. Entschuldigen Sie diesen schlampigen Brief. Ich bin jetzt Farmer. Und Sie sind wohl Dichter, nur Dichter in diesen Tagen?

Wenn der Ton auch ganz munter ist, so ist er doch nicht ohne Beiklänge. Man merkt, daß Hamsun der intellektuelle Kontakt fehlt. Aber der optimistische Schaffensdrang war nun einmal das, was ihn beherrschte, was dominierend war, wenn die unmittelbaren Eindrücke vorüberströmten und in der sprachlichen Einkleidung Stil und Form erhielten. Dieser Schaffensdrang bedeutete mehr als die faktische Situation, in der sich Hamsun befand.
Hamsuns Briefe aus der amerikanischen Zeit zeigen eine Mischung aus Schrecken und Bewunderung für das amerikanische Tempo, die Effektivität und Technik. Wenn die

Briefe auch Kritik enthalten, so ist diese im ganzen positiv und steht im Widerspruch zu dem, was Hamsun kurz nach der Heimkehr über amerikanische Verhältnisse sprach und schrieb. Diese Inkonsequenz ist bezeichnend dafür, daß *Stimmungen* stets stärker auf Hamsuns Geist eingewirkt haben als Tatsachen. In Verbindung mit der Kritik an Amerika tritt auch seine akut oppositionelle Haltung Bjørnson gegenüber ins Bild. Die bjørnsonfeindliche Periode währte zwar nicht lange, war jedoch intensiv genug, um Hamsuns Kritikertätigkeit ihren Stempel aufzuprägen – darauf werde ich noch zurückkommen.

Als Knut Hamsun nach einem umhergeworfenen Dasein im amerikanischen Mittelwesten wieder den heimatlichen Küsten zusteuerte, war er ebenso arm und unbekannt wie damals, als er zum erstenmal auszog. Dennoch war er am Mißgeschick gewachsen, hatte Erfahrungen gesammelt, festeres Vertrauen zu sich und seinem Talent gewonnen – und sein Gepäck war voller Entwürfe, Essays, Vorträge und Novellen. Er war gar nicht schlecht gerüstet, der junge Mann, der eines Sommertages im Jahr 1888 in Kopenhagen an Land ging, die Vorarbeiten für das Werk *Vom Geistesleben des modernen Amerika* in der Reisetasche über der Schulter.

Aber der Anfang war schwierig. In Amerika hatte er wenigstens nicht gehungert. Hier in Kopenhagen durchlebte er eine überaus kritische Zeit und litt unstreitig Not. Erst als er mit dem Schriftsteller Erik Skram und den Brüdern Brandes in Verbindung kam, war die Krise für eine Zeit überwunden.

Das erste, was von Hamsun in Kopenhagen gedruckt wurde, war eine Abhandlung über Kristofer Janson. Sie erschien im Oktoberheft 1888 der radikalen Zeitschrift *Ny Jord* (Neue Erde) des Verlegers Gustav Philipsen. Im Novemberheft folgte Hamsuns erster Teil von *Hunger,* der ihm mit einem Schlag einen Namen in literarischen Kreisen eintrug und ihm bis zu einem gewissen Grad den Weg ebnete.

Hamsun hatte noch eine Menge Stoff aus Amerika unverarbeitet liegen. Davon benutzte er vieles. Er mußte ja für den Lebensunterhalt schreiben. Was er am liebsten wollte, nämlich ununterbrochen an *Hunger* arbeiten, das ließ sich aus wirtschaftlichen Gründen nicht machen.

Nun hatte Hamsun in der letzten Zeit in Amerika eine Reihe von Vorträgen über amerikanische Verhältnisse gehalten, die für ein skandinavisches Publikum berechnet waren. Diese hatten eine gewisse Aufmerksamkeit geweckt. Nach dem Erfolg des ersten Teils von *Hunger* war Hamsun ein interessanter Mann geworden und erhielt eine Einladung von der Studentenvereinigung in Kopenhagen, einen Vortrag zu halten. In einem Brief vom 18. Dezember 1888 an seinen norwegischen Mäzen, den Großkaufmann Johan Sørensen, berichtet Hamsun selbst darüber:

> Meine Schrift über Amerika ist eine Abhandlung. Es verhält sich so, daß ich gebeten wurde, hier in der Studentenvereinigung einen Vortrag über Henry George zu halten. Ich erwiderte, daß ich nicht über Henry George sprechen wolle, jedoch bereit sei, eine kleine Darstellung des geistigen Lebens in Amerika überhaupt zu geben – nur müsse ich um freie Hand bitten, da meine Eindrücke vom amerikanischen Geistesleben in den allermeisten Punkten von den üblichen, u. a. auch von denen Bjørnsons, abwichen. Darauf ging man ein. Als ich diesen Vortrag nun ausarbeitete, wurde es – ehe ich es mich versah – ein ganzes kleines Buch, und ein ganzes kleines Buch konnte ich ja nicht als Vortrag an einem Abend bringen; ich mußte deshalb um einen zweiten Abend bitten. Nun

habe ich vorigen Sonnabend den ersten gehalten. Es war das dankbarste Publikum, vor dem ich jemals gesprochen habe; ich glaubte, sie würden toll. Philipsen, der anwesend war, kam sofort auf mich zu und sagte: »Ich drucke die Schrift.« Nun hatte ich gerade gefürchtet, er werde auf Grund der hektischen Opposition, die mein Vortrag zum Ausdruck brachte, nicht dazu bereit sein; und nun nimmt er ihn doch – ohne den zweiten gehört zu haben...

Auch Hamsuns zweiter Vortrag wurde offensichtlich ein Publikumstreffer. Hamsun schrieb am 13. Januar 1889 einen Brief an den Bibliothekar Victor Nilsson, seinen schwedischen Freund in Minneapolis:

> Das letzte Mal war Georg Brandes* anwesend und hielt hinterher eine Rede auf mich, die die wärmste Anerkennung darstellte, die ich mir in meinem Leben nur wünschen kann. Hätte ich die Hälfte seines Lobes verdient, wäre ich ein großer Mann. Aber ich ziehe ab, daß er nachsichtig war – nachsichtig mit einem Anfänger. Und damit verringert sich seine Äußerung sehr – ungeheuer. Inzwischen soll also das Buch herauskommen, und das werden Sie auch zugeschickt bekommen. Verlassen Sie sich darauf.

Hamsun fügt jedoch hinzu, daß diese Vorträge für die Veröffentlichung als Buch erheblich umgearbeitet werden müßten. – Hatte er den Argwohn, daß diese Arbeit, die ihn Wochen und Monate in Anspruch nahm, vielleicht nicht auf der Ebene lag, die er im tiefsten Innern erstrebte? Vieles deutet darauf hin. In einem Brief vom 18. Mai 1889 an

---

* Georg Brandes (1842–1927), dänischer Zeitkritiker und Literarhistoriker, stammte aus einer jüdischen Kaufmannsfamilie. Er lebte in den Jahren von 1877 bis 1883 in Berlin. (A. d. Ü.)

Amalie Skram gibt er Edvard Brandes recht darin, daß das Buch ein Pamphlet sei – »sonst hat er ja in vielem andern unrecht«. – Doch unabhängig davon war er optimistisch damit beschäftigt, aus dem Geistesleben Amerikas Hackfleisch zu machen, besessen von aufrichtiger Entrüstung und durchströmt von einem Humor und einer Schreibfreude, die bewundernswert sind, wenn man an die Bedingungen denkt, unter denen er arbeitete.
Wahrscheinlich hat ein Motiv von der heimischen Kulturfront mit hineingespielt, wenn man Hamsuns gewalttätig oppositionelle Haltung Amerika gegenüber beurteilen will. Das Motiv hieß Bjørnson. Norwegens Dichterkönig, den Hamsun ja aus aufrichtigem Herzen bewunderte, konnte einen in seiner pompösen Selbstsicherheit auch durchaus irritieren. Er war gerade von einem Triumphzug durch die Vereinigten Staaten heimgekehrt und war in Schrift und Rede randvoll angefüllt von Lobesworten über das, was er in diesem herrlichen Land gesehen und erfahren hatte. Bjørnsons Kritik stand in keinem Verhältnis zu seinem Lob. Hamsun reagierte stark auf diesen Widerspruch. Seine Meinung war, daß Bjørnson ein falsches Bild von den Zuständen gezeichnet habe. In einem Brief an den Journalisten Brækstad, der in London lebte und neutral war, sagte Hamsun: »Ich werde sowohl in der Presse der Linken wie der Rechten angegriffen werden – vielleicht mit Bjørnson an der Spitze.« Und von diesem Standpunkt aus handelte er. *Vom Geistesleben des modernen Amerika* ist nicht nur Hamsuns Abrechnung mit Amerika, sondern gleichzeitig eine Herausforderung an Bjørnson und die Haltung der norwegischen Presse Amerika gegenüber. Der Kampfhahn Hamsun scheute kein legales Mittel, um sich beim Bürgertum in ein schlechtes Licht zu setzen – er hatte seine Absichten dabei. An Victor Nilsson schrieb er am 4. März 1889:

> Es wird doch kein kleines Buch, wie ich erst glaubte. Aber wenn es erschienen ist, kann ich mich in Amerika sicher nie wieder zeigen. Es ist so durch und durch subjektiv, und ich habe beim Ausarbeiten keine Werke zur Verfügung gehabt – nur mein Gedächtnis und einige im Vortrag und in Notizbüchern verstreute Notizen. Aber ich glaube, das Buch wird leidlich interessant, denn es ist andern Büchern über Amerika unähnlich, es bringt *meine* schiefe Ansicht über das Philisterland zum Ausdruck und ist gewaltig oppositionell. Hier werde ich vermutlich in allen Zeitungen deswegen verrissen werden . . . Aber gelänge es mir auch nur, den Leuten damit einzuhämmern, daß ich trotz meiner schiefen Ansichten literarische Kraft besitze, so wäre ich nichtsdestoweniger zufrieden.

Im April 1889 erschien dann endlich das Buch *Vom Geistesleben des modernen Amerika.* Hamsun schickte es an eine Reihe seiner Freunde und an möglicherweise Neutrale, von denen er glauben durfte, sie würden es besprechen. Ein Brief vom 9. April 1889 an Victor Nilsson ist voll von düsteren Prophezeiungen darüber, wie die Zeitungen und Bjørnson reagieren werden:

> Bjørnson wird rasen, und seine ganze Horde von journalistischen Seminaristen wird mit ihm heulen. Der einzige Mann hier im Lande, der außer Georg Brandes die radikalen Absichten meines Buches verteidigen wird, ist Arne Garborg in Norwegen.

Hamsun sollte sich irren. Bjørnson griff ihn nicht an. Garborg verteidigte ihn nicht. Keiner von beiden äußerte ein Wort – und das war wohlberechnet. Aber das Buch erregte Aufsehen. Es wurde diskutiert und es wurde gekauft. *Dagbladet* brachte eine lobende Besprechung, und am

9. Mai 1889 schrieb Georg Brandes eine lange Kritik in *Verdens Gang.* Er leitete sie folgendermaßen ein: *»Dieses überaus gut geschriebene Buch, mit dem ein nervöses, stärker strebendes als suchendes Talent debütiert, wird große Aufmerksamkeit wecken ...«* Brandes ist sehr wohlwollend, aber nicht *ausschließlich* lobend. Er hat offensichtlich nichts gegen die radikale Tendenz und den respektlosen Ton des Buches, das ihn sehr belustigt. Aber er rügt eine gewisse Effekthascherei und einige Stellen sprachlicher Schluderei. In dem letzten Punkt muß ihm Hamsun, wie ich meine, recht gegeben und sich bis in sein Alter daran erinnert haben. Er soll das Buch einmal wieder durchgeblättert, aber schnell wieder weggelegt haben – zu schnell. Es durfte nie wieder aufgelegt werden. Jedenfalls nicht, solange er lebte. Ich wollte den Grund wissen. Ob er seine Auffassung über das Geistesleben Amerikas geändert habe. Ja, das auch, aber der Hauptgrund sei: Es ist so schlecht geschrieben!
Brandes beschloß damals seine Kritik jedoch so: *»Hier ist ein neuer und hervorragender Prosaschriftsteller, ein Autor, der selbständig denkt, der etwas will, etwas kann, bereits etwas ist und noch mehr werden wird.«*
Daß Hamsun bei diesem Debut im großen und ganzen gut davonkam, lag gewiß allein an seinem frischen spöttischen Ton, der so entwaffnend wirkte. Der Mark Twain des angegriffenen Amerika lächelt uns zwischen den Zeilen an. Die Leser nahmen Hamsun nur zur Hälfte ernst. Etwas, was übrigens Hamsuns Los bis zum letzten Tag blieb: Der Stilkünstler, der Artist Knut Hamsun – *ja!* Der Zuchtmeister, der Kritiker – um nicht zu sagen, der Politiker – *nein!* Doch wenn es etwas gab, was sich Hamsun wünschte, dann gerade, als Zuchtmeister und Kritiker ernst genommen zu werden. Was man von ihm als Dichter hielt, bedeutete um so weniger für ihn, je stärker sein dichterisches Genie offiziell anerkannt wurde.

Aber damals war er jung und von ehrgeizigen Zielen erfüllt, äußerst interessiert daran, wer ihn lobte, ihn empfahl oder ihn als Schriftsteller angriff.
Beispielsweise war der nordamerikanische Geistliche Tambs Lyche kein Anhänger von Hamsuns aristokratischen Ansichten; er glaubte an die Entwicklung einer »Geistesdemokratie« in den Vereinigten Staaten. Hamsun antwortete ihm am 4. August 1891 in *Dagbladet* unter dem Titel *Schwarzer Himmel.* Hamsun hatte seine Auffassung von Amerika nicht geändert, und es ergab sich insofern also nichts Neues. Doch in einer Nachschrift wandte er sich gleichzeitig an den Redakteur von *Dagbladet,* und ich zitiere den größten Teil dieser Nachschrift, weil Hamsun hier zum erstenmal mit ironischem Spott den Amerikanismus, wie er ihn sah, *in seinem eigenen Land* angegriffen hat – eine scharfe Einstellung zu dem, was sich damals als Symptom erwies und was seither zum Prinzip in der modernen Zeitungsreportage werden sollte:

> Könnten Sie, Herr Redakteur, nicht so freundlich sein, nur ein Zehntel der Telegramme, die Sie über amerikanische Eisenbahnunglücke erhalten, aufzunehmen? Ich glaube nicht, daß Sie damit Abonnenten verlieren würden, ich glaube auch nicht, daß irgendeine norwegische Zeitung damit Abonnenten verlieren würde, wenn Sie sich zu dieser Einschränkung entschlössen. Im Tageblatt für den 4. Juli – ich erinnere mich gerade dieses Datums, weil es der Freiheitstag der Amerikaner ist – standen sogar zwei telegrafische Berichte über ein neues Eisenbahnunglück in Ohio: Eingelaufenen Nachrichten zufolge wurden dort neunzehn Leichen aus den Trümmern gezogen. Späteren Nachrichten zufolge waren es zwei Wagen, die sich bei dem Zusammenstoß entzündeten. Aber den allerspätesten Nachrichten zufolge waren es auf Ehre

und Seligkeit siebenundzwanzig, und nicht neunzehn, Yankees, die umkamen.

Darf ich fragen: Kann es den Lesern des Tageblatts nicht ziemlich schnuppe sein, ob es zwei oder ein Wagen waren, die in Brand gerieten, ob es neunzehn oder siebenundzwanzig Yankees waren, die umkamen, ob es in Ohio oder nicht vielleicht in Pennsylvanien geschah, ja ob sich schließlich dieses amerikanische Unglück überhaupt ereignet hat – dürfte das alles nicht wirklich schnuppe sein? Der Bericht nahm eine Viertelspalte des Tageblatts, des Morgenblattes und der Intelligenzzeitung ein; die Zeitschrift *Verdens Gang* dagegen brachte nicht ein Wort über die Sache. All diese amerikanischen Feuersbrünste, Überschwemmungen, Zyklone, Morde und Eisenbahnzusammenstöße, diese täglichen Unglücksfälle im Yankeeland haben wenig oder gar kein Interesse für uns; überdies müßte sich Europa, was Morde und Katastrophen betrifft, wohl selbst ernähren können. In derselben Nummer des Tageblatts vom 4. Juli kommt also ein durchaus vortreffliches Eisenbahnunglück bei Ingolsheim vor, ein superbes Unglück, man mußte sogar einen Extrazug mit Ärzten zum Ort des Geschehens schicken. Weshalb dann importieren? Ich fühlte mich, offen gestanden, so verwöhnt von der kleinen niedlichen Katastrophe bei Ingolsheim, daß ich, als ich zu dem Zusammenstoß in Amerika kam, diesen nur noch mit dem halben Appetit las...

Je mehr Jahre verstrichen, desto stärker entwickelte sich Hamsuns unmittelbares Engagement im Hinblick auf Amerika. Desto heftiger stellte er sich gegen einen großen Teil des Einflusses, den Amerika in immer stärkerem Maß auf unseren alten Kontinent ausübte. Hamsun sah das Problem aus *seiner* Perspektive.

Als Johannes V. Jensen sein Buch *Den ny Verden* (Die neue Welt), eine sehr positive Analyse Amerikas als Kulturmacht, veröffentlichte, erwiderte Hamsun darauf in einem offenen Brief, *Bondekulturen* (Die Bauernkultur), abgedruckt im Jahr 1908 in *Tilskueren.* Der Ton ist jetzt ruhiger, aber die Absicht wird deutlich genug: ein Angriff auf den Zeitgeist. Hamsun sieht mit prophetischem Klarblick den Schaden – den inneren Schaden –, den die Unruhe, die Hetze und die Mechanisierung mit sich bringen. Er wehrt sich gequält gegen eine Entwicklung, die den Menschen von Zufriedenheit und innerer Harmonie und von beschaulicher Ruhe entfernt:

> Es fegt ein Zug über die Prärie. Für den, der seine Seele bei diesem Anblick und diesem Geräusch in dieser Umgebung erfrischt fühlt, ist alles gut. Doch nicht *alle* können zu jeder Zeit das gleiche fühlen. Wenn der Zug vorüber ist, bleibt etwas zurück und klingt lange und gesegnet mit einer unbesiegbaren Melodie. Hast du mitten im Meer der Prärie gestanden, allein auf der Welt, den Himmel über dir? Habt ihr dagestanden und einander angeschaut, der Himmel, die Prärie und du? – Natürlich niemals; ich sehe, wie du eine Grimasse über meine vollendete Lächerlichkeit schneidest.

Mehrere von Knut Hamsuns literarischen Arbeiten, angefangen bei den ersten Novellen bis zu seinem letzten Buch *Auf überwachsenen Pfaden,* entnehmen ihre Stoffe der Neuen Welt. Aber seine zusammengefaßte Ansicht, seine Reaktion auf Amerika und seine Bewohner finden wir an drei Stellen konzentriert: *Vom Geistesleben des modernen Amerika, Bauernkultur* und *Festina lente.*

Zwischen dem ersten Buch und dem letzten Aufsatz liegen vierzig Jahre. Im ersten Buch opponierte er gegen Autoritäten und hergebrachte Meinungen. Der Ton war locker, spöttisch und nicht sehr wohlerzogen. Der letzte Aufsatz ist urban in der Form, höflich in der Anerkennung der Leistungen Amerikas. Hamsun versteht zu urteilen und läßt gern dem die volle Ehre zuteil werden, der sie seiner Ansicht nach verdient. Sieht man jedoch von dieser Anerkennung ab, dann ist es doch die *Kritik,* die dem Artikel *Festina lente* den eigentlichen Inhalt und den Sinn gibt, der sich bei Hamsun zu einer Lebensanschauung verdichtet. Sigurd Hoel schrieb im Jahr 1929 in seinem Artikel *Knut Hamsun und Amerika: »Die Einwendungen gegen ein Phänomen wie das moderne Amerika sind so, wie man sie mit logischer Notwendigkeit von dem Verfasser der Werke ›Mysterien‹, ›Pan‹ und ›Segen der Erde‹ erwarten mußte. Es ist die Sprache des Schönheitsverehrers gegenüber Mammonverehrern, die Sprache des Aristokraten gegenüber der Demokratie, die Sprache des Naturromantikers gegenüber der Industriegesellschaft, die Sprache des Einsamen gegenüber der Horde und dem Geheul der großen Städte.«*

Als Knut Hamsun im Jahr 1939 achtzig wurde, konnte er gleichzeitig ein weiteres Jubiläum feiern. Seit seiner ersten Veröffentlichung waren fünfzig Jahre verstrichen. Der Verlag Gyldendal wollte gern auch dieses Ereignisses gedenken, und Verleger Harald Grieg fragte deshalb, ob Hamsun genehmigen wolle, daß *Vom Geistesleben des modernen Amerika* auch in die Jubiläumsausgabe der Gesammelten Werke aufgenommen werde. Hamsun erwiderte:

> Dies ist ein allzuschlechtes Buch. Strindberg schrieb (in einem Brief an Brandes), daß ich Amerika klarer gesehen hätte als er und andere, aber ich selbst war das Buch leid. Als es ein amerikanischer Verlag übersetzen wollte, sagte ich nein. Als König es nachdrucken wollte, war ich charakterfest wie ein Held, und Dir will ich jetzt nur sagen, daß Du, falls Du je ein Exemplar in die Hand bekommen

solltest, es still auf den Haufen meiner andern Sünden legen mußt....

Es ist verständlich, daß Knut Hamsun ein Buch nicht wieder auflegen lassen wollte, das ihm nach seiner eigenen Äußerung »entsetzlich schlecht und kindisch geschrieben« zu sein schien und von dem man wohl annehmen durfte, daß es etwas von seiner Aktualität als polemischer Schrift verloren hatte und deshalb keinen vertretbaren Standpunkt mehr wiedergab – außer im Zusammenhang mit seiner veränderten Ansicht von Amerika.
Doch wenn ein Werk *Geschichte* geworden ist, wenn es von literaturhistorischem Interesse wird, das Verhältnis Hamsun-Amerika in Zusammenhang und Perspektive zu sehen, dann hätte, wie ich glaube, auch Knut Hamsun eine Ausgabe gebilligt, die in dieser Hinsicht einen Beitrag leisten kann. *Vom Geistesleben des modernen Amerika,* die erste Kampfschrift seiner Jugend, und *Festina lente,* die besonnene Meditation des alternden Dichters über den Amerikanismus und die Zeit – die beiden Schriften ergänzen einander. Das Buch und der Aufsatz, erweitert durch ein Vorwort, das dem Stoff einen lediglich orientierenden Hintergrund geben soll, haben, wie ich meine, ihre Berechtigung und sind – erstaunlich genug – auch heutzutage von aktuellem Interesse.

Tore Hamsun

VOM GEISTESLEBEN DES MODERNEN AMERIKA

EIN WORT ZUVOR

Wahrhaftigkeit ist weder Zweiseitigkeit noch Objektivität, Wahrhaftigkeit ist einfach die uneigennützige Subjektivität. Diese Schrift ist eine Erweiterung von zwei Vorträgen, die ich im vergangenen Winter in der Studentenvereinigung von Kopenhagen gehalten habe.

Kopenhagen, April 1889 *Knut Hamsun*

BEDINGUNGEN DES GEISTESLEBENS

I. Patriotismus

Was einem reisemüden Fremden in Amerika als erstes entgegenschlägt und ihn verwirrt macht, sind der ungeheure Lärm, die Rastlosigkeit, das jagende Leben auf den Straßen und die unruhige, nervöse Betriebsamkeit, mit der man auf allen Gebieten zu Werke geht. Begibt sich der Fremde im Sommer in New York an Land, wird es ihn außerdem in Erstaunen versetzen, Herren ohne Jackett und ohne Weste zu sehen, nur mit Hosenträgern über dem Hemd, die, ihre in Seide gekleidete Dame am Arm, einen Spaziergang die Straße entlang unternehmen. Das macht einen sonderbaren, einen freien Eindruck. In einer Etikette dieser Art liegt Tempo. Und das Tempo läßt auch nicht nach, wenn man nach Westen weiterreist. Überall liegt das gleiche geschäftige Hurra in den Dingen, der gleiche Dampfhammerkrach, die gleiche lärmende Bewegung in allem, was vor sich geht. Das Land ist eine Neubürgergesellschaft in ihren ersten Tagen, eine Welt von einem Land, wo die Menschen gerade zu wohnen beginnen, eine Gesellschaft im Werden. Da gibt es all das fieberhafte Gerenne und Getöse, das Leute beim Umziehen begleitet – jeder Tag ist Einzugstag. Dieser Lärm, dieser Spektakel ist ganz natürlich für ein Volk, das bis jetzt erst zur Hälfte seßhaft ist, das noch umhertappt und nach einer Heimstätte für sich und die Seinen sucht. Aber es ist auch der Lärm und der Spektakel, den Zeitungen, Redner und Dichter in Skandinavien als Ergebnis der freien Institutionen der amerikanischen Republik besungen haben. Die Amerikaner selbst sind völlig überzeugt davon, daß diese Rastlosigkeit und Energie, das emsige Hin und Her dem amerikanischen Nationalcharakter durch die Freiheit selbst aufgeprägt worden seien. Wie das kommt? Es ist die erzieherische Kraft der Freiheit! Zwei Jahrhunderte lang habe Amerika schließlich aus dem schlimmsten Gezücht Europas Menschen gemacht; es habe die Müßiggänger aller Welt zu ordentlichen Arbeitern gemacht. Und wir selber haben wunderbare Geschichten darüber gehört, daß Leute, die hier bei uns zu Haus in Holzschuhen dahinschlurften, dort drüben plötzlich ganz leichtfüßig durch die Gegend liefen – und das liege vor allem an den freien Institutionen! Aber liegt es wirklich an der erzieherischen Kraft der Freiheit? Diese Erklärung für die rasche Wandlung der Emigranten klingt dem Erfahrenen doch ein bißchen allzu ideal; eine andere Ursache liegt nämlich sehr viel näher: die wirtschaftliche. Dieselbe Familie, die hier bei uns zu Haus von zwei Kronen am Tag lebte, braucht dort drüben anderthalb Dollar am Tag, um leben zu können, und am meisten kosten dabei die verschiedenen Aktivitäten, diese anderthalb Dollar am Tag zu beschaffen* – dafür muß man sich ganz schön bewegen. Dazu kommt, daß man sich dort mitten in einem fremden Land befindet, das einem, wie lange man dort auch lebt, ein fremdes Land bleibt. Die amerikanische Lebensordnung unterscheidet sich so stark von dem, was der Emigrant von daheim gewöhnt ist, daß er sie nie ganz in sein Blut hineinbringt; er wird sich immer als Ausländer fühlen. Und das kann Menschen schon nervös machen und dazu bringen, geschäftig zu werden. Die Leute befinden sich in ständigem Aufgeschrecktsein, bedrückt von all den ungewohnten Verhältnissen, erstaunt über das Neue, verwirrt von dem Fremden. Sie geraten in Affekt,

---

* Zu jener Zeit waren zwei Kronen etwa 1,50 Goldmark, anderthalb Dollar aber 6,30 Mark. (A. d. Ü.)

wenn sie sich nur ein Paar neue Schuhe kaufen sollen und es ihnen davor graut, weil sie nicht genug Englisch können, um zu handeln. Es klopft ihnen schon das Herz, wenn sie von der Stadtkasse einen gelben Zettel erhalten, und sie rennen eiligst los, um die Steuern zu bezahlen. Ihre Ruhe ist hin, aber aktiv sind sie geworden; sie sind plötzlich sehr leichtfüßig. Ein Aufenthalt in Amerika ist ganz gewiß ein wirksames Stimulans: Kräfte und Denkvermögen der Leute sind in Schwung gebracht worden. Aber aktiv und leichtfüßig wird man schließlich von dem Augenblick an, wo man an Land geht und für die erste Mahlzeit Geld verdienen soll – lange bevor man mit der politischen Freiheit der Republik in Berührung kommt.

Der zweite Eindruck, den der Fremde von Amerika erhält, sobald er Einzelheiten in diesem lärmenden Leben zu bemerken beginnt, ist der gewaltige Patriotismus der Amerikaner. Er begegnet ihm gleich, wenn die Veteranen des Krieges einen Umzug durch die Straßen veranstalten. Wunderlich ausstaffierte Menschen mit bunten Bändern und kleinen Fahnen am Hut und Messingmedaillen auf der Brust marschieren im Takt von Hunderten von Blechflöten, auf denen sie blasen. Und es hat keine andere Bewandtnis mit diesem Umzug, als daß es sich um einen aufsehenerregenden Marsch durch die Straßen handelt im Takt von Hunderten von Blechflöten. Sonst nichts. Dieser häufig wiederholte Umzug ist ein symbolischer Ausdruck für den warmen Vaterlandssinn der Amerikaner. Der gesamte Verkehr kommt auf den Straßen zum Stehen, während dieser Umzug vorüberzieht, nicht einmal Straßenbahnwagen dürfen ihn stören, und die Leute, die in den Häusern beschäftigt sind, eilen auf die Treppen hinaus, um dieses wöchentlich wiederkehrende Phänomen zu betrachten. Allen ist es einfach Bürgerpflicht, sich diesen komischen Umzug anzusehen, ohne zu lächeln. Männer mit Blechflöten sind Patrioten. Wie diese Soldaten im letzten Krieg die Aristokraten der Südstaaten bestraft haben, weil diese nicht gehorchen wollten, so ist das amerikanische Volk jeden Tag aufs neue bereit, sich zu schlagen, wenn sich ein anderes Volk seinen Wünschen widersetzt. Es ist unglaublich, wie naiv und fest überzeugt Amerikaner davon sind, jeden eventuellen Feind züchtigen zu können. Ihr Patriotismus ist ohne Grenzen! Es ist ein Patriotismus, der niemals blinzelt, und er ist ebenso laut, wie er heftig ist. Die amerikanische Presse führt nun schon längere Zeit England gegenüber eine herrische Sprache wegen des Fischereivertrags mit Kanada, und privat hörte ich Amerikaner beten, daß die Engländer doch ja kommen möchten – sie sollten bloß kommen! Als vor einiger Zeit der deutsche Reichstagsabgeordnete Lasker*, der Gründer der nationalliberalen Partei, in New York starb, sandte der amerikanische Kongreß ein Beileidsschreiben an – Bismarck! Nun war Bismarck nicht der Mensch, dem es besonders gelegen hätte, um den Tod seines bittersten Widersachers zu trauern. Er war einfach nicht fähig, guten Yankeetakt zu erfassen und zu begreifen. Er schob also das amerikanische Dokument wieder in einen Umschlag und sandte es zurück. Aber da brach der Patriotismus in Amerika los: Wie konnte Bismarck wagen, ihr höchstes Schreiben wie irgendein Stück Papier zu behandeln! Aber Deutschland sollte ruhig kommen – es sollte nur kommen! Die amerikanischen Zeitungen jener Zeit sind voller Erbitterung gegen Bismarck. Ich reiste damals gerade viel herum und fand, daß die Volksstimmung, wohin ich auch kam, einfach Zähneknirschen war. Ein paar große Blätter im Osten gaben schließlich zu, daß der Kongreß vielleicht einen Schnitzer begangen hatte, als er diese offizielle Beileids-

---

* Eduard Lasker (1829–1884) war seit 1883 mit seiner Partei zerstritten. (A. d. Ü.)

bezeigung an die deutsche Regierung sandte; doch am Tag darauf waren die großen Blätter wieder genau ihrer ersten Meinung: die Leute waren gekommen – es erwies sich, daß die Zeitungen zwischen gestern und heute Abonnenten verloren hatten.

Der amerikanische Nationalstolz scheut keinen Anlaß zum Aufruf und fürchtet keine Folgen seines Zorns. Er gebärdet sich so hochfahrend, daß er bei dem, der nicht den entsprechenden Intelligenzgrad besitzt, in feisten Dummstolz übergeht. Es gibt *ein* Land: Amerika; was darüber hinausgeht, ist nicht vom Guten. Es gibt auf der ganzen Erde keine solche Freiheit, keine solche Entwicklung, keinen solchen Fortschritt und keine so intelligenten Menschen wie in diesem Land Amerika. Ein Ausländer fühlt sich oft verletzt von dieser täppischen Selbstzufriedenheit. Tag für Tag gerät er unvermeidlich in Umstände, die es mit sich bringen, daß er immer wieder unter diesem breiten Überlegenheitsgefühl der Amerikaner zu leiden hat. Man kränkt ihn, lächelt über ihn, hält ihn zum Narren, bedauert und verspottet ihn. Aus diesen täglichen Erniedrigungen folgt schließlich, daß er selber versucht, so gut er es vermag, Amerikaner zu werden, daß er versucht, sich zu »amerikanisieren« – etwas, wofür ihm am Wahltag die Kandidaten für die politischen Ämter ihr blankes Lob spenden. Er lernt eilig den formellen Amerikanismus, lernt englisch zu sprechen, lernt den Hut auf dem rechten Ohr zu tragen, lernt, den Damen die Innenseite des Bürgersteigs zu überlassen, und tritt mit dem gesamten äußeren Apparat auf, der den Yankee in seinem Land prägt. Nun ist dem amerikanischen Nationalstolz Genüge getan: es gibt einen Amerikaner mehr in Amerika.

Aber dieser Nationalstolz tritt recht häufig auch in ziemlich naiver Form auf. Fühlt sich der Ausländer auch davon verletzt, so wird er wiederum so manches Mal befremdet sein über die Unwissenheit und den groben Mangel an Aufgeklärtheit, auf denen der Nationalstolz beruht. Er wird sich wundern, daß dieses Volk, das soviel von sich selbst hält, so besonders wenig über andere weiß. Dinge, auf die die Amerikaner stolz sind, können häufig in Europa alt und längst bekannt sein, ohne daß die Amerikaner etwas davon wissen. Ich habe nicht selten feststellen müssen, daß norwegische Broschen und deutsche Federhalter zu amerikanischen Erfindungen gemacht wurden. Ich hatte ein feststehendes Messer mitgebracht, eins von denen, die man aus dem Schaft zieht, das viel Bewunderung erregte. Auf einer Farm draußen in Dakota hatte es sehr viel mehr Glück als ich selber. »Ja, was zum Teufel die Yankees nicht alles erfunden haben!« Ich brauchte eine Woche, um die Leute zu überzeugen, daß das Messer eine *schwedische* Erfindung war. Und diese Unwissenheit über andere ist nicht nur in den unteren Schichten zu finden, keineswegs. Sie herrscht in allen Ständen, in allen Altersstufen und überall. Fehlende Bekanntschaft mit fremden Menschen und fremden Verdiensten ist eines der Nationallaster des amerikanischen Volkes. Die Amerikaner lernen in den *common* Schulen nichts von großen Universalideen. Die autorisierte Geographie in diesen Schulen ist die Geographie Amerikas, die autorisierte Geschichte die Geschichte Amerikas – die ganze übrige Welt folgt lediglich als eine Art Anhang von einigen Seiten. Man hat sich eifrig bemüht, die amerikanischen *common* Schulen als Musterschulen hinzustellen. Redner, die Amerika besungen, und Zeitungen, die diesen Gesang übernommen haben, sind sich völlig einig darin gewesen, daß es etwas den dortigen Volksschulen Vergleichbares nicht gibt, nicht in unserm Land, und daß man überhaupt die Nagelprobe darüber ablegen könne, daß Amerikas Volksschulen ohnegleichen sind. Da wird u. a. als unvergleichliches Verdienst angeführt, daß sie konfessionslos seien. Einerseits ist das schließlich nichts Unvergleichliches, und andererseits ist die amerikanische *common* Schule eben *nicht* konfessionslos. Es ist nicht wahr. Es ist nur ein Gesang. Sie haben Religion zwar nicht als Fach, aber es wird bei jeder Gelegenheit stockorthodoxes Christentum in die Kinder eingeschmuggelt, da wird ihnen Dogma um Dogma, Dogma um Dogma eingeträufelt, solange die Schulzeit währt. Ich habe das zum Beispiel in einer Rechenstunde gehört, als ein Schüler dabei ertappt wurde, wie er Papierkugeln warf – er mußte Jesus um Vergebung dafür bitten. Außerdem beginnt an den amerikanischen *common* Schulen der Unterricht an jedem Morgen ohne Ausnahme mit einer Andacht, mit Kirchenliedern und der Verlesung eines Bibeltextes. Von ihrer Konfessionslosigkeit darf man also nur ganz leise singen. – Dagegen erweist es sich als gröbstes Versäumnis dieser Schulen, daß sie die Kinder absolut nichts von fremden Völkern und Zuständen lehren. Die amerikanischen Kinder wachsen ohne jedes andere Wissen von der Welt auf als das, was sie über Amerika erfahren. Deshalb verfallen sie später als Erwachsene in befremdetes Staunen, wenn sie hören, daß ein schwedischer Mann ein bestimmtes feststehendes Messer erfunden hat, und deshalb ist der amerikanische Patriotismus in vielen Fällen so unsinnig anmaßend. Es sind also nicht nur die unteren Schichten, in denen sich das Unwissen so gefährlich ausbreitet, nein, auch höher hinauf, ganz hoch. Ich habe es sogar bei den Lehrern selbst gefunden. Am College von Elroy, Wis., gab es 1883 einen Professor, der sehr erstaunt war, als ich ihm erzählte, daß wir in Norwegen auch Telegraphie hätten – im Jahr 1883! Und er pflegte die Briefmarken auf meiner Post von zu Haus auf eine Weise zu betrachten, daß ich den Eindruck bekam, er traue seinen eigenen Augen nicht. »Da haben Sie in Norwegen also auch ein Postwesen!« sagte er. – »Es ist 1883«, erwiderte ich. – Dieser Lehrer hatte – wie auch seine

Schüler – seine Kenntnisse aus dem Schulbuch, und zwar von einer vierseitigen Reisebeschreibung des amerikanischen Präsidenten Taylor, der Norwegen in den fünfziger Jahren von einer Postkutsche aus studiert hatte.

So gering sind die Kenntnisse über Land und Leute, daß überall in Amerika, wohin ich gekommen bin, die meisten Yankees alle Skandinavier ohne weiteres Schweden nannten. Lebt man einige Zeit unter ihnen, wird man ferner bald erfahren, daß, wenn einer als Schwede bezeichnet wird, dies in herabsetzender Absicht geschieht, so als ob man eigentlich um Entschuldigung dafür bitten müsse, daß man Schwede ist. Selten nutzt der Versuch etwas, wenn man erklärt, daß man nicht nur kein Schwede, sondern vielmehr Norweger oder Däne sei. Das ist in der Regel völlig vergebens: Ist man Skandinavier, so ist man eben Schwede. Aber man nennt einen Mann aus Skandinavien immerhin nur mit Nachsicht, mit einer Art Bedauern Schwede, während man einen Mann aus Frankreich mit absoluter Geringschätzung Franzmann nennt. Franzmann ist bei den Yankees ein Schimpfname für einen Mann, ein Scheltwort, das unserm »Türken« entspricht. Und daß ein Unschuldiger beschuldigt wird, Franzmann zu sein, ist eine Beleidigung, die er nicht auf sich sitzen zu lassen braucht. Die Amerikaner benehmen sich in dieser Hinsicht genau wie die Schauerleute daheim im Hafen von Kristiania, die sich gegenseitig Stortingsmitglieder oder Genies schelten. Im Grunde sollte man über diese Dummheit lachen, sollte erhaben darüber sein, aber der Familienversorger, der in seinem Unterhaltserwerb hintangesetzt wird, *weil* er Schwede oder Franzmann ist, lacht nicht. Die Sache hat auch ihre ernste Seite. Ich habe es in Amerika am eigenen Leib erfahren, daß ich als Norweger Schwede war und daß ich als Schwede hintangesetzt, ausgelacht, zum Narren gehalten, bedauert und verspottet wurde.

Unter solchen Umständen ist es ein schmerzhafter natürlicher Prozeß, den der Emigrant durchmacht, wenn er sich so schnell wie möglich amerikanisiert. Es ist für ihn eine Sache von großer Wichtigkeit im Kampf ums Brot dort drüben. Er hört so oft, wie die Überlegenheit der Amerikaner verkündet wird, daß es schließlich sein ganzer Ehrgeiz ist, ihnen zu gleichen. Er zeigt in seinem Anzug, daß er den alten Menschen abgelegt hat, er spricht sogar zu Haus englisch, auch mit seinen betagten Eltern, die ihn nicht verstehen, und bemüht sich in allem Möglichen, jede Spur seiner ausländischen Herkunft auszulöschen. Wenn deshalb ein Mann, der einmal in Holzschuhen hierhergeschlurft kam, aus Amerika zurückkehrt und seine Landsleute mit dem wunderbaren Schwung, den er jetzt im Leibe hat, in Erstaunen versetzt, dann ist das weder das Klima, das ihm diesem Schwung verliehen hat, noch die republikanischen Institutionen, die einzig und allein aus dem schroffen Nationalgefühl der Amerikaner stammen, die ihn gelehrt haben, aus wirtschaftlichen Gründen aktiv zu sein.
Ein noch stärkeres Zeugnis für den gewaltigen Patriotismus der Amerikaner findet man in den Kongreßdebatten anläßlich der Einwanderungsbeschränkungen. Man will nun endlich ernst damit machen, seine Tür für Ausländer zu verschließen – nicht weil es in Hunderten von Jahren eine Notwendigkeit dafür gäbe, sondern weil es bereits heute ein Vergnügen, eine patriotische Laune ist. Das Einwanderungsverbot ist in seinem innersten Grund tatsächlich ein Ergebnis der gleichen amerikanischen Selbstzufriedenheit, die sich darin äußert, daß man glaubt, Schweden, Franzmännern und allen andern Ausländern auf jeglichem Gebiet des Wettbewerbs überlegen zu sein. Es geht darum, das Unamerikanische draußen zu halten, denn es ist nicht gut. Man hat behauptet, das Land sei nun besetzt, es seien inzwischen genügend Menschen da. Das ist eine Ausflucht,

ein Witz. Nein, aus purem Patriotismus wollen die Amerikaner ihre Tore für die ausländischen Arbeitskräfte verriegeln – ohne die sie ihre Arbeit jedoch gar nicht ausgeführt bekommen können. Denn daß die Amerikaner arbeiten, ist auch nicht wahr. Das ist abermals nur ein Gesang. Die Statistik zeigt, daß nur ein Fünfzigstel der Amerikaner in einfacher körperlicher Arbeit stehen. Es sind die Ausländer, die das Land bestellen. Und diese Ausländer will man nun aussperren, »weil das Land jetzt besetzt ist, weil genügend Menschen da sind«.

Es gibt 60 Millionen Menschen in Amerika auf 7,7 Millionen Quadratkilometer Boden (ohne Alaska). Von diesem Boden sind 3,9 Quadratkilometer landwirtschaftlich zu nutzen. Aber von diesen 3,9 Millionen Quadratkilometer Land ist bis heute lediglich *ein Neuntel* bewirtschaftet – trotzdem konnte Amerika im letzten Zensusjahr 283 Millionen Bushel (fast zehn Millionen Hektoliter) Getreide exportieren –, nachdem sich die 50 Millionen Menschen, die das Land damals besaß, satt gegessen hatten. Und man ißt nicht wenig in Amerika. Ein Yankee konsumiert zwei- bis dreimal soviel Nahrung wie ein Europäer und drei- bis viermal soviel wie ein Skandinavier. Während die skandinavischen Länder 4,25 hl Getreide und 23,178 kg Fleisch im Jahr für jedes Individuum erzeugen, produziert Amerika 14,33 hl Getreide und 54,431 kg Fleisch im Jahr je Kopf der Bevölkerung.*

Wäre das gesamte nutzbare Land Amerikas unter dem Pflug, dann könnten die Vereinigten Staaten 600 Millionen Menschen ernähren, nur nach der Berechnung des Ackerbaus im letzten Zensusjahr (1879), das ein Durchschnittsjahr war,

* Mulhal: *Ballance sheet of the world 1870–1880*, Seite 39:

und Eduard Attkinson, der festangestellte Landwirtschaftsexperte der Vereinigten Staaten, erklärt in einem neueren Werk, daß man auf der Farm in Amerika, wo man jetzt zehn Menschen ernährt, bequem zwanzig ernähren könnte, wenn man die Produktion nur durch eine einigermaßen zeitgemäße Betriebsweise und eine einigermaßen sinnvolle Bodennutzung steigerte. Denn die Sonne Amerikas ist so warm, daß sie die Früchte in wenigen Tagen reifen läßt, und der Boden so fett, daß der Pflug hineinrutscht wie in grüne Seife. Bei richtiger Behandlung kann der Boden einen nahezu unbegrenzten Ertrag bringen – was sich der amerikanische Farmer jedoch nicht zunutze zu machen versteht. Er bearbeitet seinen Boden zwanzig, dreißig Jahre, ohne ihn zu düngen. Er benutzt sein ganzes Leben lang Saat aus eigener Ernte. Er sät zehn, zwanzig Jahre hintereinander Weizen in den gleichen Acker. Er pflügt nie eine Wiese um und läßt nie einen Acker ruhen. Nach Eduard Attkinsons Berechnung – und mit ein wenig ordentlicherer Arbeitsweise auf dem gesamten amerikanischen Ackerboden – könnten die Vereinigten Staaten eine Menschenmenge von 1,2 Milliarden ernähren – das ist ungefähr jedes einzelne Menschenkind, das sich auf dem gesamten Erdenrund befindet.

Frankreich	24,02 Bushel (8,5 hl) Getreide und	81,88 Pound (37,1 kg) Fleisch
Deutschland	23,71 Bushel (8,4 hl) Getreide und	84,51 Pound (38,3 kg) Fleisch
Belgien	22,84 Bushel (8,0 hl) Getreide und	57,10 Pound (25,9 kg) Fleisch
Großbritannien	20,02 Bushel (7,1 hl) Getreide und	119,10 Pound (54,0 kg) Fleisch
Rußland	17,97 Bushel (6,3 hl) Getreide und	54,05 Pound (24,5 kg) Fleisch
Spanien	17,68 Bushel (6,2 hl) Getreide und	25,04 Pound (13,6 kg) Fleisch
Österreich	13,57 Bushel (4,8 hl) Getreide und	56,03 Pound (25,4 kg) Fleisch
Skandinavien	12,05 Bushel (4,2 hl) Getreide und	51,10 Pound (23,2 kg) Fleisch
Italien	9,62 Bushel (3,4 hl) Getreide und	20,80 Pound (9,4 kg) Fleisch
Europa	17,66 Bushel (6,2 hl) Getreide und	57,50 Pound (26,1 kg) Fleisch
USA	40,66 Bushel (14,3 hl) Getreide und	120,00 Pound (54,4 kg) Fleisch

(Angaben in Klammern von den Übersetzern)

Also gibt es nicht genug Leute.*

Was die Behauptung betrifft, daß das Land besetzt sei, so ist das Land *nicht* besetzt. Das ist eine Ausflucht und ein Witz. Erstens ist das Land auf eine Weise »besetzt«, daß Aktiengesellschaften unter sich Zehntausende von Ackern** verteilt haben, die sie nicht nutzen, sondern nur »besitzen« in Erwartung steigender Bodenpreise. Eine Kompanie 75 Tausend Acker, eine andere 120 Tausend und so fort. Dieses Land ist tatsächlich also nicht besetzt; es wird nur besessen, aber nicht genutzt. Zweitens zeigt der letzte Zensus, daß trotz dieser Art und Weise, Land zu übernehmen, immer noch nicht übernommener, nutzbarer öffentlicher Boden in neunzehn der Unionsstaaten vorhanden war. Es gab 561 Millionen 623 Tausend 981 Acker nicht übernommenen, landwirtschaftlich nutzbaren, öffentlichen Boden in diesen neunzehn Staaten (gleich 227 278 000 Hektar oder nahezu eine Milliarde Morgen). Und allein schon diese riesige Bodenfläche kann nach Attkinsons Berechnung 100 Millionen Menschen ernähren – und die können außerdem drei- bis viermal soviel verzehren wie in Skandinavien.

---

* Amerikas Fabrik- und Bergwerksbetriebe sind nicht mitgerechnet. Amerika liefert allein über die Hälfte des Weltbedarfs an Gold und Silber; es besitzt in 23 der Staaten Eisenerzminen; es hat Ströme von Petroleum, und es hat ganze Bezirke von Steinkohle. Während es in England mit immer größeren Ausgaben verbunden ist, Kohle aus den tiefen Gruben zu fördern, so daß im Lauf von zehn Jahren 564 Gruben stillgelegt worden sind, liegt in den Vereinigten Staaten die Kohle an der Oberfläche, genug für die gesamte Menschheit und für Jahrhunderte. Dazu kommen Flüsse und Seen voller Fische auf dem gesamten Gebiet vom Atlantik bis zur Küste des Pazifik; jeder Bach hat Lachse und Weißfische.

** *acres:* Zweieinhalb acres sind etwa ein Hektar. (A. d. Ü.)

Also ist das Land *nicht* besetzt.
Die Vorschläge zu den Einwanderungsbeschränkungen stehen auf schwankendem Boden. Sie sind allein die grünen Früchte des amerikanischen Patriotismus; es handelt sich darum, sich sowohl fremde Hilfe als auch fremden Einfluß vom Leib zu halten. Das ist das Ergebnis des stark entwickelten Chinesenvertrauens der Amerikaner zu sich selbst, nach dem die ausländische Arbeitskraft weder als notwendig erkannt noch als der landeseigenen Arbeitskraft überlegen anerkannt werden darf. So weit geht der amerikanische Patriotismus, und bis zu diesem Ausmaß sind die Amerikaner Patrioten. Der Kongreßausschuß, der sich zusammensetzte, um vielfältige Besprechungen wegen der Restriktionsangelegenheit zu führen, schickte den amerikanischen Gesandten in allen Ländern ein Schreiben, in dem gefragt wurde, ob es nicht sowohl Recht als auch Pflicht sei, Amerika jetzt gegen Ausländer zu sperren, und ob es nicht geradezu ein patriotisches Kampfunternehmen sei, was man da vorhabe? Und sämtliche Gesandten in allen Ländern schworen bei Washington, antworteten und sagten: Du hast recht! Du sagst, wie es ist! – Am naivsten war der Gesandte der Vereinigten Staaten in Venedig. Nachdem er die italienischen Auswanderer, ihre Armut, ihre Lumpen beschrieben hatte, fuhr er wörtlich folgendermaßen fort:
»Sie (die Italiener) sind nicht besser geeignet, die Pflichten eines Bürgers zu erfüllen als Sklaven, die gerade freigelassen worden sind. Sie haben nicht die Absicht, Bürger der Vereinigten Staaten zu werden. *Sie wünschen einfach, mehr Bezahlung für ihre Arbeit zu erhalten und so wenig wie möglich für die Bezahlung zu tun.*« Die schlauen Italiener! Dieser peinlichen Entlarvung der italienischen Emigranten fügt die Zeitschrift *America* folgende kurze und bündige redaktionelle Anmerkung hinzu:
»Die Worte dieses Gesandten sollten sich in das Gedächtnis

eines jeden patriotischen Amerikaners einprägen und als die größte Wahrheit in Erinnerung bleiben, die über das größte Übel unserer Zeit ausgesprochen worden ist.«*

Die Stärke und Reichweite des Patriotismus der Amerikaner ist völlig unfaßbar für den, der diesen Druck im täglichen Leben nicht erfahren hat. Das geht so weit, daß Fremde gezwungen sind, ihre Nationalität zu verleugnen und für sich selbst eine amerikanische Abstammung zu erfinden, wenn sie nur irgendeine Möglichkeit dazu sehen. Geborener Yankee zu sein wird einem Arbeiter als Bedingung dafür gestellt, daß er eine Arbeit bekommt, vor allem in größeren Unternehmungen wie in Banken, öffentlichen Dienststellen und im Eisenbahnwesen. Die einzigen Leute, die trotz des Nationalhasses seit dem Unabhängigkeitskrieg den Respekt der Amerikaner genießen, sind die Engländer. In England sieht Amerika jetzt auf mancherlei Weise sein Vorbild und Exempel, und es sind Stückchen der alten englischen Zivilisation, die immer noch *le dernier cri* im modernen Amerika sind. Will man einem Yankeelaffen ein Kompliment machen, dann halte man ihn für einen Engländer. Er lispelt wie der hochherrschaftlichste Lord, und wenn er in der Eisenbahn fährt, pflegt er dem Kondukteur ein Goldstück oder einen großen Geldschein zum Wechseln zu reichen.

* *America,* Dezemberheft 1888

II. Fremdenfeindschaft

Wie steht es nun mit dem Kulturniveau eines solchen Volkes, das nur über sich selbst Bescheid weiß? Wie gestaltet sich das geistige Leben in diesem Land, das so patriotische Bürger hat?

Wäre Amerika eine alte Gesellschaft, die eine lange Geschichte hinter sich hat, die den Menschen ihre charakterliche Prägung aufgedrückt hat, die, mit einem Wort, im Volk ein eigenes, originäres Ideenleben geweckt hat, dann hätte Amerika formell vielleicht das Vermögen, sich selbst zu genügen und die Außenwelt draußen zu halten. Das hätte seine moderne Analogie dann beispielsweise in der Pariser Literaturchineserei. Aber in einem Land wie Amerika, wo alles so aufgerissen und unharmonisch ist, in dieser Neubürgergesellschaft, wo bis jetzt keine Kultureigentümlichkeit Wurzel geschlagen hat, wo sich bis jetzt kein geistiger Artcharakter gebildet hat – in einem solchen Land ist diese Selbstgenügsamkeit und Selbstzufriedenheit ganz besonders hinderlich für alle neueren Entwicklungsversuche. Sie wird zu einem Veto für sie, zu einem Verbot, das zu brechen bestraft wird. Deshalb hat man in diesem Land erlebt, daß europäisch wirkende Geistesprodukte einen Fußtritt von den zornigen Patrioten des Landes erhalten haben. Der Dichter Walt Whitman wurde im Jahr 1868 von seinem Posten im Innenministerium in Washington abgesetzt wegen einer literarischen Dreistigkeit in seinem Buch *Leaves of grass* (Grashalme), einer Dreistigkeit, die wir zu Haus kühl in einer Weihnachtserzählung begehen. Daß Whitman später wieder in Gnade aufgenommen und in einem andern Ministerium eingesetzt wurde, hatte seinen Grund nicht etwa darin, daß man endlich sein literarisches Verdienst würdigte, sondern allein darin, daß man sich plötzlich erinnerte, daß Whitman während des Sklavenkrieges Krankenpfleger, Patriot gewesen war. Deshalb sollte er geehrt werden, nichts anderes. In Wirklichkeit steht er bei den amerikanischen Literaturrichtern noch auf den heutigen Tag im gleichen Mißkredit. Man boykottiert ihn, seine Bücher werden von niemand mehr gekauft. Der siebzigjährige Mann lebt jetzt nur von Zuwendungen aus England. – Ein junger Amerikaner, Welles mit Namen, veröffentlichte im Jahr 1878 eine Gedichtsammlung unter dem Titel *Bohème*. Welles war ein beachtliches Talent, ein aufstrebender Lyriker, ein Zeichen für etwas, aber er wurde sehr rasch zum Schweigen gebracht. Es erwies sich, daß der junge Mann von der Literatur Europas beeinflußt war. Seine Lyrik war eine fremdartige dichterische Herausforderung für die amerikanische Schönwetterdichterei. Welles wurde aufgefordert zu schweigen, große Zeitschriften forderten ihn auf zu schweigen. Er hatte Shelley gelesen, was er nicht hätte tun dürfen, und ein wenig von Alfred de Musset gelernt, was man ihm noch mehr verübelte: man konnte nicht begreifen, daß etwas so Wesensfremdes überhaupt einmal gedruckt worden war.* Der Mann wurde einfach aus der amerikanischen Literatur ausgerottet. – Charles Stuart Welles hieß er. Es ist kaum zu glauben, wie sich Amerika darum bemüht, eine eigene Welt in der Welt zu sein. Genau wie es genug Menschen zu haben glaubt, meint es, auch genug Geist zu besitzen, und in diesem Gottesglauben verhindert es mit Macht, daß irgendwelches Geistesleben von außen einströmt. Aus keiner Richtung braucht es, wie es meint, irgendwelche modernen Impulse von Fremden. Das springt einem nicht sofort in die Augen, man sieht es nicht auf der

* Ich verweise u.a. auf das Januarheft 1879 der *International Review*.

Durchreise. Doch man erfährt es im täglichen Umgang, indem man Gerichtssitzungen und Gottesdiensten beiwohnt, die Theater und die Literatur studiert, Reisen durch Ost und West unternimmt, sich in das gesellschaftliche Leben eindrängt, in die Schulen und Familien, ihre Zeitungen liest, den Gesprächen auf den Straßen lauscht und mit ihnen zusammen auf den Flüssen fährt und auf den Prärien arbeitet – erst wenn man mit ihnen auf diese Weise zusammenkommt, erhält man eine einigermaßen ausreichende Vorstellung davon, wie allumfassend dieses Chinesengefühl der Amerikaner tatsächlich ist. Amerika, wo es eine stärkere Vermischung kosmopolitischer Elemente gibt als in irgendeinem andern Land der Welt, hält sich den modernen Kulturströmungen der Außenwelt planmäßig fern. Seine Kultur trägt den Stempel des Alters und der Sitten anderer Menschen, es ist eine übergeführte Kultur, mit den ersten Kolonisten ins Land gebracht, eine Kultur, die ihre Zeit in Europa gehabt hat und nun in Amerika stirbt, es ist die alte englische Kultur. »Aufgezogen in der englischen Art zu denken, wie die meisten von uns«, sagt ein kaum zur Selbstverleugnung neigender amerikanischer Schriftsteller, »haben wir unsere Natur noch nicht nach den neuen Verhältnissen geformt, unter denen wir leben. Unsere Philosophen haben uns noch nicht gelehrt, was das Beste ist, ebensowenig haben unsere Dichter uns gesungen, was das Schönste in dem Leben ist, das wir leben. Und deshalb lesen wir immer noch die alte englische Weisheit und schlagen noch die Saiten der alten Tage an.«.*
Nicht einmal auf den Gebieten, wo die Amerikaner genau wissen, daß das Ausland führt, können sie sich dazu bequemen, neuen Kulturzustrom von außen aufzunehmen. Das verbietet ihnen ihre Ehre. Genau der gleiche Gedanke, der

---

* *Encyclopaedia Britannica*, Bd. I, 720

sich im Einwanderungsverbot äußert, macht sich deshalb auch im Importzoll der Vereinigten Staaten auf Literatur und Kunst geltend. Voriges Jahr zahlte Europa 625 000 Dollar für die Genehmigung, den Amerikanern moderne Kunst zu zeigen – das sind 2¼ Millionen norwegische Kronen! So begegnet man jenseits des Meeres der Kunst – ganz zu schweigen von dem noch härteren Zoll auf moderne Literatur. In einer Zeit, in der Amerikas Schatzkammern von Geld überfließen, wo man tatsächlich nicht weiß, was man damit machen soll, wird die Einfuhr fremder Kunst, moderner Kunst, mit 35% Zoll belegt. Das geschieht in dem gleichen Augenblick, in dem die Kultur Amerikas leise, aber sicher an Altersschwäche stirbt. Wie konnte Walt Whitman da frei ausgehen, wenn er ein Buch geschrieben hatte, das ein menschliches Wort über eine menschliche Schwäche enthielt! Wie hätte dann Welles ungestraft europäische Verse schreiben dürfen! Es ist bezeichnend, daß das amerikanische Zollgesetz zwei Ausnahmen in seinen Bestimmungen über die Kunst aufweist. Die erste – das ist bezeichnend – ist patriotischer Art: die im Ausland wohnhaften amerikanischen Künstler können ihre Werke zollfrei heimschicken; sind die Gemälde gerahmt, ist jedoch ein besonderer Zoll auf die Rahmen zu zahlen; denn ein Rahmen ist so verdammt ausländisch! Die zweite Ausnahme – das ist wiederum bezeichnend – gilt *Antiquitäten*. Der Finanzminister (!) erließ im Jahr 1887 die Verordnung, die später bestätigt wurde, daß Gemälde von vor 1700 zollfrei eingeführt werden dürften – als Antiquitäten. Diese bezeichnende Tatsache beweist das Ausmaß von Amerikas Entwicklungseifer. Die Kultur, der sich Amerika öffnet, ist nur die, die zur Antiquität geworden ist, die Kultur vor Anno 1700. Als ob die Yankees nicht auch Schaden an ihrer Seele durch die freche Kunst der Alten nehmen könnten!
Wir sind gewohnt, in all unsern Zeitungen unter der Über-

schrift »Amerikanisches« einer unmöglicheren und abenteuerlicheren Geschichte nach der andern darüber zu begegnen, was die Amerikaner auf dem Gebiet der Erfindungen wie auf dem der Kunst vorzuweisen haben. Und wir haben uns daran gewöhnt, diese Geniestreiche, von denen da berichtet wird, als natürliche Ergebnisse der geistigen Aktivität und hohen Intelligenz der Amerikaner zu betrachten. Nun verhält es sich jedoch mit diesen Berichten unter der Überschrift »Amerikanisches« so, daß der größte Teil davon in Europa erdacht worden ist und amerikanische Zeitungen erst auf diesem Weg davon erfahren. Das Märchen, daß sich reiche Damen in New York kleine Diamanten in die Zähne einsetzen ließen, um ihr Lächeln strahlender zu machen, hörten die New Yorker Blätter nämlich aus Belgien, wo es in einer Zeitung unter der Überschrift »Amerikanisches« stand. Ja, ich bin überzeugt, daß sich jeder einzelne der europäischen Zeitungsschreiber erinnert, wie er sich einmal in seiner wilden, phantasievollen Jugend amerikanische Wundergeschichten für sein Blatt ausgedacht hat. Es ist so leicht, eine Lügengeschichte in Amerika spielen zu lassen, in diesem abgelegenen Land, dieser fernen Gegend der Welt. Und die Amerikaner selbst fühlen sich keineswegs gekränkt durch diese Geschichten; sie betrachten sie mit Recht als Reklame, die sie zudem gratis erhalten, und es wirkt gut, Werbung umsonst zu bekommen. Die Amerikaner sind ein reklamesüchtiges Volk. Selbst der Lärm, den sie veranstalten, die wilde Hast, mit der sie arbeiten, sind im weitesten Sinn Reklame. Weniger auf Reklame bedachte Leute erreichen genau das gleiche mit weit weniger Lärm und geringeren Armbewegungen. Das Lärmen ist ein Charakterzug der Amerikaner; es ist das Flügelrauschen des Geistes der Reklame.

Es ist ein Irrtum, die Berichte, die man über Amerika hört, als Zeichen des Entwicklungsstandes dieses Volkes zu betrachten. In geistiger Hinsicht ist Amerika in Wirklichkeit ein recht unmodernes Land. Das Land hat energische Geschäftsleute, pfiffige Erfinder, tollkühne Spekulanten; aber es hat zu wenig Geist, zu wenig Intelligenz. Es bedarf gewiß keines Doktortitels, um ein großer Viehzüchter in Texas zu werden, und man braucht keinen Buchstaben lesen zu können, um an der New Yorker Börse Termingeschäfte in Weizen zu machen; der dümmste Mensch der Welt kann durch einen Agenten ein Gebot abgeben lassen. Amerikas wirksamstes Leben ist das Geschäftsleben, der atemlose Kampf um den Vorteil. Aber der Kampf um den Vorteil ist nicht unbedingt eine moderne Erscheinung, er ist ebenso alt wie die Weltgeschichte. Die Amerikaner sind im tiefsten Innern *konservative* Leute, die auf mehreren Gebieten einen Standpunkt vertreten, den selbst das kleine zurückgebliebene Norwegen seit langem aufgegeben hat. Das gilt nicht nur für ihre Literatur und Kunst, sondern auch für andere Gebiete ihres Geisteslebens. Sie sind zu sehr von sich überzeugt, um Belehrungen anzunehmen, und zu patriotisch, um auch nur zu erkennen, daß ihr Land in irgendeiner Beziehung zurückgeblieben ist.

Der Amerikaner Robert Buchanan schrieb vor drei Jahren eine Abhandlung in der *North American Review*, in der er eine Charakterisierung seiner Landsleute gab, für die man ihn ein Jahr lang beschimpfte und die man ihm noch heute nicht vergeben hat. Es sind fünf Zeilen, mit harter Hand geschrieben. Seine Worte sind um so bedeutungsvoller, als er selbst ein alter Mann ist, in religiöser Hinsicht unbedingt orthodox und in literarischer der letzte große Bewunderer von Longfellow. Sogar er fand die kulturelle Lage in seinem Land verzweifelt, und er setzte seinen guten Namen und Ruf aufs Spiel, indem er das erklärte. Die Amerikaner, sagte er, sind »eine Nation, deren Sinn für das Künstlerische völlig tot ist, eine Nation, die praktisch keine Literatur besitzt;

die sich allen Religionen gegenüber gleichgültig verhält; die von einem Ende bis zum andern korrupt ist, von der höchsten Spitze des öffentlichen Lebens bis in die unterste Schicht des Volkes; die gleichzeitig jeder Kritik gegenüber empfindlich und gierig danach ist zu kritisieren; die den Dollar und die materielle Stärke unter allen ihren Erscheinungen anbetet; die die konventionellen Formen verachtet und selbst Sklavin der seichtesten Moden ist; die zuviel Hast und Betriebsamkeit zeigt, um auch nur einen eigenen Gedanken zu denken und deshalb schlankweg von den Resten einer Philosophie aus zweiter Hand lebt, die aus Europa importiert wird«*:
Ich werde nicht behaupten, daß diese Worte übertrieben seien, ich glaube vielmehr, daß sie ziemlich zutreffend sind. In Amerika hat sich ein Leben entwickelt, das sich einzig und allein auf Konsum, Erwerb materieller Güter und Vermögen richtet. Die Amerikaner sind von ihrem Kampf um den Vorteil so sehr in Anspruch genommen, daß all ihre Fähigkeiten dafür eingesetzt werden und sich ihre sämtlichen Interessen darum drehen. Ihre Gehirne werden so geformt, daß sie nur mit Preisen und Zahlenreihen arbeiten können, ihre Gedanken kennen keine liebere Beschäftigung als die mit den verschiedenen Finanzoperationen, die gerade im Gange sind. Das einzige Fach, das die *common* Schulen täglich unterrichten, ist Rechnen. Zahlen und Statistik bilden den Kern all ihrer Verhandlungen, Zahlen und Statistiken schleichen sich noch in die Predigten der Pastoren ein. Mit Zahlen wird gezeigt, was es gekostet hat, die und die Seele zu retten, die in der und der Hausnummer wohnt, und die Gemeinde wird aufgefordert, diese Summe aufzubringen. Mit Zahlen wird gezeigt, wie groß die Wahrscheinlichkeit

* *North American Review*, I, 1875

ist, daß Robert Ingersoll* auf ewig verdammt ist, indem man die Sünden in seinen Vorträgen zusammenzählt, und im übrigen vergleicht man ihn mit Thomas Paine, der ebenfalls nicht selig wurde. Das Interesse der Amerikaner für Zahlen äußert sich in all ihrem Tun und Lassen. Sogar wenn sie einem ein Geschenk machen, erwarten sie, daß man sie fragt, was sie das Geschenk gekostet habe. Wenn ein Mann seiner Verlobten ein Präsent macht, nennt er glücklich wie ein Gott den Preis dieses Präsents; von dem höheren oder geringeren Preis hängt der höhere oder geringere Wert des Geschenks ab. Bei meinem ersten Aufenthalt in Amerika war mir diese Sitte unbekannt, und als ich einmal – übrigens völlig unerwartet und unverdient – einen Füllhalter mit Goldfeder geschenkt bekam, meinte man, ich machte mir nichts daraus, weil ich den Spender nicht gefragt hatte, was der Füllhalter denn gekostet habe. Es ist gar nicht abzusehen, welche Werte die Amerikaner noch versuchen werden in Zahlen auszudrücken.

Auf der andern Seite gibt es in Amerika nahezu nichts, was im Hinblick auf die Dinge, die sich *nicht* durch Zahlen ausdrücken lassen, auf einen neuen Anfang hindeuten könnte. Es gibt so gut wie keine neuen Anfänge in ihrem *Geistesleben.* Und wie können die Yankees ein modernes Kulturvolk sein, wenn sie nicht einmal bereit sind, wenigstens auf den Gebieten, von denen sie wissen, daß fremde Völker ihnen überlegen sind, Lehren anzunehmen? Das verbieten ihnen ihre Vorstellungen von Vaterlandsliebe. Der Patriotismus mit Blechflöten hat ihre Vorstellungen bereits von Kind auf durchsäuert und ein berechtigtes nationales Selbstgefühl zu einer unberechtigten nationalen Überheb-

* Robert Green Ingersoll (1833-99), amerikanischer Jurist und Schriftsteller, durch Reden und Bücher gegen die Bibel als Agnostiker bekannt. (A. d. Ü.)

lichkeit gemacht, die nichts und niemand brechen kann. In Amerika ist es schließlich und endlich nichts anderes als der materielle Aufschwung des Landes, der die kulturelle Stellung des Volkes repräsentiert. Weder seine Kunst, Literatur, Rechtspflege, Wissenschaft, Politik, noch sein religiöser Kultus ist von solcher Fortschrittlichkeit, daß sich der Widerstand gegen die kulturellen Früchte fremder Länder rechtfertigen ließe. Die Republik hat eine Aristokratie entwickelt, die der Geburtsaristokratie in Königreichen an Stärke weit überlegen ist: die *Geld*-Aristokratie. Oder genauer ausgedrückt, die Aristokratie des Vermögens, des aufgehäuften Kapitals. Denn schon mit dem kleinsten Guthaben fühlt sich der Yankee auf die gleiche Weise als Aristokrat, wie sich der frischeste Freiherr zu Haus in Europa adlig fühlt. Diese amerikanische Aristokratie, die das ganze Volk mit geradezu religiöser Innerlichkeit verehrt, besitzt die mittelalterliche Macht der »wirklichen« Aristokratie, ohne etwas von deren Adel zu haben; es sind, grob und brutal ausgedrückt, so und so viele Pferdestärken wirtschaftlicher Unerschütterlichkeit. Ein Europäer macht sich gar keine Vorstellung davon, wie diese Aristokratie regiert, ebensowenig wie er ahnt – selbst wenn er die Herrschaft des Geldes von zu Haus her kennt –, daß Geld eine solch unerhörte Allmacht erreichen kann. Was wir darüber in amerikanischen Zeitungen von Eis-Trusts und Kohlen-Ringen, von Landaufkäufen und Eisenbahnmonopolen lesen, läßt die Dinge lediglich in ihrer lärmenden Größe, ihrer ungewöhnlichen Macht erscheinen. Es gibt Orkane, die Landschaften verwüsten, auf deren Weg jedoch eines Tages wieder Gras wächst. Aber in den Gesprächen der Amerikaner, im Ton ihrer Zeitungen, dem Geist ihres häuslichen Lebens, im Alptraum ihrer Gedanken, in allem findet sich die gleiche unausstehliche Begierde: das Vermögen, der Betrag auf der Bank, der wirtschaftliche Adel. Die Amerikaner sind ein Volk von Geschäftsleuten; unter ihren Händen wird alles zum Geschäft; aber sie sind ein wenig geistiges Volk, ihre Kultur ist beklagenswert leer. Mögen sie Meister mechanischer Erfindungen sein – Maschinen zu erfinden ist, wenn man alles zusammennimmt, eine ökonomische Frage, abhängig von den für Experimente zur Verfügung stehenden finanziellen Mitteln des Landes –, mögen sie ihre Industrie haben – die übrigens weniger national als die irgendeines andern Landes ist –, mögen sie ihren Handel, ihr wohlentwickeltes Bankwesen, ihre bewundernswürdige Kommunikation haben; mag P. T. Barnum ein unvergleichlicher Zirkus und der Chicagoer Schweinemarkt der größte Schweinemarkt der Welt sein – das alles sind nicht unbedingt die stärksten Beweise dafür, daß das Land ein Kulturland ersten Ranges ist. Die Amerikaner sind geistig nicht erfüllt, geistig nicht die Spur ergriffen, und gerade deshalb ist ihr Geschäftsleben so großartig, so ein wilder Wirbel; sechzig Millionen gesammelte Menschenkräfte sind im materiellen Umsatz eingesetzt. Was Wunder, daß der Dampf des Namens Amerika über der ganzen Welt steht!

Nun könnte man einwenden, daß bei der Art von Menschen, mit denen Amerika zu arbeiten hatte, nicht zu erwarten sei, daß das Land mehr hätte erreichen können; es habe die schlimmsten Elemente aus allen Ländern aufgenommen und veredelt und sie zu dem gemacht, was sie heute sind; es habe Menschen aus dem Abschaum der ganzen Welt geformt – ob das denn keine kulturelle Tat sei? Gewiß ist es das! Ich will ja schließlich darauf hinaus, daß Amerika zu allererst *Amerikaner* aus dem Abschaum gemacht hat, daß es sie in einen Staat eingegliedert und zu Bürgern gemacht hat: Menschen sollten sie erst mit der Zeit werden – bei passender Gelegenheit. Doch kommen Sie den Amerikanern einmal mit solchen Überlegungen! Sie werden eine

Antwort erhalten, die Sie sich gewiß nicht hinter den Spiegel stecken! Kommen Sie ihnen mit der Äußerung, es sei weder zu erwarten, daß die Kultur Amerikas höher stehe, als es der Fall ist, noch daß sie eine intelligentere Ausprägung bekommen habe, als es geschehen ist. – Sie werden eine Antwort erhalten, die Sie nie vergessen werden. Sie werden gebeten, nur zu kommen – jawohl, Sie sollen nur kommen! Ich habe es bei jeder Gelegenheit versucht, ich habe versucht, meine tiefste Anerkennung für die Veredelungstätigkeit Amerikas auszusprechen; aber ich habe damit aufgehört, ich *mußte* damit aufhören; denn ich pflegte hinzuzufügen, es sei gar nicht zu erwarten, daß die Kultur Amerikas schon auf der Höhe der Zeit stehe. Damit brachte ich den Patriotismus zur Raserei, und ich habe geschwiegen; ich wollte meinen Kopf behalten, ich wollte leben. Ich könnte Zeit und Ort auf der Prärie von Dakota nennen, wo es um meinen Skalp ging, weil ich Amerikas unmodernen geistigen Standpunkt entschuldigt hatte. Für einen Yankee ist Amerika die Welt. Er erkennt nicht die geringste Überlegenheit eines fremden Volkes an. Ihn zu entschuldigen, weil er nicht zu einem höheren Stand in der Intelligenz gelangt ist, bedeutet deshalb in seinen Augen, ihn entschuldigen zu wollen, weil er den *höchsten* Stand in der Intelligenz erreicht hat. Welches Volk, welcher Fremde könnte sich mit ihm messen? Im Sommer 1887 habe ich an einem Ort weit draußen im Westen gearbeitet; wir waren insgesamt vielleicht ein halbes Hundert Mann auf dieser Stelle. An den Sonntagen setzte ich mich hin, um Briefe für diese Leute zu schreiben; man hat mich dazu gezwungen, man fand, ich schriebe so schön. Aber ob ich Stenographie könne? Nein, das nicht? Ja, dann müsse ich doch erfahren, daß es in Amerika Leute gebe, die genauso rasch schreiben könnten, wie die Menschen redeten, das hätten sie selbst gesehen. Damit war ich mit meinem Schreiben aus dem Feld geschlagen! –

Ich hatte bereits erwähnt, daß die Unkenntnis, daß auch andere Länder bemerkenswerte Dinge – und Stenographen – haben könnten, nicht nur bei Leuten auf der Prärie anzutreffen war; dieser völlige Mangel an Unterrichtung über die Außenwelt findet sich in allen Ständen und an allen Orten in diesem Land mit den berühmten Musterschulen.
Es nutzt nichts, das unentwickelte Geistesleben der Amerikaner mit Rücksicht auf die ungeeignete Materie zu entschuldigen, aus der sie ihre Kultur hätten schaffen müssen. Sie fordern die unbedingte Anerkennung als das modernste Volk auf allen Gebieten, als die kulturreichste Nation der Welt. Denn nicht nur, um das selber meinen zu können, sondern auch, um es andern verständlich zu machen, erklären sie fremde Einflüsse auf ihr Geistesleben als überflüssig und setzen ihnen den schärfsten Widerstand entgegen; sie belasten die Kulturfrüchte des Auslands mit 35 Prozent Einfuhrzoll.

DIE LITERATUR

I. Journalistik

Haben die amerikanische Kunst und Literatur die Möglichkeit, unter diesem Zolldruck auf ausländische Kunst und Literatur zu leben? Können sie ohne Schaden den künstlerischen Einfluß des Auslands entbehren?
Wäre Amerika eine alte Gesellschaft, die ihre große Geschichte und ihre künstlerische Vergangenheit hinter sich hat, wäre es ein Land mit Ahnen, auf die man zurückgreifen kann, dann wäre diese Beschränkung formell begründet, wenn auch nicht berechtigt. Man muß sich jedoch erinnern, daß Amerika eine Neubürgergesellschaft ist, die noch im ersten Werden steht, und daß sie bisher auch nicht auf einem einzigen Gebiet der Kunst eine eigene Schule gebildet hat. Die Amerikaner sind Geschäftsleute, aber keine Künstler – Ausnahmen natürlich vorbehalten. Sie fordern Bezahlung, damit man die Kunst ansehen kann; Kunst verstehen sie nicht; Kunst ist ihnen gleichgültig. Mit der Literatur steht es etwa ebenso. Genau wie sie in der Kunst eine Mischung von Farben sehen, die sie auch im Öldruck finden können, ist es den Amerikanern völlig gleichgültig, ob ein Buch Kunst ist oder nicht, wenn es nur von Liebe und Revolverschüssen handelt. Die Literatur ist keine Macht in Amerika, sie ist kein Erziehungsmittel, sondern nur ein mehr oder minder unterhaltender Zeitvertreib. Man liest nicht, um sich zu bilden, sondern um sich an der Gossensprache in den Gedichten zu belustigen, sich an den Blutszenen in den Detektivgeschichten zu erregen, sich von der Liebe in Charlotte Braemes Romanen zu Tränen rühren

oder sich am Abend von dem großen schläfrigen Longfellow in Schlaf wiegen zu lassen.
Zeitungen lesen die Amerikaner, um sich hinsichtlich der Ereignisse in der Stadt auf dem laufenden zu halten und um mit wachen Augen dem Ergebnis des letzten Wettrennens in New York zu folgen oder ein wenig über Jay Goulds* neuesten Eisenbahnschwindel zu erfahren; sie lesen sie nicht, um ein Wort über die letzten Bewegungen auf dem Gebiet der Literatur und Kunst zu hören, auch nicht über die Wissenschaft, denn davon steht nichts in den Zeitungen. Der Hauptinhalt der amerikanischen Blätter ist Geschäft und Verbrechen.
Der Zeitungsverkäufer in einer amerikanischen Stadt ist ein nützlicher, wegweisender Kulturmesser. Studiert man als Fremder eine Woche lang seine Rufe, so hört man den Schlüssel zu dem Leben, das in seiner Stadt geführt wird. Er ist der professionelle Stimmungsfühler, das wetteranzeigende Barometer; er versteht es mit seinem Ruf bei den Leuten genau an das herrschende Interesse zu appellieren; er kündet kein Buch, kein Gemälde, kein Schauspiel an, aber er weiß, daß das Interesse des Publikums auf Eisenbahnunglücke und dreifache Morde gerichtet ist. Da nun die Blätter in Amerika zu allererst Geschäftsunternehmungen sind und da sie mehr an dreifachen Morden als an Geist und Intelligenz verdienen, ist ihr Inhalt entsprechend. Wenn deshalb der Zeitungsverkäufer neben einer Feuersbrunst in der Washington-Avenue von einer Prügelei in der 17. Straße, einem Schneesturm in Montana und einer Vergewaltigung in Massachusetts ruft, dann bringt er damit den Hauptinhalt seiner Zeitung. Die Begriffswelt der klei-

---

* Jay Gould (1836–1892), amerikanischer Selfmademan, manipulierte Eisenbahnaktien, Goldmarktbeeinflussung. Er verursacht eine Panik am »Black Friday«. (A. d. Ü.)

nen Zeitungsverkäufer wird vom herrschenden Interesse des Publikums gebildet, etwa so wie die der herrschenden Redakteure in der amerikanischen Journalistik.
Eine wunderliche Journalistik, eine lärmende, skandalsüchtige, fäusteballende Revolverjournalistik, bestochene Führer, bezahlte Eisenbahnreklame, Annoncendichtung, Stadtklatsch; eine wunderliche Journalistik, Skandale aus dem Gerichtssaal, das Jammern aus Zugzusammenstößen, Hurrarufe bei den patriotischen Banketts, Dampfhammerschläge aus den großen Fabriken, Gottes Wort vom ständigen Prediger des Blattes – denn ein Blatt hat einen festen Prediger –, Damengedichte über den Mondschein in Tennessee und die Liebe in Boston, zwei Spalten Ehebrüche, drei Spalten Bankschwindel, vier Spalten Patentmedizinen – eine wunderliche Journalistik, das Geheul von dem ganzen Heer pulvergeschwärzter Piraten, die sie schreiben.
Der in ganz Amerika bekannte Brooklyn-Pastor de Witt Talmadge* hat neulich in einem Vortrag über die Sonntagsblätter folgendes über die amerikanische Presse generell geäußert: »Sie ist zur Ruhe gekommen. Und die Reformatoren sowohl in als auch außerhalb der Journalistik sollten ihre Bestrebungen verdoppeln, sie ständig besser zu machen, ihre Moral zu heben und sie zu einem Instrument zur Ausübung von viel Gutem zu machen. Unsere Zeitungen haben mehr als Schritt mit der Welt gehalten. Vergleicht man eins von unsern durchschnittlichen heutigen Tageblättern mit einem solchen von vor 35 Jahren, muß man staunen über den großen Fortschritt in Richtung auf die ständig bessere Literatur, die sie enthalten. Die Menschen, die heute im

---

* Thomas de Witt Talmadge (1832–1902), amerikanischer Geistlicher und Kanzelredner, nach 1890 Herausgeber des *Christian Herold*. Seine Predigten wurden jede Woche in Hunderten von religiösen und allgemeinen Zeitungen veröffentlicht. (A. d. Ü.)

Dienst der Presse stehen, sind bessere Menschen als die Journalisten vor 35 Jahren. Ihre Produktion ist gesünder, und der Geist in den weltlichen Zeitungen ist zunehmend religiöser und moralischer geworden. Die Moral in den Zeitungen ist ebensogut wie die Moral auf den Kanzeln. Ja, die Presse ist zur Ruhe gekommen.«

Da jedoch Pastor Talmadge nicht dafür bekannt ist, daß er fragt, und da sich in der Seele dieses Mannes keinerlei Ironie findet, scheint es sogar den Yankees, daß er hier mit Dingen prahlte, von denen er nichts wußte, und einige Journalisten machten ihre verstorbenen Vorgänger dafür verantwortlich. Die Redaktion von *America* widersprach jedoch dem Pastor in einem Artikel von fünf Zeilen, in dem sie sich von Talmadges guter Meinung über die Moralität der jetzigen amerikanischen Presse distanzierte. Der Artikel lautet in ganzer Länge wie folgt: »Wenn man eins unserer *Sonntagsblätter* von heute mit einer üblichen *Tageszeitung* vergleicht, wird man finden, daß diese von vor 35 Jahren moralisch im Ton und patriotisch im Inhalt war, während jene ein Mischmasch aus Gemeinheiten, Sensationen und Skandalen ist, nur mit einem Anstrich von Ernst versehen. Die Moral der Sonntagsblätter steht vielleicht auf gleicher Höhe mit der des Predigers, aber das ist ein sehr betrübliches Bekenntnis aus dem Mund eines Pastors.«

Die amerikanische Journalistik leidet im übrigen nicht daran, daß sie »bessere Literatur« enthält, als sie bequem vertragen kann. Es ist eine Journalistik, die man literarisch nur mit den kleinen Kopenhagener Nachrichtenblättern vergleichen kann; es ist eine Boulevard-Ware, deren Inhalt und Geist ganz und gar von der Amerika eigenen materialistischen Lebensluft bestimmt ist. Wenn die Modjewska* im *Grand* der Stadt aufgetreten ist, wenn Menter in der Oper gespielt, wenn Linde einen Vortrag gehalten hat, dann ist das in Amerika am Tag, nachdem es geschehen ist, ohne jedes Interesse, und erwähnen die Morgenzeitungen diese Dinge, dann im wesentlichen, um eine Beschreibung der Bekleidung und Frisur der Künstlerin zu geben, die Anzahl der Ringe an ihren Händen, die Anzahl der Herausrufe zu nennen, den Preis ihrer Schmuckstücke in einer runden Summe zu schätzen; suchen Sie nicht nach einer Darstellung ihrer Kunst, eine Wiedergabe ihres Spiels, eine ausgearbeitete Kritik, ein Wort des Geistes; das gibt es in den Zeitungen nicht. Für wen sollte diese Kritik geschrieben werden? Und wer sollte sie schreiben? Die Journalisten werden von Zeitungsverkäufern ausgebildet, und die wiederum werden von der zeitungskaufenden Menge geformt, und die zeitungskaufende Menge sind Leute, die sich nicht für Kunst interessieren. Es sind die Geschäftsleute, die ihre Zeitung in der Pferdebahn genießen, wenn sie am Morgen zur Arbeit fahren, oder es sind die Ehefrauen und Töchter der Geschäftsleute, die der Vorstellung beigewohnt haben und dabei die Frisur der Modjewska mit eigenen Augen sahen. Nein, bieten Sie ihnen die blutige Verstümmelung einer Leiche, die in einem Torweg gefunden worden ist, bieten Sie ihnen das wilde Hasardspiel an der Börse, den großen Streik, das jüngste Ehedrama, das verstehen ihre Gehirne, das spricht ihr Gemüt an, und das macht endlich einmal Eindruck auf ihre völlig verhärteten Nerven.

Mitten in diesem Getöse von Erwartungen, Verbrechen und Unglücksfällen werden in jeder amerikanischen Zeitung ein oder zwei Spalten mit Nachrichten aus dem engeren Familienleben mitgeliefert, intime Mitteilungen der Redaktion, aus zweiter und dritter Hand aufgespürt, Morgenlektüre der Damen, Wissensquelle der Müßiggänger, die

---

* Helena Modjewski (1844–1909), polnische Tragödin, die später in Kalifornien ansässig war. Sie brillierte vor allem in Shakespeare-Rollen. (A. d. Ü.)

sogenannten *Locals*. In diesen Spalten findet man etwas über Hochzeiten, Geburten und Sterbefälle; so, wie europäische Zeitungen berichten, welche fürstlichen Personen diese oder jene fürstliche Familie von politischer Bedeutung besuchen, machen die amerikanischen Zeitungen in ihren *Locals* bekannt, wenn eine geehrte Familie in der Stadt Besuch von einem geehrten Mitmenschen aus einer andern Stadt erhält. Das kann eine Kapitänsfrau von einem der Binnenseen sein, die gekommen ist, um ihren Sohn, einen Stellmacher, zu sehen, oder es kann ein Rinderhirt von der Prärie sein, der bei seinen Eltern zu Gast ist – alle sind dabei, alle sind gleich bemerkenswert. Dagegen ist indessen nichts einzuwenden, das ist Sitte und Landesbrauch, und die zehntausend Abonnenten finden sich darein, daß Journalistik für eine Schiffersfrau betrieben wird. *Locals,* das ist der stillste Teil in einer amerikanischen Zeitung, wird soweit irgend möglich von Patentmedizinen und Kriminalfällen frei gehalten und ist eine besonders bei den Damen der Society beliebte Lektüre. Doch auch in diese Spalten bricht hier und da Lärm ein; es werden Anzeigen in die *Locals* eingeschmugelt, Reklamen für diese Sorte Haaröl und jene Art von Korsetts, Verse über Toilettenartikel und Verse über eine neue Lieferung Rindfleisch im Basar. Unmittelbar hinter einer Geschichte von einer glänzenden Hochzeit oder einer unerwartet glücklichen Geburt kann eine Notiz mit der Überschrift »*Der Tod*« folgen. Man verspürt einen starken Ruck, man verspürt einen fast unerträglichen Ruck – da ist also wiederum ein äußerst lieber Mityankee von uns gegangen! Was das anlangt, kann es durchaus ein Maurer Fowler oder die Nichte eines gewissen Uhrmachers Brown sein, der in der Adamsgasse Nummer 16 oder vielleicht 17 lebt. Ach, kein Wort ist stark genug, um auszudrücken, *wen* der Tod fortreißen kann! Indes, man ermannt sich und liest die Notizen weiter, man atmet allmählich leichter, man gewinnt wirklich die Fassung zurück; es ist doch nicht der Maurer, Gott sei Lob, und wenn man genauer hinschaut, ist es vielleicht auch die Nichte nicht. Man darf nicht klagen, wenn es bloß ein stiller Nähmaschinenvertreter von der Seaside Avenue oder auch ein Vetter einer gewissen Mrs. Kingsley ist, deren Gatte etwa vierzig Jahre zählt. Und man liest weiter. Man hat etwa die Mitte des Artikels erreicht, man beruhigt sich, man ist wirklich nicht so weit davon entfernt, sich einen Mann namens Conway vorzustellen, der vielleicht ebensogut in der Lincolnstraße wohnen könnte wie anderswo. Man liest mit Lust und Liebe, es wird wahrhaftig interessant, man könnte sich endlich verpflichten, von Stund an nie etwas anderes als Sterbefälle lesen zu wollen. Es endet natürlich damit, daß die ganze Notiz nur einem einfachen Tischler gilt, der Grimshaw oder Smith oder so ähnlich heißt. Vielleicht ist er darüber hinaus auch noch an einem Schlaganfall gestorben, eine Todesart, die ganz genau dem Leben entspricht, das der Mann vielleicht geführt hat. Und man liest weiter, man ist gewaltig gespannt, man verpaßt kein einziges Wort, man liest mit Leidenschaft, zuletzt mit wahrer Raserei. Der Tischler ist noch am Leben; man hat noch vier Zeilen zu lesen; man erreicht den letzten Punkt, und nicht ein Wort von dem Schlaganfall! Das ist doch wohl nicht ein gewisser Mr. Downing, vielleicht James William Downing, der beispielsweise Barbier in der Nähe einer der Baptistenkirchen sein könnte! Man verhärtet sein Herz, in höchster Erregung entscheidet man sich schon fast für einen solchen Barbier; und wenn es schon sein muß, weshalb dann nicht ebensogut wie der Barbier eine Dame, die ein Austernlokal auf der Franklin-Avenue führt? Gibt es vielleicht einen besonderen Grund, die Barbiere der ganzen Welt vor ihrem Geschick zu bewahren? – Dann endlich liest man mit weit aufgerissenen Augen, mit angehaltenem Atem und mit vor Bewegung sirrenden Nerven folgendes: »*Um dem Tod zu entrinnen, muß man den einzigen Platz in der Stadt aufsuchen, wo man die bekannten Balls-Handschuhe bekommen kann, in denen man sich niemals erkältet, nämlich bei Donaldson.*« – Ach, du meine liebe Güte! Der arme Leser hat eine halbe Spalte Reklame genossen!

In den *Locals* werden die Anzeigen bestimmt gelesen, in diesen Spalten entgehen sie dem neugierigen Auge nicht; deshalb sind die *Locals* ein teures Reklamefeld; ein Wort in Petit kann einen Dollar kosten; bei besonderen Gelegenheiten, etwa vor Feiertagen, kann in den Zeitungen der großen Städte ein Wort in Petit sogar fünf Dollar kosten. Jetzt kann der Redakteur in seinen *Locals* schreiben: »Meine Ehefrau ist heute nacht von einem Sohn entbunden worden.« Gut und schön, das ist interessant, das ist bemerkenswert, sublim! Doch weiter unten, in einem neuen Artikel, dankt er einem geehrten Farmer, weil dieser in der Stadt gewesen ist und dem Redakteur so oder soviel Kartoffeln geschenkt hat. Das ist nur Geschäft, nur Reklame. Für diese Kartoffeln muß der Redakteur dem Farmer öffentlich seinen Dank aussprechen, eine kleine Redaktionsnotiz, noch dazu in den *Locals,* wo sie nahezu bestimmt gelesen wird; er muß angeben, welche Kartoffelsorte es war, und berichten, was er davon hält. Er hat diese Kartoffeln so vortrefflich gefunden, daß er überzeugt ist, auf sie ist es zurückzuführen, daß seine Frau so glücklich und gut entbunden hat, ja er neigt durchaus zu der Ansicht, daß das Kind, wenn seine Frau nicht bereits gestern von diesen geradezu unvergleichlichen Kartoffeln gegessen hätte, kein Junge geworden wäre! – Die Absicht ist erreicht, allerdings auf Kosten des Intimsten in der Familie, das in die Öffentlichkeit gezerrt und besudelt wird: der Redakteur hat für so und so lange Zeit die Kartoffeln umsonst, und die Produkte des Farmers werden auf eine Weise angezeigt, daß man sie nie vergißt. Der Farmer

meint nämlich, daß eine kinderlose Hausfrau später, wenn es ihr an Kartoffeln im Keller fehlt, ihrem Mann auf die Wange klopft und ihm sagt: »*Diese* Kartoffelsorte, wenn ich bitten darf! Du weißt schon, die, von denen man Söhne bekommt!« Selbst wenn sie es im Scherz sagt, so rechnet der Farmer, zeigt sich doch, daß seine Anzeige in den *Locals* – diese teure Anzeige – nicht vergessen worden ist.
So wenig intelligent, so grob und harthändig die amerikanische Journalistik auch auftritt, sie ist dennoch der genaueste Ausdruck für das Gesellschaftsleben des Landes, für die Interessen und Vorstellungen des Volkes, was weit mehr ist, als man von der übrigen Literatur Amerikas, der schönen Literatur, sagen kann. Die Journalisten arbeiten immerhin in dem vorliegenden Leben, übersetzen die Gedanken und Gefühle der Yankees, schildern den breitmuskligen Materialismus ohne Ausschmückung und leisten jeden Tag ihren Beitrag zur Kulturgeschichte ihres Vaterlands; die amerikanischen Dichter beschäftigen sich dagegen noch ständig mit Jahrhunderte zurückliegenden Geistes- und Gemütsrichtungen, singen von einer gewaltigen Liebe, die nach dem Großvater der Engländer schmeckt, und machen Helden – menschliche Helden – aus einem jeden patriotischen Yankee, der auch nur ein paar Dollar auf der Bank und eine Sägemühle am Mississippi hat.
In den amerikanischen Zeitungen wird auch nicht das komische Gezänk um Politik geführt, von dem die Presse Europas so voll ist. Nur jedes vierte Jahr kämpfen die Amerikaner zwei, drei Wochen lang um Freihandel und Zollgesetze, man kämpft, bis Blut fließt, man siegt oder verliert, man wählt einen Präsidenten – worauf sich alles wieder bis zum nächsten Wahljahr zur Ruhe legt. Man diskutiert nicht vier ganze Jahre hindurch »Politik«. Der amerikanische Journalist hat es als erwachsener Mensch nicht nötig, sich hinzusetzen und die Paragraphen in einem alten Gesetz und

die Kommata in einem neuen voller Begeisterung nachzuschlagen, lange »Leitartikel« über die Ungezogenheit Klein-Bismarcks im Vatikan zu schreiben und sich gelehrte Kommentare zu Thronreden und allergnädigsten Narrenstreichen auszudenken. Er kennt diese Art Politik nur dem Namen nach, er weiß nicht, was Links und Rechts ist, außerhalb der Wahlzeit weiß er nicht einmal, was Opposition bedeutet. Sein Blatt ist eine farblose Lektüre, eine Anhäufung von Ereignissen aus dem Osten und Westen Amerikas, kleinen Abhandlungen über alles Mögliche, Augenblicksprodukten. Ich habe die jüngst erschienenen amerikanischen Tageszeitungen zur Hand, ich suche nicht aus, ich nehme aufs Geratewohl eine Nummer; sie enthält folgendes: Ausbrecher festgenommen – Feuer am gestrigen Abend – Lynchjustiz – Folgen der Einwanderung – Die kanadische Fischereifrage – Große Prügelei – Lage der Schatzkammer – Die Börse – Meinung des Nordwestens – Meinung des Südens – Letzte Nachrichten – Von Dieben heimgesucht – Vom Höchsten Gericht – Totgeschlagen – Das einzige Mittel (über eine Patentmedizin) – Gestohlene Bleirohre – Um 1000 Dollar beraubt – Die Faustkämpfer Killen und McCaffrey im *Comique* – Weiße Sklaverei in Texas – Gestriges Wettgehen – Sport – War es ein Messerstich? – Minnesota – Dakota – Michigan – Aus andern Orten – Plötzlicher Tod – Staatsdienst – Reisendes Volk – Eine Beerdigung in Winona – Eisenbahnverhältnisse – Situation der Eisenbahner – Aus dem Unterricht – Um achttausend bestohlen – G. A. R. (Große Armee der Republik) – Senator Quays* Anklage – Mädchenhandel in Zentralafrika – Weizen fällt – Die schwarze Tat eines Nebenbuhlers – New

---

* Matthew Stanley Quay (1833–1904), Senator von Pennsylvania von 1887–1904, Führer der Republikaner in seinem Staat, Mitglied des Nationalausschusses (A. d. Ü.)

Yorker Markt – Markt von Chicago – Ein Neger geht rücklings in die Ewigkeit ein – Weshalb sie eine Heldin war – Verschwundener Bankangestellter – Übereinkunft der Geistlichen – Eisenbahn entgleist – Entdeckte Pflanze (Patentmedizin) – Sheriff Eagles Ansicht – Sheriff Cobdens Ansicht – *Locals* – Ihren Mann verlassen – Zwei Heizer getötet – Die Indianer in Peru – Die Legislatur – Von der Ehefrau überrascht – General Grant* als Jäger – Lage der Pferdebahn – Schneestürme – Ein 63jähriger Vater treibt Unzucht mit seiner 7jährigen Tochter – Frauenverein – Betrachtet den Himmelsvogel (Anzeige) – Ein Konkurs – Telegramme – Wie man sich hübsch anzieht – Farmer ermordet – Bei Powderly ist Besserung eingetreten – Pastor Fitzgeralds Predigt – Verhaftete Polen – *Go on* (über die Säuberung des Landes von Chinesen) – der Streik – Gladstone** über amerikanische Erfindungen – Neue Kirche geweiht – Eine Fensterscheibe eingeschlagen – Wilde Fahrt – Drei Polizeibeamte auf Wache – 11 Spalten Anzeigen.***
Nicht ein Wort über Politik, nicht ein einziges! Aber jeder Artikel – so unintelligent und uninteressant sie alle auch sind – offenbart, womit sich die Gehirne der Yankees beschäftigen, was ihnen über die Lippen kommt, was sie gern lesen. Die Zeitungen Amerikas entsprechen genau dem Geistesleben der Amerikaner; ihr Inhalt ist nicht so verschämt und idyllisch wie die schöne Literatur, besitzt jedoch hundertmal soviel Wirklichkeit und Wahrheit. Die

* Frederick Dent Grant (1850–1912), amerikanischer General, Teilnehmer am »Sklavenkrieg« unter seinem Vater Ulysses G., dem 18. Präsidenten der USA (A. d. Ü.)

** William Ewart Gladstone (1809–1898), britischer Staatsmann (A. d. Ü.)

*** *Globe*, 9. Januar 1889

amerikanischen Zeitungen sind unruhig und lärmend wie das Leben selbst; sie sind grob und wahr.
In einer Hinsicht ist die amerikanische Presse der aller andern Länder voraus, nämlich im Aufspüren und blitzschnellen Veröffentlichen von Neuigkeiten. Sie wenden ungeheure Beträge daran, sich von überallher Nachrichten zu beschaffen; sie lassen sich jedes unbedeutende Ereignis telegrafieren und geben beim geringsten Anlaß Extrablätter heraus. Der *New York Herald* ist in dieser Beziehung ohnegleichen. Der Stab von festen Mitarbeitern beim *Herald* zählt – ohne die Korrespondenten in allen Ländern, ohne die Setzer, Maschinendrucker, Korrektoren usw. – 65 Mann. Davon sind 17 Redakteure oder Chefs; jeder leitet sein eigenes Ressort. Die übrigen sind Reporter, die durch alle Gassen und Straßen von New York fahren und Nachrichten sammeln. Sobald einem solchen Reporter eine Neuigkeit zu Ohren kommt, läuft er zur nächsten Telefonstation in der Gasse, ruft den *Herald* an und berichtet. Neben diesen Reportern hat der *Herald* einen eigenen Kutter, der vor der Einfahrt zum New Yorker Hafen kreuzt und alle Nachrichten abfängt, die auf dem Seeweg in die Riesenstadt kommen. Wie bekannt, hatte sich der Korrespondent des *Herald* am Niagarafall eingefunden und die Telegrafenleitung belegt, als der Prinz von Wales Amerika bereiste und sich entschlossen hatte, die Wasserfälle zu besuchen. Nun blieb der Prinz länger aus als erwartet, und der Korrespondent ordnete, um die Stellung zu halten, an, das erste Buch Mose zu telegrafieren. Als dieses durchgegeben und der Prinz immer noch nicht gekommen war, wurde das zweite Buch Mose in Angriff genommen. Da endlich traf der Prinz ein, und der Korrespondent konnte als erster diese Nachricht in die Welt hinausschicken. Das Manöver kostete nur einige tausend Dollar. Auch vorher schon hatte es der *New York Herald* verstanden, allen andern Zeitungen mit seinen

Nachrichten zuvorzukommen, etwa während des Abessinienkrieges, in dem sogar die Londoner *Times* mehrere ihrer Kriegsberichte von den amerikanischen Reportern übernehmen mußte, obwohl es sich um eine rein englische Angelegenheit handelte.

Nicht nur der *New York Herald* strengt sich so an, um seine Leser mit Nachrichten aus der ganzen Welt zu überraschen. Der größte Teil der amerikanischen Presse steht in mehr oder minder lebhafter Verbindung mit den Inlandsstädten und dem Ausland. Es ist aller Anerkennung wert, daß die amerikanischen Zeitungen auf diese Weise versuchen, den Yankees Jahr für Jahr ein wenig Wissen über die Welt, die es außerhalb von Amerika schließlich doch noch gibt und über die in den amerikanischen Schulen nahezu keine Unterrichtung erteilt wird, beizubringen. Die Nachrichten, die Amerikas Blätter über andere Länder enthalten, beschränken sich allerdings in der Regel auf kürzere oder längere Depeschen, sind aber dennoch Botschaften von einer andern Halbkugel, kleine Einzeltatsachen, die Tag um Tag über eine Reihe von Jahren zusammengenommen eine weit vollständigere Weltgeschichte ergeben, als irgendeine der freien Schulen des Landes sie besitzt. Doch im Inhalt dieser Depeschen ist der amerikanische Geist bestimmend geblieben. Die Blätter sind gezwungen, auf die Interessen und den Geschmack ihrer Abonnenten Rücksicht zu nehmen. Während sie über alle künstlerischen und literarischen Neuigkeiten schweigen, ist beispielsweise auf finanziellem Gebiet nichts zu klein, als daß es nicht noch ein Telegramm wert wäre. Hofbälle, Thronreden, Reden der Kaiser, Eröffnungen von Eisenbahnstrecken, Wettrennen in England, Duelle in Frankreich, Attentate in Rußland sind auch für die amerikanischen Zeitungen ein begehrter Depeschenstoff. Dagegen verhalten diese sich völlig stumm bei dem rühmlichsten Drama oder beim Auftauchen des größten künstlerischen Sterns. Aber über die kleinste Begebenheit im Ausland machen sie sofort Meldung, wenn sie nur den Eindruck erweckt, Handel und Umsatz zu berühren – wenn etwa ein Reisender seine Brieftasche in einem deutschen Hotel verliert oder ein Mann mit einigen Liter Öl an der Börse von Sarepta spekuliert.

Doch trotz ihrer schweren Mängel ist die amerikanische Journalistik die eigentümlichste und stärkste Geistesäußerung im amerikanischen Volk; mit ihrer Frechheit, ihrem realistischen Ungestüm ist sie, literarisch betrachtet, zugleich die modernste.

II. Dichtung und Schriftsteller

Amerikas Literatur ist trostlos unwirklich und talentarm. Sie bringt Liebe und Revolverschüsse, aber sie besitzt nicht das drängende Leben des Lebens selbst, sie ist ohne des Lebens bunte Fülle, es fehlt ihr Gemütsbewegung. Ich nehme selbstverständlich die paar Autoren aus, deren Bücher ein moderner Mensch lesen kann, Mark Twain etwa, diesen blassen Pessimisten, der mit seinem wirklich großartigen Witz und Humor in Amerika ohne Vorgänger und ohne Nachfolger ist; ich nehme auch manches von Poe aus, manches von Hawthorne, manches von Harte. Doch im großen und ganzen ist die amerikanische Literatur nicht der Ausdruck des amerikanischen *Lebens,* wie es die Zeitungen sind. Sie hinterläßt keinen Eindruck, ist zu wenig irdisch, sie redet zuviel und fühlt zuwenig; sie hat zuviel Dichterei und zuwenig Realität; sie schildert nicht, sie besingt, spricht mit zum Himmel gewandten Augen, pusselt mit Tugend und Bostonmoral, predigt, ermahnt, legt einen Marocain-Einband um eine unverbrüchliche Treue und ein indianisches Heldenpaar. Es ist eine Dichtung, die lautlos durch meinen Kopf gegangen ist, die bei mir niemals eine Gefühlssaite angeschlagen und mich nie zum Lauschen veranlaßt hat. Mit einem Yankeebuch in der Hand hat man stets das Gefühl, wenn da ein Orkan, ein modernes Lüftchen in diesen poetischen Jammer hineinbliese, so würde das helfen. Aber die Orkane sind der Zoll darauf, und die Orkane spielen nicht die nationale Blechflöte. Die amerikanische Literatur ist völlig unbeeinflußt und unbeeinflußbar und liegt drei ganze Entwicklungsphasen hinter der Literatur Europas: Dickens und Scott haben zu ihrer Zeit einmal die Art des amerikanischen Romans, Milton und Longfellow die Art ihrer Verse bestimmt, und dabei ist es geblieben. In der amerikanischen Literatur ist keinerlei Einfluß von Strömungen unserer Zeit zu spüren. Es klopft nicht das geringste Entwicklungsverlangen in diesen Dichtern; sie haben ihre Sache einmal gelernt und können ihre Sache. Was schert es sie, ob es dort draußen in den großen Kulturländern vielleicht einen Mann gibt, der darauf gekommen ist, über das Leben zu schreiben, oder ob ein anderer damit begonnen hat, die Mimosenbewegungen der Seele zu schildern? Es betrifft sie einfach nicht, sie sind Amerikaner, sie sind Patrioten, sie sind Sänger, Träumer. Nun ist es in Amerika so gut wie eine Schande, eine fremde Sprache zu beherrschen. Unterhalten sich zwei Emigranten in Gegenwart eines Yankees in ihrer Muttersprache, so werden sie ausgelacht; lernt ein Amerikaner eine fremde Sprache, so ist es vorzugsweise eine der toten. Auf diese Weise sind die Amerikaner verhindert, moderne Literatur in den Originalsprachen zu lesen. Aber sie bemühen sich auch nicht mit Hilfe von Übersetzungen, sich Kenntnis darüber zu verschaffen, was es mit der modernen Dichtung auf sich hat. Übersetzen sie aber einmal spekulativ ein Buch von Zola, so nehmen sie die gröbsten Verstümmelungen daran vor, sie »sieben« es, wie sie es im Vorwort nennen; es ist dann nicht wiederzuerkennen; selbst die Namen der Personen sind verändert. Jesus Christus in *La terre* heißt in der amerikanischen Übersetzung auf diese Weise *Mahomed;* die vier Morde in dem Buch hat der Übersetzer beibehalten, denn diese näherten sich dem Revolverlärm seiner eigenen Literatur; doch alle Flüche, das illegitime Kind, die Verführungen sind völlig weggelassen worden. Übersetzungen von E. Zolas Büchern – um bei diesem Autor zu bleiben – finden sich jedoch nicht in den Buchhandlungen, nicht einmal im »gesiebten« Zustand; sie gehören in die Zigarrenläden – wie die »Herrenartikel« in Europa. Die amerikanischen Buchhandlungen verkaufen anständige Waren; bitten Sie nie um Bücher, die Bilder des Lebens enthalten, verlangen Sie nicht einmal die Bücher des maßvollen und langweiligen Whitman – dann wird, wenn Damen zugegen sind, flüsternd erwidert, daß es Whitmans Bücher in der Stadt hoffentlich nicht gebe.

Was haben denn diese Buchhandlungen dann? Nehmen wir eine Stadt wie Minneapolis, eine Stadt von der Größe Kopenhagens, ein Zentrum des Handelslebens des Westens, Minneapolis mit seinen Theatern, Schulen, »Kunstgalerien«, der Universität, einer Internationalen Ausstellung und fünf Musikakademien – dort gibt es eine Buchhandlung, eine *einzige.** Was zeigt diese Buchhandlung an, was findet sich in ihren Fenstern und Regalen? Verzierte Glückwunschkarten, Gedichtsammlungen in Goldschnitt, Detektivromane, ein paar Noten vom *Yankee doodle* und von *Home, sweet home,* den seligen Longfellow und die fortschrittlichsten Tintenfässer in Abwandlungen jeder Art. Ferner hat sie die ganze Sintflut amerikanischer »schöner Literatur«, die ein großes Volk mit sudellüsternen Frauen nur haben kann. Nun ist die Buchhandlung auch eine patriotische Buchhandlung, sie hat die Kriegsgeschichte der Vereinigten Staaten und Lithographien von Washington, sie hat »Onkel Toms Hütte« und General Grants Memoiren. Und außerdem hat sie die Magazinliteratur Amerikas. Nun will ich aber lieber eine Postille lesen als Grants Memoiren. Grant war ein Mann, der nicht einmal die eigene Sprache fehlerfrei schreiben konnte; man bewahrt mehrere Briefe des Generals als stilistische Kuriositäten auf. Ich würde auch lieber den Adressenkalender von vorn bis hinten durchlesen als diese amerikanischen Detektivgeschich-

* Außerdem gibt es zwei skandinavische Buchhandlungen, die Schreibpapier und Postillen verkaufen.

ten. Sie sind schlimmer als »Bänkellieder«, schlimmer als die »Himmelsbriefe«, schlimmer als alles, was ich bis heute gedruckt gesehen habe. Wenn man sie nicht geprüft hat, macht man sich gar keine Vorstellung davon, was die Detektivromane den Leuten bieten. Inzwischen sind auch diese Literaturprodukte so patriotisch wie ein Vaterlandslied; am häufigsten geschieht es, daß ein Yankeebursche von sechzehn, siebzehn Jahren von der Detektivabteilung der New Yorker Kriminalpolizei eine ganze Bande ausländischer Schacherjuden entdeckt und niedergeschossen hat.
Mit der amerikanischen Magazinliteratur verhält es sich so, daß sie eine Literatur mit vortrefflich ausgeführten Illustrationen darstellt. Menschen, die sich über Bilder freuen, werden beim Durchblättern von fast jedem großen amerikanischen Magazin ihr Vergnügen haben. Die Ausstattung, die hervorragend ausgeführten Illustrationen verdienen höchste Anerkennung; der Inhalt zeigt übrigens selten irgendwelches Interesse für andere Menschen als für Amerikaner, echte Amerikaner. Man kann kaum eine dieser Zeitschriften aufschlagen, ohne auf einen Brief von Grant, ein Faksimile von Lincoln, eine Episode aus Washingtons Leben, eine hochwichtige Ansicht von General Logan – einem Mann, von dem man weiß, daß er tot ist, das einzige, was man von ihm weiß –, ein Gedicht über den Mond, eine Geschichte über die Liebe zu stoßen. Um jetzt ein früher Hunderte von Malen abgedrucktes Faksimile von Lincoln oder eine kluge Antwort Franklins an einen englischen Lord, die wir in Norwegen als Kinder im Lesebuch hatten, noch einmal zu lesen, oder einen Brief von Garfield* an die Nichte eines Farmers aus Illinois, – um dies alles lesen zu mögen, muß die eigene Begabung genau die gleiche Wellen-

* James Abram Garfield (1831–1881), 20. Präsident der USA (A. d. Ü.)

länge haben, wie die Amerikaner und geistig ebensowenig in Anspruch genommen sein.
Minneapolis – die Stadt von der Größe Kopenhagens – besitzt auch ein Athenäum mit einer Bibliothek, die 15 000 Bände enthält und 26 000 Dollar gekostet hat. In diesem Athenäum findet man wiederum die gleiche Literatur wie in der Buchhandlung, die gleiche Kriegsgeschichte, die gleichen Magazine, den gleichen Grant, die gleichen Gedichte. In diesem Athenäum können Menschen tagelang sitzen und Gedichte lesen. Nein, für einen Fremden ist das nicht zu fassen und zu begreifen, welches Vergnügen Leute daran haben können, dort zu sitzen und Gedichte zu lesen. Das hat gewiß seinen Grund in ihrer Vorliebe für Lyrik überhaupt; denn es kann ja nicht die Qualität dieser Lyrik sein, die sie ins Athenäum zieht. Die Amerikaner sind Leute, die Verse über die Maßen lieben. Ganz zu schweigen von all den Damen, die die Zeitungen regelmäßig mit ihren häufig sehr merkwürdigen Gedichten beliefern, packt die wütendste Liebe zum Gedicht noch den besonnensten Apotheker, so daß er selbst in einer Debatte über Lebertran Verse zitiert – ich habe sie gedruckt gesehen –, ja, sogar Henry George* beginnt sein großes volkswirtschaftliches Werk mit einigen Verszeilen! Weiter kann man nicht gut kommen, davor muß ja auch noch Platz bleiben. Das Athenäum von Minneapolis hat Gedichte für Zeit und Ewigkeit der Stadt, und der Neueinkauf nimmt ständig zu. Was wird sonst noch gekauft? Was besitzt das Athenäum an moderner Literatur? Alle Bücher, die Amerikas Dichter und Dichterinnen gemacht haben, alle Romane von Dickens und Scott,

* Henry George (1839–1897), amerikanischer Volkswirtschaftler, trat für eine einzige Steuer ein. (A. d. Ü.)

dem älteren Dumas, Eugène Sue, Jules Verne, Marryat* und Silvio Pellico. Aber es gibt nicht ein einziges Buch von Zola, keins von Bourget, keins von den Brüdern Goncourt, keins von russischen Autoren, keins von den skandinavischen**, überhaupt nicht ein Buch von den Männern, die die heutige Literatur anführen. Es gibt hundert schwere Bände mit alten Kongreßdebatten, dreiundachtzig Jahresbände alter Almanache, sechshundertundsiebzig Bände, doppelt so dick wie die Bibel in Luthers Übersetzung, mit Patentberichten! Wenn man ins Athenäum von Minneapolis kommt, etwas lesen möchte und um einen Patentbericht bittet, dann wird einem das angeboten! Aber als man den Bibliothekar nach Hartmann, Comte, Schopenhauer fragte, machte er ausdrücklich darauf aufmerksam, daß man von den Philosophen Emerson habe.

Wieviel man auch an der amerikanischen Journalistik auszusetzen haben mag – sie ist Poesie des Lebens im Vergleich zur schönen Literatur im Land; sie ist das Schallrohr für den ganzen Lärm Amerikas; täglich drängt sie dem Ohr die Lebensgeschichte von Menschen auf, die arbeiten, und von Menschen, die leiden, von Menschen, die fallen, und Menschen, die sterben; sie ist ein Ausdruck des Geistes in dem ganzen Erdteil. Bei den Dichtern darf man nicht nach der wechselnden Vielgestaltigkeit des Lebens suchen; sie singen vom Mond und erschießen Schacherjuden. Von der amerikanischen Dichtung sind mehr als die Hälfte Verse. Warum nicht? Man muß jedes Produkt eines jeden Geisteszustandes in jeder Form anerkennen, wenn nur Talent darin

* Frederick Marryat (1792–1848), amerikanischer Kapitän und Romanschriftsteller (A. d. Ü.)

** Mit Ausnahme einiger Märchen von Andersen und der ersten Bücher von Jonas Lie.

steckt. Aber ein bißchen Inhalt in den Versen hier und da, ein bißchen Kunst in den Versen für Zeit und Gelegenheit, ein bißchen atmendes Menschenleben darin findet man in einem von hundert Fällen! Man spielt in Amerika nicht die Lyra – das war vielleicht einmal –, man stampft sie, und die paar, die spielen, spielen schlecht, und außerdem haben sie schlechte Lyren. – Aber wir haben doch Übersetzungen von ordentlichen Sachen aus Amerika, ordentliche Verse, ordentliche indianische Dichtung? Ich bin bei den Indianern gewesen, habe mich zweimal für längere Zeit in ihren Wigwams aufgehalten – ich fand nicht mehr Heldeneigenschaften bei den Männern und mehr Schönheit bei den Frauen als für einen kleinen Artikel in einer Zeitung – und das war knapp genug. Die große indianische Poesie ist eine allzu naive Lüge, das ist Geschwätz, Erdichtetes. Übrigens, wenn hier die Rede von Übersetzungen ist, so übersetzen wir mitunter mehr von den *Ländern* als von den Literaturen; damit meine ich, daß es ein schreibkundiger Dichter in einem großen Land weit leichter hat, übersetzt zu werden, als ein noch so hervorragender in einem kleinen. Es gibt in allen Literaturen solche übersetzte Landesrepräsentanten. Wir übersetzen also B. Peres Galdos, weil er Spanier, und Hoa Tsien Ki, weil er Chinese ist.* Aber es geschieht häufig, daß wir Zola nicht übersetzen, obwohl er Franzose ist. Aber Amerika hat doch »Onkel Toms Hütte«! Dieses Buch hat wirklich eine Tat auf der Welt verrichtet. Als literarisches Produkt, als Roman ist es kaum die teuren Buchdeckel wert, die man in Amerika macht; aber als Streitschrift, Predigt, als Beitrag zu den Debatten des Tages erregte es die

---

* Daß wir auch Tscheng Ki Tong übersetzen, hat seinen Grund darin, daß dieser Autor ein Kulturschilderer ist – im Gegensatz zu jenem, der *kein* Dichter ist.

Aufmerksamkeit, die diese verdienten. Und gerade dieses Buch, das trotz seiner literarischen Wertlosigkeit ein Griff tief hinein in die Wirklichkeit des Lebens ist, sollte die amerikanischen Dichter vor ihrem Mond und ihren unwirklichen Darstellungen eines Lebens warnen, das die Menschen führen. Doch das tut es nicht. Im Gegenteil, man ist kräftig auf dem Weg, eben dieses Buch »Onkel Toms Hütte« zu einer Mondlegende zu machen. Die Verfasserin hat vor mehreren Jahren – also nicht erst nach ihrer Erkrankung – angedeutet, daß die Ehre für »Onkel Toms Hütte« nicht ihr zusteht; es sei ein äußerst negerkundiger Engel Gottes gewesen, der das Buch verfaßt habe; sie selbst habe es nur niedergeschrieben. Es wäre zu hoffen, daß der Engel nicht auch noch die Urheberschaft ablehnt! – Ehre sei »Onkel Toms Hütte«! Aber das Buch jammert mir die Ohren ein bißchen allzuvoll von Bostoner Moral und missourianischer Unmenschlichkeit. Und sollte eine Nation auf dieses Buch als typische Frucht ihrer Dichterträchtigkeit verweisen, dann sähe es in dieser Nation, deren Seele zuwenig bewegt ist, mißlich aus.

Die amerikanische Literatur ist selbstverständlich auch eine über die Maßen sittliche Literatur. Sie steht im Schraubstock der Bostoner Klerisei; Boston ist nämlich der Sitz für den geistigen Ton Amerikas, und der Ton der Literatur wird von dieser Stadt bestimmt. Selbst bei den größten amerikanischen Autoren – ohne jede Ausnahme – findet sich nicht ein einziger ehrlicher Fluch. Ein Buch mit einem Fluch würde augenblicklich in den Zigarrenladen kommen. In jedem Yankeeroman gibt es einen pechschwarzen Schurken; wenn dieser Schurke nun auftragsgemäß zu fluchen hat, drückt er das Wort *Hölle* durch ein h und einen Strich aus, das Wort verdammt *(damned)* durch ein d und einen Strich. Ich bestehe ja gar nicht darauf, daß Flüche zur Hauptbedingung eines guten Romans gemacht werden, aber es kommt mir doch ein bißchen unnatürlich vor, wenn ein pechschwarzer Schurke herumläuft und Striche schwatzt. – Die amerikanische Literatur weiß auch nichts vom Geschlecht. Das sei ferne! Sie weiß weit mehr vom Jüngsten Tag und von der Spektralanalyse als vom Geschlecht. Kommt es aber doch einmal vor, daß sich der alte Adam in einer Romanfigur zeigt, dann geschieht es mit der Feder, mit genäschiger Seligkeit in einem Blick, in einem Kuß, niemals mit Kraft, niemals mit irgendwelcher verlangenden Leidenschaft der Jugend; der Bostoner Würgegriff hat ihn an der Gurgel. Während es in den amerikanischen Zeitungen Tag für Tag von Kriminalgeschichten und Vergewaltigungsszenen nur so strotzt, ist es in der schönen Literatur schon beinahe verboten, ein nacktes Stuhlbein zu zeigen.

Es versteht sich wohl von selbst, daß es unter den amerikanischen Autoren notwendigerweise mehr oder minder talentvolle Ausnahmen von der talentlosen Regel gibt. Ich habe Mark Twain ausgenommen – ich tue es wieder. Er ist kein Dichter, nicht die Spur; aber er ist der witzigste Kopf der amerikanischen Literatur, ein verschmitzter Spaßmacher, der die Leute zum Lachen bringt, während er selbst schluchzend dasitzt; er ist Pessimist, Humorist und Satiriker. Man muß schon eine Zeitlang das amerikanische Leben miterlebt haben, um all seine Spitzen zu verstehen; es sind unzählige. Bei den andern Schriftstellern wage ich nicht einen ganzen Autor auszunehmen, höchstens mal ein Kapitel bei dem einen, einen Vers bei einem andern. Nur einige von den Literaten Amerikas, deren Namen in Europa ziemlich bekannt geworden sind, sollen im Vorbeigehen kurz besprochen werden.

Im Jahr 1855 erschien in Boston ein Buch, das einen Brief von Ralph Waldo Emerson, einen Nachdruck in London und eine Abhandlung von Rudolf Schmidt* zur Folge hatte. Das Buch hieß *Leaves of Grass* (Grashalme) und der Autor Walt Whitman. Als dieser Band erschien, war Whitman sechsunddreißig Jahre alt.

Der Verfasser selbst nennt diese Arbeit Gesänge, Rudolf Schmidt ebenfalls; Emerson dagegen mit seinem wenig ausgeprägten Sinn für Systematik hat offenbar keine Bezeichnung für diese Arbeit finden können. Es sind in Wirklichkeit auch gar keine Gesänge, ebensowenig wie das Einmaleins ein Gesang ist; es ist reine Prosa ohne irgendwelche Metrik und ohne Reim; das einzige, was ein wenig den Eindruck von Versen erweckt, ist, daß eine Zeile aus ein, zwei, drei Wörtern, die nächste aus achtundzwanzig, fünfunddreißig, ja bis zu dreiundvierzig Wörtern besteht.

Der Autor nennt sich selbst eine »Welttatsache«, Rudolf Schmidt nennt ihn ebenfalls eine »Welttatsache«; ich dagegen, der ich im Grunde nur schwer etwas mit einem so ausgesucht umfassenden Begriff anfangen kann – es könnte ja ebensogut Kosmos oder Raum oder All heißen –, möchte Walt Whitman einfach und in aller Bescheidenheit einen Wilden nennen.

Er ist ein Naturlaut in unbebautem Urland.

Sowohl in seiner Sprache wie in seinem Gefühlsregister liegt etwas Indianisches; deshalb sind es vorzugsweise auch das Meer, die Luft, die Erde, die Bäume, das Gras, die Berge, die Flüsse, mit einem Wort die Naturelemente, die er besingt. Long Island, seinen Geburtsort, nennt er ständig mit seinem indianischen Namen *Paumanok*, dem Mais gibt er die ursprünglich indianische Bezeichnung *Maize* statt des amerikanisch-englischen *Corn;* und immer wieder tauft er Städte, auch ganze Staaten um und gibt ihnen ihre indianischen Namen; in seinen Gedichten finden sich ganze

* Zeitgenössischer dänischer Schriftsteller (A. d. Ü.)

Strophen mit amerikanischen Urnamen. Er ist von der primitiven Musik dieser Ortsnamen so überwältigt, daß er ganze Reihen von ihnen an Stellen einschiebt, wo sie in keinerlei Verbindung zum Text stehen; häufig zählt er einfach eine Menge Namen von Staaten auf, ohne sonst ein Wort über sie zu sagen. Es ist ein pompöses Spiel mit wilden Worten. Eines seiner Gedichte lautet so:*

Von Paumanok aus fliege ich wie ein Vogel
rund umher, schwebe und singe den Sinn von allem,
nach Norden, wo ich arktische Gesänge zu singen unternehme,
nach Kanada, wo ich Kanada in mich aufnehme, darauf nach Michigan,
nach Wisconsin, Iowa, Minnesota, um deren Gesänge zu singen (sie sind unnachahmlich);
Darauf nach Ohio und Indiana, um ihre zu singen, nach Missouri und Kansas und Arkansas, um ihre zu singen,
nach Tennessee und Kentucky, den Carolinas und Georgia, um ihre zu singen,
nach Texas und weiter auf Kalifornien zu, um anerkanntermaßen überall umherzustreifen,
um zuerst (zum Hämmern der Kriegstrommel, wenn's sein muß)
den Sinn von allem, von der einen unteilbaren westlichen Welt zu singen,
und dann den Gesang jedes einzelnen Mitglieds dieser Staaten.

Das Ursprüngliche, Primitive in seiner Natur, das indianerwilde Gefühl von Wesensverwandtschaft mit den Elementen äußert sich überall in seinem Buch und lodert oft in hel-

* Für die Whitman-Zitate benutzten die Übersetzer die Mentorausgabe der *Leaves of Grass*, New York 1954.

len Flammen auf. Wenn der Wind tost oder ein Tier schreit, so ist das für ihn, als höre er eine Reihe indianischer Namen. »Die Geräusche von Regen und Wind«, sagt er, »Rufe wie von Vogel und Wild in den Wäldern klingen uns deutlich wie Namen, Okonee, Koosa, Ottawa, Monogahela, Sauk, Natchez, Chattahoochee, Kaqueta, Oronoco, Wabash, Miami, Saginaw, Chippewa, Oshkosh, Walla-Walla... beladen Wasser und Land mit Namen.« – Es bedarf mindestens doppelt so starker Inspiration, solche Verse zu lesen wie zu verfassen.

Sein Stil ist nicht englisch, sein Stil gehört keiner Kultursprache an. Es ist der schwere indianische Bilderstil ohne Bilder, von dem ebenso schweren alttestamentarischen Stil beeinflußt, der über alles Verständnis hinausgeht. Seine Sprache wälzt sich schwerfällig und unklar durch die Seiten des Buches, rauscht dahin mit Kolonnen und Regimentern von Wörtern, von denen eins das Gedicht noch unverständlicher macht als das andere. Er hat Gedichte, die in ihrer Unlesbarkeit ganz großartig sind. In einem davon, einem ungewöhnlich tiefsinnigen Poem von drei Zeilen, von dem mehr als die Hälfte in Parenthesen steht, »singt« er:

Still though the one I sing,
(One, yet of contradictions made,) dedicate to Nationality,
I leave in him revolt, (O latent right of insurrection! O quenchless, indispensable fire!)*

* Mit gutem Grund gibt Hamsun dieses Gedicht (als einziges) nur im Original; möglicherweise könnte es etwa bedeuten:
Ob ich auch das eine, das ich singe,
(eins zwar, indes bestehend aus Widersprüchen) dem Volkstum widme,
erreg' ich doch in jemand Auflehnung (O latentes Recht des Aufstands! O unauslöschlich, unerläßlich Feuer!)
Andere Lesarten sind jedoch ebensogut möglich. (A. d. Ü.)

Das könnte sowohl ein Geburtstagsglückwunsch als auch eine Osterhymne bedeuten. Es kann ebensogut ein Gedicht wie eine Regeldetri-Aufgabe sein. Doch auf die Dauer wird man nicht glauben wollen, der Autor habe mit dieser Runenstab-Poesie wirklich zu erklären beabsichtigt, daß er zwar Patriot sei, außerdem jedoch auch aufsässig gegen sich selber.

O'Connor sagt, man müsse Whitman gesehen haben, um sein Buch zu verstehen; auch Bucke, Conway und Rhys behaupten das. Mir kommt es jedoch so vor, als ob der Eindruck verträumter Wildheit, den man beim Lesen der *Grashalme* erhält, nur noch stärker sein wird, wenn man ihren Verfasser in Augenschein nimmt. Und dennoch ist er das letzte begabte Exemplar eines modernen Menschen, der wild geboren worden ist:

In den fünfziger Jahren des neunzehnten Jahrhunderts konnten die Leute in New York, Boston, New Orleans und später in Washington auf der Straße einem Mann von ungewöhnlich kräftigem Körperbau begegnen, einen großen, stillen Mann, grobknochig, immer nachlässig gekleidet, der an einen Mechaniker, einen Seemann oder irgendeinen besseren Arbeiter erinnerte. Er ging fast immer ohne Mantel, oft ohne Hut; bei heißem Wetter hielt er sich am liebsten auf der Sonnenseite der Straße auf und ließ sich die Sonne auf den mächtigen Schädel brennen. Sein Gesicht mit den sanften blauen Augen war großflächig, aber schön; es hatte einen zugleich stolzen und sympathischen Ausdruck. Häufig wandte er sich an die Vorübergehenden, ob er sie kannte oder nicht; es konnte passieren, daß er fremden Menschen einfach auf die Schulter klopfte. Er lachte nie. Meist trug er einen sauberen grauen Anzug, oft ohne Knöpfe, dazu ein farbiges Hemd und einen weißen Papierstreifen um den Hals.

So sah Walt Whitman damals aus.

Jetzt, 1889, ist er ein siecher Greis von siebzig Jahren. Vor einiger Zeit habe ich ein Bild von ihm gesehen. Wie üblich sitzt er in Hemdsärmeln da, und wie üblich hat er zur Unzeit den Hut auf dem Kopf. Sein Gesicht ist stark und schön; dichtes Haar und ein Bart wallen ihm über Schultern und Brust. Auf dem Zeigefinger der ausgestreckten Hand sitzt ein fein gezeichneter Schmetterling mit ausgebreiteten Flügeln, den er betrachtet.

Aber selbst solche Porträts vermögen Walt Whitmans Buch, das als literarisches Produkt ein poetischer Mißklang ist, nicht zu zivilisieren. Man hat ihn zum größten amerikanischen Volksdichter machen wollen. Doch das ist höchstens als Ironie aufzufassen. Ihm fehlt die schlichte Einfalt aller Volkstümlichkeit. Seine Gefühlsprimitivität liegt unter der des Volkes. Und seine Sprache ist nicht von bezwingender Stille, sondern von lärmender Gewalttätigkeit; hier und da steigt sie zu einem lauten, orchesterhaften Ausbruch, einem lustvollen Siegeshurra an, das den betroffenen Leser an indianische Kriegstänze erinnert. Aber stets kann man nur bei genauerem Hinsehen einen wilden Karneval der Worte entdecken. Der Autor unternimmt große Anstrengungen, etwas in seinen Gedichten zu »wollen«, etwas zu meinen; aber er bringt es nicht fertig, es mit dürren Worten auszudrücken. Er hat Gedichte, die aus nahezu nichts anderem bestehen als aus Namen, Gedichte, deren einzelne Zeilen sich als Überschriften eignen würden:

> Americanos! Eroberer! (usw.)
> Für euch ein Programm von Gesängen.
> Gesänge von den Prärien,
> Gesänge vom weit hinströmenden Mississippi und hinunter zur Mexikanischen See,
> Gesänge von Ohio, Indiana, Illinois, Iowa, Wisconsin und Minnesota,

Gesänge, ausgehend aus dem Innern von Kansas und von dort in gleichem Abstand
in Feuerpulsen unaufhörlich schießend, um alles zu beleben.

Aus! Im nächsten Gedicht spricht er bereits über etwas ganz anderes; dort berichtet er nämlich, wie er »in der alten Zeit zu Füßen der alten Meister saß und studierte«, daß aber jetzt die alten Meister »ihn studieren könnten«. Wenn man bedenkt, daß er zu den alten Meistern zu allererst Christus, Sokrates und Plato zählt, dann ist es verständlich, daß einem zivilisierten Leser der Gedankengang in diesem Gedicht ein wenig verrenkt vorkommt.
Es sind offensichtlich die langen Reihen und Zeilen von heruntergeleierten Namen und Bezeichnungen in Whitmans Poesie, die Emerson und die Engländer begeistert haben. Diese Aufzählungen, katalogartige Spalten, sind unbedingt das Ungewöhnlichste und Originellste an seinen Gedichten. Es sind literarische Phänomene. Sie sind beispiellos. Sein ganzes Buch ist voll von solchen Aufstellungen. In der Gedichtreihe aus zwölf Teilen, *Gesang von der Breitaxt (Song of the Broad-Axe)*, gibt es kaum einen Vers, der nicht eine Liste enthält. Einer dieser Teile lautet so:

Gegrüßt alle Länder der Erde, jedes nach seiner Art,
Gegrüßt die Länder von Kiefer und Eiche,
Gegrüßt die Länder von Zitrone und Feige,
Gegrüßt die Länder des Goldes,
Gegrüßt die Länder von Weizen und Mais, gegrüßt die der Traube,
Gegrüßt die Länder von Zucker und Reis,
Gegrüßt die Baumwolländer, die Länder der weißen Kartoffel und Süßkartoffel,
Gegrüßt die Gebirge, Ebenen, Wüsten, Wälder, Prärien,

Gegrüßt die reichen Ufer der Flüsse, die Hochebenen, Ausblicke,
Gegrüßt die unermeßlichen Weideländer, gegrüßt der fruchtbare Boden der Obstgärten, Flachs, Honig, Hanf;
Gegrüßt nicht minder die andern, die unwirtlichen Länder,
Länder, so reich wie Gold- und Weizen- und Obstland,
Länder der Minen, Länder der männlichen, rauhen Erze,
Länder von Kohle, Kupfer, Blei, Zinn und Zink,
Länder des Eisens – Länder, in denen die Axt entsteht.

Der neunte Teil desselben katalogischen Gedichts beginnt mit einer der üblichen unbegreiflichen Parenthesen des Autors und fährt dann fort:

(Amerika! Ich prahle nicht mit meiner Liebe zu dir, ich habe, was ich habe.)
Die Axt springt!
Dem dichten Wald entströmen Gebilde,
Sie stürzen hervor, erheben und formen sich,
Hütte, Zelt, Landesteg, Besichtigung,
Dreschflegel, Pflug, Kreuzhacke, Spaten,
Schindel, Zaun, Stützbalken, Träger, Türpfosten, Dachlatten, Täfelung, Giebel,
Zitadelle, Zimmerdecke, Kneipe, Akademie, Orgel, Konzerthalle, Bibliothek,
Gesims, Spalier, Pilaster, Balkon, Fenster, Türmchen, Veranda, Hacke, Rechen, Heugabel, Bleistift, Fuhrwerk, Stock, Säge, Hobel, Schlegel, Keil, Raspel,
Stuhl, Kübel, Reifen, Tisch, Zauntür, Wetterfahne, Schiebefenster, Fußboden,
Werkzeugkasten, Truhe, Saiteninstrument, Boot, Frühbeet und was nicht alles,
Kapitole der Staaten und Kapitol des Bundes der Staaten,

Lange stattliche Häuserreihen an Prachtstraßen, Waisenhäuser, Armen- und Krankenhäuser,
Manhattan-Dampfer und Segler, die alle Meere durchmessen.

Es ist ketzerisch so etwas zu sagen, ja vielleicht sogar blasphemisch, aber ich gestehe, daß ich mir in mancher dunklen Nacht, wenn ich schwere poetische Anfechtungen hatte, auf die Zunge beißen mußte, um nicht offen heraus zu sagen: Solche Gedichte könnte ich auch schreiben!
Was will Walt Whitman? Will er den Sklavenhandel in Afrika abschaffen oder die Benutzung von Spazierstöcken verbieten? Will er ein neues Schulgebäude in Wyoming bauen oder Jägers wollene Unterhemden einführen? Das weiß niemand. In der Kunst viel zu reden und absolut nichts zu sagen ist mir seinesgleichen noch nicht begegnet. Seine Worte sind heiß, sie lodern; in seinen Versen ist Leidenschaft, Kraft, Begeisterung. Man hört diese desperate Wortmusik, und man spürt wider Willen seine Brust wogen. Doch man begreift nicht, *wofür* er begeistert ist. Durch sein ganzes Buch rollen Donner, zucken Blitze, Blitze, die niemals einschlagen. Man liest seitauf und seitab und ist nicht imstande, von irgend etwas den Sinn zu finden. Man wird von diesen ekstatischen Worttabellen verwirrt oder berauscht, man wird gelähmt und in dumpfer Hoffnungslosigkeit zur Erde niedergedrückt; ihre ewige, ermüdende Monotonie greift schließlich den Verstand des Lesers an. Beim letzten Gedicht kann man nicht mehr bis vier zählen. Man steht wirklich vor einem Autor, der gewöhnlichen Menschen das gesamte Denkvermögen verrenkt. Wenn er auf einer Straße geht *(Gesang von der Landstraße – Song of the Open Road)*, fühlt er sich von Entzücken über die Straße hingerissen, »die ihm mehr sein soll als sein Gedicht«, und jedesmal wieder, wenn er auf dieser Straße dahinwan-

dert, findet er ein »göttliches Ding, wohlverborgen«, nach dem andern. Er ist wie ein Wüstenmensch, der eines Morgens in der Oase erwacht und sich in Gedanken darüber verliert, Gras zu sehen. »Ich schwöre euch«, ruft er aus, immer im Hinblick auf die oftgenannte, vielbesprochene Landstraße, »göttliche Dinge gibt es, schöner als Worte zu sagen vermögen!« Und er sagt es denn auch nicht, er macht die Leser nicht klüger.

Selbst mit dem Bild des Autors vor Augen, bleiben die *Grashalme* ebenso »unsagbar« dunkel für den Leser wie das Buch ohne Bild. Es ist wohl auch zu bezweifeln, daß man Gedichte besser verstände, nur weil man den Verfasser in- und auswendig kennt. Er könnte höchstens persönlich erklären, was er mit seinen verschiedenen Tabellen gemeint hat; deshalb werden diese aber doch nicht umgeschrieben, sie stehen bis zum heutigen Tag in einer Dichtung, die angeblich Gesänge enthält. Was Whitman mit seinem Buch gemeint hat, ist übrigens nach seinen eigenen Worten und denen der Biographen »Demokratie«. Er ist der »Sänger der Demokratie«. Ist er gleichzeitig auch das, wozu Rhys* ihn macht, »Sänger des Weltalls«, dann muß man einräumen, daß der Sänger ein äußerst vielseitiger Mann ist; man darf dabei auch nicht übersehen, daß er in seiner Zeit recht trokkene tabellarische Aufgaben gehabt haben muß.

Warum ist er nun der »Sänger der Demokratie«? In dem Gedicht *Ich höre Amerika singen (I Hear America Singing)*, das ein Programmgedicht darstellt, ist er es auf folgende Weise:

> Ich höre Amerika singen, vielfältige Lieder höre ich,
> die der Handwerker, jeder singt, wie es sein soll, froh und laut,

---

* Ernest Rhys (1859–1946), britischer Schriftsteller und Kritiker (A. d. Ü.)

der Zimmermann singt das seine, während er Planke oder Balken mißt,
der Maurer singt das seine, wenn er sich zur Arbeit bereitmacht oder von der Arbeit kommt,
der Kanufahrer singt von dem, was zu ihm gehört in seinem Kahn, der Matrose singt auf dem Deck des Dampfers,
der Schuhmacher singt, wenn er an seiner Bank sitzt, der Hutmacher, wenn er steht,
des Holzfällers Lied, das des Ackermanns auf dem Weg am Morgen, in der Mittagspause oder bei Sonnenuntergang,
das reizende Singen der Mutter oder der jungen Gattin bei der Arbeit oder des Mädchens beim Nähen und Waschen,
jeder singt von dem, was zu ihm und zu keinem andern gehört,
am Tag, was zum Tag gehört – bei Nacht die Gesellschaft junger Burschen, derb und freundschaftlich,
sie singen aus voller Kehle ihre kraftvoll melodischen Gesänge.

In dieser Poesie, deren Metrik alles verträgt, alles duldet und deren Verse ohne Grenzen sind, vergißt er, daß er sowohl die Sattler und Pferdebahnschaffner als auch die Generalsuperintendenten hört! Falls bei uns zu Haus ein Sänger der Demokratie ein solches Poem verfassen – mag es nun von dem »Schuhmacher, der singt, wenn er an seiner Bank sitzt« oder von dem »Hutmacher, der singt, wenn er steht«, handeln – und es zu einer Zeitung oder auch zu einer dänischen Almanachredaktion bringen würde, möchte ich ziemlich sicher annehmen, daß man diesem Sänger den Puls fühlen und ihm vielleicht ein Glas Wasser anbieten würde. Falls er dann abstritte, wahnsinnig zu sein, würde man jedenfalls finden, er verstehe recht grob zu scherzen.

Walt Whitman ist als lyrisch angerührter Amerikaner eine seltene Erscheinung. Er hat wenig oder nichts gelesen und noch weniger als nichts erlebt. In seinem Leben hat sich äußerst wenig ereignet. 1819 wurde er geboren; im Alter von zwanzig Jahren wurde er von seiner Verlobten betrogen; während des Sklavenkrieges war er Krankenpfleger; 1868 wurde er von seinem Platz im Innenministerium entlassen und später wieder eingestellt; 1873 starb seine Mutter, womit nach seiner eigenen Aussage gleichzeitig etwas in ihm selber starb. Das sind die Umrisse seines Lebensabenteuers. Außer *Leaves of Grass* hat er noch einige Arbeiten geschrieben und veröffentlicht, darunter *Specimen Days* und *Democratic Vistas,* die indessen seine literaturgeschichtliche Stellung in keiner Hinsicht befestigt haben. Wenn man Whitmans Namen nennt, dann nur in Verbindung mit den *Grashalmen;* seine Essays werden nicht gelesen, sie sind auch teilweise unlesbar.

Wäre er in einem Kulturland geboren und gut erzogen worden, hätte vielleicht ein kleiner Wagner aus ihm werden können; denn seine Nerven sind empfindlich und sein Gemüt musikalisch; doch in Amerika, dieser von der Welt abgelegenen Gegend, wo nur alles hurra schreit und das einzige vom Volk anerkannte Talent das Umsatztalent ist, mußte er ein Wechselbalg werden, ein Zwischending zwischen Urwesen und Gegenwartsmensch. »In unserm Land«, sagt der amerikanische Schriftsteller Nathaniel Hawthorne, »gibt es keinen Schatten, keinen Frieden, keine Mysterien, keinen Idealismus, kein Altern; aber Poesie und Efeu, Mauerpflanzen und Steinrosen brauchen Ruinen, um zu gedeihen.« Zu der ursprünglichen Primitivität, die Whitmans Natur angeboren war, kommt seine Vorliebe für mehr oder minder primitive Lektüre; die Bibel zu lesen ist deshalb für ihn der höchste poetische Genuß; damit hat er zweifellos seine Neigung zum wilden Mann eher entwickelt als gehemmt. Überall in seinen Gedichten tauchen Sprachton und Gedankengänge der Bibel auf; die Ähnlichkeit seiner Dichtkunst mit der der Bibel ist stellenweise so schlagend, daß man die Inbrunst fast bewundern muß, mit der er sich eine so fernliegende poetische Form anzueignen vermochte. In dem Gedicht *Song of the Answerer* sagt er dies:

> Ein junger Mann kommt zu mir und bringt eine Nachricht von seinem Bruder,
> wie soll der junge Mann das Ob und Wann seines Bruders wissen?
> Sag ihm, er soll mir die Zeichen senden.
> Und ich stehe vor dem jungen Mann, Angesicht zu Angesicht, und fasse seine rechte Hand mit meiner linken Hand und seine linke Hand mit meiner rechten Hand,
> und ich antworte für seinen Bruder und für die Menschen und antworte für ihn, was für alle gilt, und sende diese Zeichen...

Ist es nicht, als läse man ein Stück von einem alttestamentarischen Autor? Whitmans tägliche Beschäftigung mit der biblischen Poesie hat bestimmt auch seine literarische Kühnheit gestärkt, so daß er gewagte Dinge gewagt beim Namen nennt. Er ist insoweit modern, als seine Feder brutal alles niederschreibt, was durch sein ungebildetes Hirn geht und was er mit seinen feurigen Sinnen empfindet. Aber sein Realismus wird kaum durch irgendein bewußtes Gefühl von künstlerischem Mut und Verantwortungsbewußtsein beeinflußt; er ist viel eher die Frucht der unbeholfenen Naivität eines Naturkindes. Der Abschnitt Erotik in *Leaves of Grass*, dessentwegen er entlassen wurde und dessentwegen das hypersittsame Boston gen Himmel schrie, enthält in Wirklichkeit nicht mehr, als was man unangefochten überall in der Literatur sagen kann, nur mit dem

Unterschied, daß es ein wenig grob und unmanierlich ausgedrückt ist. Mit etwas weniger Naivität und biblischer Beeinflussung könnte man weit mehr sagen und dem Gesagten einen höheren literarischen Wert geben – indem man mit sprachlicher Gewandtheit ein Wort umstellt, ein anderes retuschiert, eine Plattheit streicht und sie durch einen charakteristischen Ausdruck ersetzt. Die Sprache in Whitmans Poesie ist keineswegs die kühnste und heißeste, die je in der Literatur benutzt worden ist; aber an Geschmacklosigkeit und Naivität findet sie kaum ihresgleichen.

Walt Whitmans Naivität ist so unvorstellbar groß, daß sie schon wieder bestechend wirken und hier und da den Leser veranlassen kann, sich selber darin zu erkennen. Diese wunderbare Naivität ist es, die ihm einige Anhänger auch unter den *men of letters* eingebracht hat. Seine Tabellendichtung, dieses unmögliche Herunterleiern von Personen, Staaten, Hausgerät, Werkzeug, Kleidungsstücken ist wahrhaftig die naivste Dichterei, mit der die Literatur bisher bereichert worden ist, und wäre sie nicht aus einer naiven Brust gesungen, wäre sie ganz gewiß niemals gelesen worden. Denn sie verrät auch nicht einen Funken von dichterischem Talent. Wenn Whitman etwas besingt, sagt er gleich in der ersten Zeile, daß er diesen oder jenen Gegenstand besingt – in der nächsten besingt er bereits einen andern und in der dritten einen dritten –, und das alles, ohne mehr zu tun, als den Gegenstand zu nennen. Er weiß auch nicht mehr von ihm als seinen Namen; aber er weiß viele Namen – daher all die begeisterten Namensaufstellungen. Sein Gemüt ist zu unruhig und sein Verstand zu ungebildet, um die einzelne Sache, die er sieht, festzuhalten und zu besingen; er schildert das Leben als Parade, nicht die schöne Vielseitigkeit eines einzelnen Gegenstandes, sondern die lärmende Vielfalt aller Dinge; er sieht immer Massen. Man schlage sein Buch auf, wo immer man will, man untersuche jede

Seite – überall sagt er, daß er über dies oder jenes singen wolle, was er aber zu guter Letzt doch nur beim Namen nennt. Interessant ist in dieser Hinsicht sein kleines dreizeiliges Gedicht, *Farm Pictures* betitelt. Hier war er infolge der Beschaffenheit seines Gegenstandes genötigt, zu beschreiben, zu schildern – und das tut er folgendermaßen:

> Durch das weitgeöffnete Tor einer friedlichen Scheune auf dem Lande
> eine sonnenbeschienene Weide mit grasenden Rindern und Pferden
> und Nebel und Aussicht, und der ferne Horizont verschwimmt.

Aus! Dies ist sein Bild vom Bauernhof. Scheune, Land, Weide, Rindvieh, Pferde, Nebel, Aussicht, Horizont. Daß das Tor weit geöffnet und die Scheune bewundernswert friedlich ist, daß gleichzeitig Sonne und Nebel und Aussicht da sind und der Horizont schließlich zum Henker schwimmt, das ist doch eine »Beschreibung«, die dem Leser erst nach Jahr und Tag entfallen kann! – Nur seine unbegreifliche Naivität mag Whitman dazu verführt haben, solch eine Poesie zum Druck zu befördern und dabei zu glauben, daß er eine noch nie dagewesene und schmerzlich entbehrte Art von Dichtung bringe; in vielen seiner Gedichte kommt das zum Ausdruck. »Schließt eure Türen nicht vor mir, ihr stolzen Büchereien«, ruft er an einer Stelle aus, »denn was auf euern wohlgefüllten Borden noch dringend nötig war, das bringe ich.« In seiner Seele herrscht nicht der mindeste Zweifel an seiner Mission als Autor.
Dennoch ist die Naivität dieses guten Mannes so frisch und liebenswürdig, so ursprünglich und wild-natürlich, daß sie nie den Eindruck von Überheblichkeit erweckt. Selbst an den Stellen, wo sie sich am dicksten und am wenigsten motiviert äußert, hat man nicht das Gefühl, einer eitlen Per-

sönlichkeit gegenüberzustehen. Er ist ein guter Mensch; während er seine Hausgerättexte singt, fühlt man sich von ihm gleichsam umarmt. In dem Gedicht *By Blue Ontario's Shore* nimmt er sich vor, »das Gedicht zu singen, das aus der Seele Amerikas kommt«, das gleichzeitig »das Lied des Sieges« ist, item »der Gesang von den Geburtswehen der Demokratie«. Nachdem er sich in vierzehn schwierigen Versen mit dieser ein wenig illustren Aufgabe abgerackert hat und zum neunundneunzigsten Mal »Missouri, Nebraska und Kansas«, danach »Chicago, Kanada und Arkansas« untersucht hat, stutzt er plötzlich und hält inne. Endlich ist er zu einem Resultat gekommen, er taucht seine Feder ein und schreibt folgendes:

> Ich schwöre, ich beginne die Bedeutung dieser Dinge zu sehen,
> es ist nicht die Erde, nicht Amerika, was so groß ist,
> ich selber bin's, der groß ist oder groß sein wird...

Schließlich sagt er offen, daß er Amerika ist:

> Amerika, isoliert und doch alle umfassend, was ist es schließlich anders als ich selbst?
> Diese Staaten, was sind sie, wenn nicht ich?

Und selbst hier hat man nicht den Eindruck eines irgendwie überheblichen Selbstgefühls; es ist reine Naivität, die sich überschlagende Naivität eines Wilden.

Unter den Gedichten, die Whitman unter dem Titel *Calamus (Kalmus)* zusammengefaßt hat, finden sich die besten des Buches. Hier, wo er von der Liebe zum Menschen singt, schlägt er Saiten in seiner herzwarmen Brust an, die sogar Widerhall finden. Mit der »Liebe von Kameraden« will er seine korrupte amerikanische Demokratie erneuern: damit will er »den Kontinent unzertrennlich machen«,

»Städte bauen, die einander die Arme um den Nacken legen«, »die herrlichste Menschenrasse erschaffen, die je die Sonne beschien«, »Kameradschaften pflanzen, dicht wie Bäume an den Strömen«, »göttliche, einander anziehende Länder schaffen«. In diesen Gedichten fallen einige berauschte Worte; sie zeichnen sich als seltene Ausnahmen ab. Sein primitiv zügelloses Gefühlsleben ist hier in einem etwas zivilisierteren Englisch ausgedrückt, das deshalb auch seinen Landsleuten verständlich ist. In einem Gedicht, *Sometimes with One I Love,* ist er so auffällig klar, daß man verwundert meint, diese wenigen Zeilen habe seine Mutter oder ein anderer vernünftiger Mensch geschrieben:

> Einem gegenüber, den ich liebe, erfüllt mich manchmal rasende Furcht, ich könnte unerwiderte Liebe verströmen,
> doch jetzt glaube ich, es gibt keine unerwiderte Liebe,
> auf irgendeine Weise kommt die Belohnung.
> (Glühend liebte ich einen bestimmten Menschen, und meine Liebe blieb unerwidert,
> doch daraus schrieb ich diese Gesänge.)

Hier kann man doch wenigstens – wenn man unter anderm den Bruch der Zeitbeziehung in der ersten und zweiten Zeile übersieht – einen vernünftigen Gedanken, in lesbarer Sprache ausgedrückt, finden, wenn auch in einer Sprache, die, als Lyrik betrachtet, ein wenig juristisch klingt. Aber lange kann er sich's nicht verkneifen; einige Verse weiter ist er wieder der unverständliche Wilde. In einem Gedicht deutet er in vollem Ernst an, daß er bei jedem einzelnen Leser seines Buches persönlich zur Stelle sei – »sei nicht zu sicher, daß ich nicht jetzt bei dir bin«, erklärt er warnend; im vorangehenden Gedicht verfällt er jedoch in schwere Zweifel hinsichtlich seines Schattens:

Dieser Schatten, mein Ebenbild...
Wie oft finde ich mich dastehen und beobachten, wohin er huscht,
wie oft frage ich danach und zweifle, ob ich das wirklich bin!...

Mir kommt es vor, als ob solcher Zweifel nicht ganz unberechtigt wäre, sintemal dieser Mann mit einem Schatten ausgestattet ist, der dahinhuscht, während der Besitzer selber still steht und ihn beobachtet.
Whitman ist ein gemütvoller Mensch, eine Naturbegabung, die zu spät geboren wurde. Der *Gesang von der Landstraße* zeigt vielleicht am deutlichsten, welch seelengute Gesinnung ihn bei all seiner Naivität auszeichnet. Hätte er diese Verse auf etwas vernünftigere Weise geschrieben, so wären mehrere davon Poesie; leider erschwert er dauernd das Verständnis seiner Gedichte durch seinen ungeheuerlichen Wortapparat. Er kann nichts einzeln und treffend sagen, er ist außerstande zu deuten. Er sagt eine Sache fünfmal und immer auf die gleiche großartige, aber sinnlose Weise. Er herrscht nicht über seinen Stoff, er läßt sich vom Stoff beherrschen; das zeigt sich bei ihm in Kolossalformen, die sich häufen und ihn überwältigen. In diesem *Gesang von der Landstraße* ist sein warmes Herz stärker als sein kühler Kopf, deshalb kann er weder beschreiben noch besingen, er kann nur jubeln – jubeln in wilder Furcht über nichts oder alles. Aus diesen Seiten schlägt einem stürmisch ein Herz entgegen, aber man sucht vergebens nach einem vernünftigen Grund, warum dieses Herz so stürmisch schlägt. Daß allein eine Landstraße es schon vermag, ein Herz zu erwärmen, begreift man schwer. Doch Whitman ist berauscht von ihr, er sagt es laut mit vor Begeisterung wogender Brust: »Ich glaube, ich könnte hier stehenbleiben und Wunder vollbringen.« – wie ihn sein gutes, frohes Herz ir-

reführt! – »ich glaube, was immer ich hier unterwegs treffe, das wird mir gefallen«, singt er, »und wer immer mich sieht, wird auch mich mögen; ich glaube, wen immer ich sehe, der muß glücklich sein.« In seiner sonderbar unrichtigen Sprache fügt er hinzu: »Wer immer mich zurückweist, das soll mich nicht kümmern, wer immer mich anerkennt, soll gesegnet sein und mich segnen.« Er ist eindringlich, nachdrücklich gut. Indessen setzt seine große Güte sogar ihn selber in Erstaunen, so daß diese naive Seele nun singt: »Ich bin größer, besser, als ich geglaubt, ich habe nicht gewußt, daß ich soviel Güte enthalte.«
Walt Whitman ist eher ein reicher Mensch als ein talentierter Dichter. Er kann nicht schreiben. Aber fühlen kann er. Er lebt ein Gemütsleben. Hätte er nicht diesen Brief von Emerson bekommen, so wäre sein Buch lautlos zu Boden gefallen – was es verdient hätte.

Ralph Waldo Emerson ist Amerikas bedeutendster Denker, Ästhetiker und eigentümlichster Schriftsteller; damit soll indessen nicht gesagt sein, daß er auch in einem der großen europäischen Länder der vornehmste Denker, Ästhetiker und Schriftsteller wäre. Lange Jahre hindurch – die Hälfte seines Lebens – war er maßgebend für den literarischen Geschmack in seinem Lande, und dazu eignete er sich wie kein anderer: er besaß eine gründliche Bildung, hatte studiert, war viel gereist und kannte auch die Welt außerhalb Amerikas. Er ist kein universeller Geist und kein Genie; er ist ein talentierter Mensch, dessen größte und am stärksten entwickelte Gabe ein kluges Verständnis ist. Ohne irgendwelche Originalität oder Überlegenheit, gelingt es ihm, die Menschen für sich einzunehmen und zu fesseln sowohl durch seine schöne Sprache als auch durch die fast immer sympathische Behandlung der Themen – allerdings wählt er meist Themen, die ihm besonders liegen. Wenn er etwas gesehen oder gehört hat, was ihn anspricht, kann er sofort darüber schreiben – und gut schreiben. Alle von ihm behandelten Themen sind deshalb von einer Art, daß sie auf einen Menschen von Emersons Veranlagung nicht ohne Wirkung bleiben konnten.

In ihm vereinigen sich die Geistesrichtungen dreier Erdteile: die mystische, die ästhetische und die praktische. Asien war bestimmend für seine religiöse Neigung, Europa für sein Bedürfnis nach Kultur, Kunst und Schönheit, und seinem Vaterland verdankt er das angeborene Erbe an demokratischer Borniertheit und den praktischen Yankee-Verstand. Diese Mischung aus östlichen und westlichen Kulturen hat seinen Charakter geformt und seinem Leben die Richtung gegeben. Emerson ist Puritaner und stammt aus einem Geschlecht von englischen Geistlichen; er selber war ebenfalls Pastor. Allzusehr von modernem Gedankengut beeinflußt und mitten in das am heftigsten pulsierende Wirtschaftsleben gestellt, konnte er nicht gut Asiens ganze religiöse Mystik in sich aufnehmen, ohne seine Modernität zu verleugnen; deshalb wählte er nur so viel aus, wie sein praktischer Verstand ihm erlaubte; andererseits befriedigte er auch all seine religiösen Liebhabereien. Er brauchte einen Gott, und er anerkannte einen Gott; eine ewige Hölle dagegen brauchte er nicht, und so setzte er an ihre Stelle eine vergängliche Hölle – kurz, er stellt jene unbegreifliche Mischung aus Köhlerglauben und Halbradikalismus dar, die man Unitarier nennt. Herkunft, Erziehung, Anlage und Studium machten aus Emerson einen »liberalen« Geistlichen und einen moralischen Menschen. Christi Gott wurde sein Gott, Goethes Mephistopheles sein Teufel und der überaus platonische Plato sein Philosoph. In ihm sind Gegenwart und Vergangenheit in hohem Maße lebendig. Die ungleiche Wärme aus drei Himmelsrichtungen beeinflußt sein Gemüt, und wie die Tropensonne die heißeste ist, so dominiert Asiens Tribut an Emersons Geist: er ist ein religiöser Mensch. Deshalb ist es möglich, daß dieser begabte Amerikaner einer christlichen Kirche als Pastor dient und in den Mußestunden philosophische Abhandlungen schreibt. Swedenborg, die Bibel, Schelling und Fichte, doch vor allen andern Plato haben Wohnung im Herzen dieses Mannes genommen und eine in Amerika bisher unbekannte Formel geschaffen: Emerson ist unter den Yankees der Autor mit der umfassendsten Bildung. Seit 1882 ist sein Grab eine der historischen Sehenswürdigkeiten Amerikas.

Sein Hauptwerk ist *Representative Men* (1849)*, ein dünner Band, aber dennoch sein »bestes Buch« – auch sein bekanntestes. Dieses aus kleineren Aufsätzen zusammengestellte Werk ist von sprachlicher Eleganz, systemlos, voller Widersprüche, abwechselnd eindringlich und oberflächlich, aber immer interessant. In all seinen andern Arbeiten, einer Vielzahl von Abhandlungen für Zeitungen und Zeitschriften, bleibt sich Emerson stets gleich, immer intelligent und immer bald mit Moral, bald mit Kritik operierend; doch weiter als in den *Representative Men* brachte er es nie, und auch seine letzten Predigten haben kein höheres Niveau. Seine Essays und andern Schriften tragen Titel wie: *Infinite Good – Cure of Asthma by a Stroke of Lightning – Nature – Poems – On Divining Rod, with Reference to the Use Made of it in its Exploring for Springs of Water – The Power above – Lecture on New England Reformers – English Traits – Tobacco, a Remedy for Arsenic – On Eastern Literature of Old* (Das unendlich Gute – Asthmaheilung durch einen Blitzschlag – Natur – Gedichte – Über die Wünschelrute im Hinblick auf ihren Nutzen bei der Ent-

* Die Übersetzer benutzen hier stets die Routledge-Ausgabe, London (o. J.) von *Emerson's Works.*

deckung von Wasserquellen – Die Kraft über uns – Vortrag über die Reformer aus Neuengland – Englische Charakterzüge – Tabak, ein Heilmittel gegen Arsen – Über alte östliche Literatur). Wie man sieht, die bei ihm übliche Mischung von östlicher Mystik und westlichem Realismus; in all diesen Arbeiten ist er der religiös-moralische Unitarier und interessante Schriftsteller.

Emersons Stärke als Kritiker ist sein kluges Verständnis, die Fähigkeit des gebildeten und talentierten Mannes, ein Buch, eine Begebenheit, eine Zeit richtig aufzufassen. Dagegen arbeitet er nicht unbedingt methodisch. Er liest das Werk eines Autors, freut sich über die guten Stellen, runzelt die Stirn über die schlechten, notiert sich die erforderlichen Zitate und legt die Bücher zur Seite. Daraufhin nimmt er sich die Biographie des Autors vor, merkt sich die wichtigsten Daten, stürzt sich begeistert auf eine Jahreszahl mit oder ohne Bedeutung und durchforscht eingehend das Privatleben dieses Mannes. Dann setzt er sich hin und schreibt einen Essay: interessant wie immer, hin und wieder geistvoll, einmal im Jahr auch witzig. Doch seine Kritik ist nicht wissenschaftlich, nicht modern. Er verwirft und heißt gut, stellt Regeln auf, mißt einen Autor am andern ohne Rücksicht auf ihre verschiedenen Eigentümlichkeiten und beweist aus seinem vorher gegebenen sinaitischen Gesetz, auf welche Weise das vorliegende Werk sowohl auf Seite 113 wie auf Seite 209 fehlerhaft oder mißlungen sei. Das gilt insbesondere für seine literarischen Aufsätze. Er ist der Regeltyrannei letzter kleiner Ästhet. Wie im Drama Shakespeare für ihn wegweisend ist, so richtet er sich in der Philosophie an Plato aus – jeder andere Weg führt in die Wildnis. Er hält nicht inne, um zu überlegen, ob ein Werk vielleicht etwas Willkürliches, eine Zufälligkeit, eine Kaprice sein könnte, aufgeblüht wie eine Laune ohne Vorgeschichte und ohne Wurzel; er beurteilt das Werk ebensowenig nach den Voraussetzungen, auf Grund deren es entstanden sein könnte, wie er es auch unterläßt, einen Autor aus sich selbst heraus zu kritisieren; er begnügt sich damit, in seinen Regeln nachzuschlagen und zu vergleichen. Dies ist seine kritische Leistung und vielleicht Ansichtssache. Emerson hat sogar erklärt, auf welche Weise Kritik schließlich doch *Messen* sei. In wie hohem Maße er sich zu dieser Lehre bekennt und sie anerkennt, kann man aus folgendem kurzen und präzisen Ausspruch über Plato ersehen: »Der Weg, ihn (Plato) kennenzulernen, ist der, ihn mit andern Männern zu vergleichen.« Dieser Ausspruch unter vielen andern ähnlicher Art gibt eine Vorstellung von Emersons Urteilsfähigkeit.

Er ist ein Mann mit Geschmack. In Amerika gibt es niemand, der ein Damenauditorium so zu fesseln vermöchte, wie es Emerson in seinen besten Tagen gelang. Er verletzte keinen und besaß stets das Interesse aller. Seine Erscheinung war elegant, seine Haltung vornehm, die Stimme sympathisch, die Handbewegungen die des routinierten Redners, diskret und ein wenig pastoral. Vor allem aber ist seine Sprache äußerst gewählt. Doch liegt es weder an der besonderen Tiefe noch Breite seines literarischen Wissens, wenn er als Kritiker Interesse findet; unter dem, was er geschrieben hat, gibt es erstaunlich wenig, was nicht von jedem andern gebildeten Menschen ebenfalls hätte gesagt werden können – nur nicht mit Emersons ungewöhnlicher Behandlung der Sprache. Er besaß die für einen Redner und Schriftsteller so glückliche Gabe, die Dinge auf geschmackvolle und fesselnde Weise sagen zu können. Es gibt Autoren, namentlich unter den Journalisten und Essayisten – ich denke beispielsweise an Rochefort –, deren bemerkenswerte Fähigkeit darin liegt, ausgezeichnet über ein Thema zu schreiben, sinn- und geistvolle Aussagen zu machen, die nicht immer zum Gegenstand zu gehören brauchen, die aber dennoch nicht abstrakt klingen, weil sie zum Text gehören, ins Satzgefüge passen und dem Artikel Leben verleihen. Einen solchen Artikel liest man stets mit Interesse, weil er in sich selbst interessant ist, selbst dann, wenn er weder Fragen klarstellt noch Lösungen bringt oder sich auch nur an die Überschrift hält. Ohne Emerson Unrecht zu tun, darf man sagen, daß er etwas von dieser bemerkenswerten Begabung hat. Seine Schriften wimmeln von jenen kurzen, prägnanten Sätzen, die sich nicht unbedingt auf das Thema beziehen, sondern für sich allein stehen und zu seinem Werk gehören – etwas Zusätzliches: gelungene Gegenüberstellungen, Anspielungen, eine plötzliche Umkehrung, ein Funke, ein Hauch, ein Wort, etwas, was nicht all und jeder zu sagen vermag, was jedoch all und jeder vortrefflich findet, wenn es gesagt wird. Kommt man dagegen zur Sache und fragt sich, was er eigentlich nachgewiesen, beleuchtet und definiert hat, so ist man überrascht, wie mangelhaft im Grunde das eigentliche Thema abgehandelt worden ist. Nehmen wir ein Beispiel: *Representative Men* beginnt mit einem Vortrag über den »Nutzen großer Männer«. Darin stehen lauter interessante, fesselnde Dinge. Aber was ist der Kern dieses Vortrags? Daß man von großen Männern etwas lernen kann. Welch schlagende Wahrheit! Allerdings kannte ich diese bereits zehn Jahre vor meiner Konfirmation. Das Publikum aber sitzt eine Stunde lang da und hört sich an, daß man von großen Männern etwas lernen kann! Man stelle sich das vor, eine geschlagene Stunde! Und dennoch besteht kein Grund anzunehmen, daß Emerson diesmal seine Zuhörer gelangweilt habe, ebensowenig wie man sich langweilt, wenn man seinen Vortrag liest; er ist nämlich interessant – Emerson sagte etwas darin, ja er traut sich sogar, die göttliche Wahrheit zu verkünden: »Der Mann formt Männer.« Und wenn er auch auf Seite 122 des gleichen Buches in einer Abhandlung über Shakespeare diese Tatsache selbst widerlegt, so ist doch seine Argumentation so unterhaltsam, daß sie unsere ungeteilte Aufmerksamkeit findet. »Der Mann formt Männer.« »Jedes Schiff, das nach Amerika segelt, erhielt seine Seekarte von Kolumbus. Jeder Roman ist Homers Schuldner.« »Plato ist die Philosophie und die Philosophie Plato. Von Plato stammt alles, was noch heute geschrieben und unter denkenden Menschen erörtert wird. St. Augustin, Kopernikus, Newton, Böhme, Swedenborg, Goethe sind ebenfalls seine Schuldner und geben nur wieder, was Plato gesagt hat.« Solche Namen bringen Leben in einen Vortrag, man gähnt nicht, man lauscht. Man könnte zwar Einwendungen machen, indem man Plato selber zitiert: »Einen Geist, wie Philosophen ihn notwendigerweise haben müssen, findet man nur selten vollständig bei einem einzelnen Mann, sondern die verschiedenen Einzelfähigkeiten desselben kommen gewöhnlich bei verschiedenen Personen vor« *(Der Staat)*, man könnte auch beweisen, daß schon Plato Vorläufer hatte, in deren Schuld er stand: Solon, Sophron, Sokrates – doch warum? Man genießt mit Vergnügen die paar Ungereimtheiten in einem philosophischen Vortrag und läßt sich unterhalten, ohne einen Ton von sich zu geben.

Doch diese Fähigkeit Emersons, etwas gut zu sagen, ist ihm in seiner Eigenschaft als Kritiker kaum von Nutzen. Seine Kritik ist wenig originell und geht den Dingen nicht genügend auf den Grund. Sie steht und fällt mit der mustergültigen Form, in der sie vorgetragen wird. Emerson vermag die Dinge nicht zu beleben, er kann sich nicht in den zu kritisierenden Stoff hineinversetzen, er umkreist ihn, faßt mal das eine, mal das andere Ziel ins Auge, trifft aber nicht ins Schwarze. Man liest seine ausgezeichneten Sentenzen, liest, liest und wartet auf das zur Sache gehörige Ergebnis, auf die Schlußfolgerung, die ein endgültiges Bild geben könnte, man wartet bis zur allerletzten Seite – doch vergebens;

Emerson verneigt sich und geht. Und der Leser bleibt zurück, voll von lauter Einzelheiten, bunten Mosaiksteinchen in prachtvollem Durcheinander – aber sie ergeben kein Bild.
Was Emersons Fähigkeit als Kritiker in erster Linie beeinträchtigt, ist einerseits sein mangelnder Sinn für Psychologie und andererseits ein Übermaß an Moral. Seine Vorstellungen – sowohl von einem Buch als auch von einem Menschen – weichen nie von einem festen Schema ab. Für die leisen seelischen Regungen, die zarten Willens- und Instinktäußerungen, das subtile Leben mit all jenen vielen, nicht zu deutenden Erscheinungen hat er kein Auge. Er sieht eine gegebene Handlung und versteht sie, aber er erkennt nicht, wie und warum es zu dieser Handlung kam. Er tastet ein Buch ab, zieht einzelne Fäden heraus, ohne zu bemerken, daß ein Buch ein Gewebe ist. (Vergleiche u. a. seine Betrachtung über *Wilhelm Meister.*) Auf die gleiche Weise verfährt er mit dem Autor: er sieht ihn, wie er in einem bestimmten Augenblick ist, packt ihn am Kragen, nimmt diesen Augenblick unter die Lupe und läßt den Autor sowohl vor- wie hinterher ungeschoren. Dieser Mangel an psychologischem Verständnis führt dazu, daß Emersons Kritik stets jenen entscheidenden Federstrich vermissen läßt, der Leben verleiht. Ihm selber hat sich das Leben des Stoffes nicht mitgeteilt, deshalb vermag er es nicht weiterzugeben. Sogar in der Abhandlung über Plato, in dessen Wesen er am tiefsten eingedrungen ist, bleibt Emersons psychologisches Verständnis oberflächlich; die Abhandlung wurde ein Lobgesang, ein Panegyrikos, doch eine Charakteristik wurde sie nicht. Man kann einen Autor nicht dadurch erklären, daß man im Zusammenhang mit seinem Namen vortreffliche Dinge sagt und einen Essay über ihn mit klingelndem Wortmosaik anfüllt – das reicht nicht, um einen Menschen erstehen zu lassen.

Als Ersatz für dieses fehlende psychologische Einfühlungsvermögen hat Emerson ein Übermaß an moralischem Empfinden aufzuweisen. Er ist Puritaner, er ist Asiat, Fetischanbeter. Von der Verehrung eines orthodoxen Fetischs ging er zur Verehrung eines modernisierten über; doch genau wie der Moslem blieb er bis zu seinem letzten Tag dabei, die Augen gen Osten zu richten, wenn er niederkniete. Die Moral war geradezu sein Instinkt; sie war ihm angeboren, sie war ihm durch eine ganze Reihe von Geschlechtern in Fleisch und Blut übergegangen. Emersons Vorväter waren in ununterbrochener Folge von acht Generationen Geistliche, und er persönlich erklärte mit mitleiderweckendem Selbstgefühl, daß er »nach Erde schmecke«. Man braucht deshalb auch nicht viel von Emerson zu lesen, um festzustellen, wie bitter er nach Erde schmeckt. Dieser Mann, der vierzig Jahre lang der literarische Richter und Führer einer großen Nation gewesen ist, tritt in der Kritik als eine Stimme des Herrn, als christlicher Gottesmann auf, der die Sünde auf den Speer nimmt und sie als abschreckendes Beispiel vorweist, als eine Art Simson, der, mit dem Eselskinnbakken bewaffnet, gegen die Philister kämpft: kein Vergehen, keine Untugend, keine Schuld, solange ich, Ralph Waldo Emerson, da bin! Dieser vortreffliche Mensch ist in dem sumpfigen Boden der Moral steckengeblieben, die seine kritischen Fähigkeiten erstickt hat. Er bemitleidet Voltaire, weil dieser vom »guten Jesus« sagte: »Bitte, laßt mich dieses Mannes Namen nie wieder hören!« Er zitiert und beruft sich in seinen ästhetischen und philosophischen Definitionen auf die Weden, die Bhagawadgita, den Akhlak-y-Jalaly, den Wischnu Purana, auf Krischna, Yoganidra, den Koran und die Bibel. Er beklagt Shakespeares leichtfertigen Lebenswandel mit so viel pastoraler Frömmigkeit, daß an seiner schnurgeraden Denkungsart kein Zweifel aufkommen kann. Und dieser Mensch, der alles Schlechte und Lä-

cherliche verdammt und begeistert dem Guten und Braven applaudiert, war ein halbes Menschenalter führend in der Literatur eines Landes wie Amerika, wo das Leben so sündig und unmoralisch gelebt wird und wo man – außer in Boston – der Bibeltugend höchstens guten Tag und guten Weg sagt. Emerson darf vielleicht billigerweise mit Englands John Ruskin* verglichen werden, mit dem er in moralischer Hinsicht am meisten gemein hat, dessen ästhetische Kenntnisse er jedoch bestimmt auch nicht annähernd erreicht. Wie Ruskin operiert er in der Kritik mit moralischen Definitionen, wirft mit allgemein-ehrenhaften Ansichten um sich, argumentiert mit Plato in der Hand und verdammt mit der Bibel im Herzen. Seine Zeitschriftenartikel stellen die ehrbarste und lauterste Verteidigung einer göttlichen Ästhetik auf Erden dar. Er ist als Geistlicher Kritiker und als Kritiker Geistlicher. Er wagt zum Beispiel nichts über Goethe zu sagen... Nein, ich werde Emerson selber sprechen lassen, weil es so charakteristisch für ihn als Kritiker ist, was er alles »nicht« über Goethe zu sagen wagt:
»Ich wage nicht zu sagen, daß Goethe den höchsten Gipfel erstiegen habe, von denen der Genius gesprochen hat. Er hat nicht die höchste Einheit verehrt; er ist der Hingabe an das moralische Gefühl unfähig. Es gibt in der Poesie edlere Klänge, als er sie angeschlagen hat. Mancher Schriftsteller von geringerem Talent hat einen reineren Ton und rührt mehr ans Herz. Nie kann Goethe den Menschen teuer sein. Nicht einmal der reinen Wahrheit strebt er nach, sondern der Wahrheit als Mittel zur Kultur. Er hat kein geringeres Ziel als die Eroberung der allumfassenden Natur, der universalen Wahrheit – als eines Teils seiner selbst.« *(Goethe oder der Schriftsteller)* Welche Unmoral! Welches Verbre-

* John Ruskin (1819–1900), englischer Schriftsteller, Kunstkritiker und Sozialreformer (A. d. Ü.)

chen! Und das wird von Emerson nicht etwa im Scherz gesagt; der völlige Mangel an Ironie bei diesem Mann ist die höchste »reine Wahrheit«, die ich kenne.

Will man wissen, auf welche Weise er Shakespeare kritisiert, dann lese man in *Representative Men* den Aufsatz *Shakespeare oder der Dichter.* Shakespeare ist – um gleich damit zu beginnen – »der beste (Dramatiker) der Welt«. Danach ist »Shakespeares Geist der Horizont, über den hinaus wir noch nicht blicken können«; »seine himmlischen Sätze – Meteore – scheinen vom Himmel herniedergefallen zu sein«; »er schrieb die Melodien für unsere gesamte moderne Musik«; »seine Mittel sind ebenso bewundernswürdig wie seine Ziele«; »Literatur, Philosophie und Denken sind shakespearisiert«. Daneben wirkt Taines* Lobgesang auf Shakespeare wie harte Kritik.

Nun weist Emerson jedoch (gestützt auf einen englischen Schriftsteller) Shakespeares seltene Fähigkeiten nach, von überallher Inhalt und Text für seine Dramen zusammenzustehlen; dabei stellt er übrigens die recht gewagte Behauptung auf, daß »kaum ein einziges« von Shakespeares Dramen »eigene Erfindung« sei; er zitiert, daß von 6 043 Zeilen des *Heinrich VI.* 1771 Zeilen von einem andern geschrieben, 2 373 Zeilen zwar von einem andern geschrieben, aber von Shakespeare umgeformt worden seien, und daß schließlich nur 1 899 Zeilen von Shakespeare selber stammten. Wie aber, so fragte man sich, bringt Emerson diese Aufklärungen in Übereinstimmung mit Shakespeares »einzigartiger Schöpfergabe«, mit seinen »bewundernswürdigen Mitteln« und der Feststellung, daß seine Worte »vom Himmel herniedergefallen« seien? Ja, ja, sagt Emerson, »al-

* Hippolyte Taine (1828–1893), französischer Geschichtsphilosoph, Positivist, Autor der »Geschichte der englischen Literatur« (A. d. Ü.)

le Originalität ist relativ, jeder Denker ist zurückschauend *(retrospective)*«. »Es ist leicht einzusehen«, sagt er weiter, »daß das, was vom Genie am besten auf der Welt geschrieben oder gemacht worden ist, nicht das Werk eines Mannes war, sondern durch... die Arbeit Tausender zustande kam.«

Aber wie steht es da mit seinem Plato? Und mit der Tatsache, daß der Mann Männer formt?

Emerson denkt also eine Weile über diese relative Originalität nach und fährt dann folgendermaßen fort: »Das gelehrte Mitglied der gesetzgebenden Körperschaft in Westminster oder Washington spricht und stimmt für Tausende.« Was nämlich ein Beispiel dafür ist, daß alle Originalität relativ und jeder Denker zurückschauend sein muß! Doch dabei läßt es Emerson keineswegs bewenden, er hat mehr Beweise; nun bäumt sich der Asiate in ihm, der Fetisch steigt vor seinem Auge auf, der Kritiker verschwindet, und auch der Pastor tritt zurück. Auf derselben Seite einer literarischen Abhandlung, auf der er einen Autor beim Diebstahl ertappt, ergreift er nämlich die Gelegenheit, folgende Aufklärungen über – die Bibel zu geben: »Unsere Bibel ist ein wunderbares Beispiel für die Kraft und Musik der englischen Sprache. Aber sie wurde nicht von einem einzigen Mann oder in einem Zuge geschaffen, sondern erst Jahrhunderte und verschiedene Kirchen brachten sie zur Vollkommenheit. Nie hat es eine Zeit gegeben, in der nicht irgendeine Übersetzung bestanden hätte. Die Liturgie, die um ihrer Kraft und ihres Pathos willen bewundert wird, ist eine Anthologie der Frömmigkeit von Nationen über Jahrhunderte hinweg, eine Übersetzung von Gebeten und Formeln der katholischen Kirche – auch diese über lange Zeiten aus den Gebeten und Meditationen aller Heiligen und frommen Schriftsteller der ganzen Welt gesammelt.«

Hieran knüpft Emerson eine Äußerung von Grotius, der

im Hinblick auf das Vaterunser bemerkt hat, daß auch dieses lange Zeit bei den Rabbinern benutzt wurde, ehe Christus kam und es »sammelte«.

Wozu gibt Emerson in diesem Zusammenhang solche Aufklärungen? Um deutlich zu machen, was es mit diesen zurückschauenden Denkern auf sich hat, um die völlige Relativität der Originalität zu beweisen und um schließlich und endlich zu zeigen, wie bedeutungslos es im Grunde war, daß Shakespeare bei andern Stoff und Text für seine Arbeiten gestohlen hat. Wenn das in der Bibel ebenso geschieht, dann ist es statthaft; Emerson hat nicht das Allermindeste dagegen. Nur ist es heute aber so, daß man bei solch groben literarischen Unehrlichkeiten wie denen Shakespeares vom Strafrecht eines über die Finger bekäme und daß so ein Vaterunser-Redakteur erhebliche Unannehmlichkeiten hätte. Goethes »Wahrheit als Mittel zur Kultur« ist also um vieles zivilisierter als Emersons »reine« Wahrheit. Es wäre für jeden Autor ungleich leichter, sich hinzusetzen und auf Shakespeares Weise zu dichten, als sich anzustrengen und alles selber zu machen. Könnte man sich in unsern Tagen ungeniert nehmen, was man beispielsweise in Goethes Schaffen geschrieben und gedacht findet, und es auf die gleiche grobe Weise benutzen, wie es Shakespeare getan hat, dann müßte sogar einer von Whitmans »Hutmachern« ein paar »Fausts« im Jahr schaffen können – womit indessen nicht gesagt sein soll, daß man Shakespeare als Dichter verunglimpfen dürfte.

Für Shakespeares heute ein wenig überholtes Verhalten dem literarischen Eigentum anderer gegenüber hat der moralische Emerson nicht ein tadelndes Wort; im Gegenteil, er erklärt es philosophisch damit, daß alle Originalität relativ sei, und für die moralische Seite dieser Angelegenheit muß die Bibel herhalten. Was Emerson indessen Anlaß zu Kritik gibt, ist Shakespeares ein wenig leichtfertiges Privatleben,

das Menschenleben. Hier legt Emerson abermals Zeugnis dafür ab, welcher Art seine kritischen Fähigkeiten sind und wie kümmerlich sein psychologisches Verständnis ist. Was geht einen Kritiker das Tag- und Nachtleben eines Autors an, solange sich nicht Spuren davon in dessen Schaffen finden? Man könnte höchstens die Frage stellen: Hat Shakespeares leichtfertiges Leben seiner Dichtung geschadet? Seine Werke schlechter gemacht? Seine Gefühle geschwächt? Sein Schaffen gehemmt? Doch diese Frage ist vollkommen überflüssig. Gerade auf den Emerson und der ganzen Boston-Ästhetik unzugänglichen Gebieten hat sich Shakespeare so großartiges Wissen, eine so nachdrückliche Fülle an Innerlichkeit erworben, daß man ihn heute als den vollgültigsten Charakteranalytiker betrachtet, dem keine Leidenschaft, keine Sünde, keine Art der Wollust fremd war. Und diese intime Kenntnis der menschlichen Laster und Verirrungen, ohne die der Inhaltswert seiner Dichtung sicher bedeutend geringer und seine Kunst begrenzter geblieben wäre – dieses Wissen hat sich Shakespeare faktisch dadurch erworben, daß er lebte, wie er es tat, daß er sich mit seiner ganzen Persönlichkeit in die Buntheit des Lebens hineinstürzte und auf dem Weg der Erfahrung die ganze Skala – nicht so sehr der Gefühle als der Leidenschaften, der Raserei – kennenlernte. Dafür jedoch hat Emerson wirklich kein Auge. Er erwähnt die Notwendigkeiten oder gar Vorteile von Shakespeares persönlicher Lebenserfahrung mit keinem Wort; sein psychologischer Einblick reicht nicht weiter als bis zu dem am wenigsten Menschlichen im Menschen, nämlich bis zur Moral. Er ist lautere Tugend. Er bedauert, daß Shakespeare sündig gelebt habe, und sein Bedauern gründet sich auf Tugend. »Mir fällt das... Urteil der Shakespeare-Gesellschaften ein«, sagt er, »daß er ein vergnügter Schauspieler war und Lustbarkeiten veranstaltete. Mit erscheint diese Tatsache unvereinbar mit seiner Dich-

tung. Andere bewundernswürdige Männer haben ihr Leben in gewissem Einklang mit ihrer Gedankenwelt geführt – doch bei diesem Mann besteht ein tiefer Gegensatz. Wäre Shakespeare unbedeutender gewesen, hätte er nur das gewöhnliche Maß der großen Autoren gehabt, das von Bacon, Milton, Tasso, Cervantes, dann dürften wir die Tatsache im Zwielicht menschlichen Schicksals lassen: doch daß dieser überragende Mann, der dem Geisteswissen neuere und weitere Gebiete erschloß als je ein anderer und das Banner der Menschheit manche Meile weit in das Chaos hineintrug – daß dieser Mann nicht auch für sich selbst weise gewesen sein soll! Es muß also in die Weltgeschichte eingehen, daß der größte Dichter ein obskures und profanes Leben geführt und seinen Genius zur öffentlichen Belustigung genutzt hat.« *(Shakespeare oder der Dichter)*
Man beachte die Sprache! Sie ist sehr bezeichnend für Emersons Vernünftelei. Unzählige Stellen gleichen dieser, und man findet bei ihm auf jeder Seite solch düpierenden, interessanten Unsinn. Zunächst einmal kann er es nicht fassen, daß Shakespeare »vergnügt« ist; so etwas kann Emerson um alles in der Welt nicht begreifen. Danach kommt er – ausgerechnet in einem Buch, in dem er auch über Napoleon und Goethe schreibt! – mit dem bemerkenswerten Ausspruch, daß andere Männer ihr Leben in einem gewissen Einklang mit ihrer »Gedankenwelt« *(thought)* geführt hätten und Shakespeare leider nicht. Stände wenigstens »Lehre« an Stelle von »Gedankenwelt«, dann wäre der Satz in sich noch einigermaßen logisch; aber so, wie er dasteht, ist er unsinnig. So ganz gedankenlos war Shakespeare in seiner Leichtfertigkeit vielleicht gar nicht; seine Sonette zum Beispiel zeigen, wie überaus eingehend er über seine Ausschweifungen nachdachte. Und kann man überhaupt nicht nur hin und wieder, sondern sein ganzes Leben hindurch – leichtfertig leben, ohne daß die eigene »Gedanken-

welt« die Leichtfertigkeit gedacht, gewollt hätte? Geht es indessen darum, nach seiner Lehre zu leben, so ist Shakespeares Schicksal darin dem von andern bewundernswürdigen Männern ähnlicher, als Emerson ahnen läßt. Es ist schwer für einen Menschen, nach seiner Lehre zu leben! Es war sogar für Emersons »guten Jesus« schwer, der Liebe und Verträglichkeit lehrte und dennoch intelligenten Männern mit großem Wissen und reichen Kenntnissen grobe Schimpfnamen gab. Emerson muß wissen, daß es für jeden schwer ist, nach seiner Lehre zu leben! Und was hat er im Grunde an Shakespeares Leben auszusetzen? Nicht weil er sich aneignete, was andern gehörte, findet er Schuld an ihm, sondern weil er »vergnügt« *(jovial)* war. Einige Seiten vorher dagegen stellt Emerson in derselben Abhandlung fest, daß Shakespeare »in jeder Hinsicht ein guter Haushälter» war. Wie äußerte sich denn dann sein obskurer Lebenswandel? Über den Menschen Shakespeare nimmt Emerson den Mund sehr voll, und, nachdem er auf umständliche Weise Shakespeares diebische Gewohnheiten gebilligt hat, nennt er ihn als Dichter den »größten« von allen. Emerson ist sowohl in seiner Bewunderung wie in seiner Mißbilligung wenig maßvoll; er fließt über, er verrenkt sich. Er bewundert Shakespeare, besingt ihn, macht ihn sogar zum »überragenden Menschen« – im gleichen Atemzug, in dem er das obskure und profane Leben Shakespeares geißelt und ihm vorwirft, er »nutze seinen Genius zur öffentlichen Belustigung«. Wie vereinbart sich das alles mit dem »subtilsten Schriftsteller«, dessen Werke Schöpfungen sind, »die vom Himmel herniedergefallen zu sein scheinen«?

So also sieht Emersons Fähigkeit, etwas zu sagen, in Wirklichkeit aus. Seine Kritik ist nicht nur unsachlich, sondern auch billig; es ist eine Kritik, die sich ausschließlich auf erworbene Kenntnisse stützt und nicht gleichzeitig auf eine kritische Begabung. Emersons Stärke liegt auf anderm Ge-

biet; er ist der Redner in der Kritik; seine kritische Begabung ist deshalb im wesentlichen eine literarische. Er kann einen Essay schreiben, worüber es auch sein soll, kann ein Thema wie »Das unendliche Gute« oder auch ein ganz entgegengesetztes wie »Tabak, ein Mittel gegen Asthma« wählen – sofort wird sein bedeutendes literarisches Talent in Schwung versetzt, und was er schreibt, ist interessant, ganz gleich, ob es sich um Mystik oder um Realität handelt. Seine Fähigkeit, etwas zu sagen, worüber es auch sein mag, ist ihm selber kein Geheimnis; er bekennt sich an mehreren Stellen seiner Abhandlungen dazu und bezeichnet diese Gabe eines Autors als die vornehmste. Über Shakespeare sagt er: »Sein Hauptverdienst läßt sich in der Feststellung zusammenfassen, daß er die englische Sprache besser beherrschte als alle andern Menschen und ausdrücken konnte, was er wollte.« Über Emerson könnte man ähnlich urteilen: Er beherrschte die englische Sprache und konnte ausdrücken, was er wollte; er konnte sogar in einer Abhandlung zu einem Thema unzutreffende Dinge sagen und verstand es dennoch, gerade kraft seiner literarischen Begabung, die Abhandlungen als Produkt treffend zu machen. In einem philosophischen Vortrag über Plato unterhält er uns fünf Minuten lang über Sokrates – auf literarische Weise. Er macht es gut, stilvoll, lebendig; er hat unsere ganze Aufmerksamkeit, und wir hören folgendes:
»Sokrates, ein Mann von bescheidener, aber rechtschaffener Herkunft, mit ganz gewöhnlicher Lebensgeschichte, war von bemerkenswerter Häßlichkeit, die häufig Anlaß zu Witzen gab... Die Schauspieler karikierten ihn auf der Bühne; die Töpfer bildeten sein garstiges Gesicht auf ihren irdenen Krügen nach. Er war ein unverfrorener Geselle, der Humor mit unerschütterlichem Gleichmut vereinigte und seine Leute, sei es, wer es wolle, genau kannte; sein Gesprächspartner durfte deshalb in jeder Diskussion von

vornherein der Niederlage sicher sein – und Diskussionen waren sein größtes Vergnügen. Die jungen Männer sind rein vernarrt in ihn und laden ihn zu ihren Festen ein, an denen er um der Gespräche willen teilnimmt. Doch trinken kann er auch; er hat den härtesten Schädel in Athen, und wenn er die ganze Gesellschaft unter den Tisch getrunken hat, geht er weg, als sei nichts geschehen, und beginnt mit einem Nüchternen neue Debatten. Kurz, er war das, was die Leute auf dem Lande ein tüchtiges altes Haus nennen.
Er liebte Athen über die Maßen, verabscheute Bäume, verließ niemals freiwillig die Stadtmauern, kannte alle alten Originale, wußte den langweiligsten Pinseln und Philistern noch eine gute Seite abzugewinnen und hielt in Athen alles für besser als die gleichen Dinge in andern Städten. In Kleidung und Sprache war er schlicht wie ein Quäker, benutzte gern Ausdrücke von der Straße und wählte Hähne, Schnepfen, Suppentöpfe, Kochlöffel oder Pferdeknechte, Hufschmiede und ganz unaussprechliche Berufe als illustrierende Beispiele – besonders wenn er sich mit feinen Leuten unterhielt. In seiner Weisheit ließ er sich mit Franklin vergleichen. So wies er einem Mann nach, der sich nicht traute, zu Fuß nach Olympia zu gehen, daß die Strecke nicht weiter sei als sein tägliches Herumlaufen in der Stadt – wenn er seine Wege nur Stück für Stück zusammenrechne und aneinanderreihe.
Mit seinen großen Ohren war er ein richtiger alter Onkel – ein redseliger Schwätzer... Er war sehr arm – aber schließlich auch genügsam wie ein Soldat und vermochte von ein paar Oliven zu leben; gewöhnlich bestand seine Nahrung buchstäblich aus Wasser und Brot, außer wenn seine Freunde ihn einluden. Seine Bedürfnisse waren sehr gering, und keiner hätte so leben können, wie er es tat. Er trug sommers wie winters dasselbe Gewand – ohne Unterkleid und immer barfuß. Um sich sein Hauptvergnügen leisten

zu können, nämlich den ganzen Tag, wie es ihm gefiel, mit den hervorragendsten und gebildetsten jungen Männern zu diskutieren, habe er sich, so behauptet man, hin und wieder in seine Werkstatt zurückgezogen und recht und schlecht ein paar Statuen gemeißelt, die er verkaufte. Wie dem auch sei, eins ist sicher, daß diese Gespräche schließlich seine einzige Freude wurden und daß er unter dem heuchlerischen Vorgeben, nichts zu wissen, all die hervorragenden Sprecher, die ausgezeichneten Philosophen Athens, mochten es nun Einheimische oder Fremde aus Kleinasien sein, angriff und in die Enge trieb. Keiner weigerte sich, mit ihm zu reden, er war eine so ehrliche Haut und wirklich voller Wißbegier, ein Mann, der sich bereitwillig korrigieren ließ, falls er unrecht hatte, aber ebenso bereitwillig die Fehler bei den andern korrigierte. Und ob nun er recht hatte oder die andern, er hatte stets das gleiche Vergnügen daran.
Ein erbarmungsloser Streiter, der nichts weiß, dessen überwältigende Intelligenz jedoch nie wieder ein Mensch erreicht hat, ein Mann mit unerschütterlichem Gleichmut, dessen verblüffende Logik selbst noch unbekümmert und scherzhaft anmutet, der sich gleichgültig und unwissend gibt, so daß auch der Vorsichtigste die Waffen streckt und auf liebenswürdige Weise in Verwirrung und Zweifel gestürzt wird. Er selber findet immer einen Ausweg, aber gibt ihn nicht preis. Er zieht die Schlinge immer fester zu, er treibt den Partner durch seine Dilemmata in die Enge und springt mit hochberühmten Leuten wie Hippias und Gorgias um, als ließe ein Junge seinen Ball springen. Ein tyrannischer Realist! Meno hat wohl tausendmal in den verschiedensten Kreisen über die Jugend gesprochen und hat es gut gemacht, wie er selber meint: doch in diesem Augenblick vermag er nicht einmal zu sagen, was Tugend eigentlich sei – so hat dieser Zitterrochen von Sokrates ihn behext.« *(Plato oder der Philosoph)*

Alles interessant, vortrefflich, literarisch gesagt, aber ohne Kritik und ohne jede Spur von Tiefe. Eine Charakteristik des wirklichen Sokrates muß anders aussehen, es muß *Seele* darin sein. Abgesehen davon, daß Emerson Sokrates hier im wesentlichen als Stimme für dessen Schüler Plato benutzt, den er anbetet und dem gegenüber er deshalb nicht ganz unbefangen sein kann, ist in dieser Skizze gar nichts, was den Mann in seinem Mittelpunkt wiedergäbe: den Philosophen. Nicht mit einem Wort berührt er seine Denklehre, die Art seiner positiven Philosophie, ihren grundlegenden ethischen Charakter; er stellt Sokrates als »unwissende Intelligenz«, als Gassendebattierer, Schwätzer und Tagedieb hin. Im vierten Jahrhundert vor Christus ging soviel »unwissende Intelligenz« durch Athens Straßen – weshalb sind nicht auch deren Namen über zweitausend Jahre erhalten geblieben? Und weshalb der des Sokrates? – Es ist wieder die gleiche Angelegenheit: Emerson vermochte nicht in den Wesenskern des Kritisierten einzudringen; ihm fehlen die psychologischen Voraussetzungen, der eindringlich schauende Blick und die pochende nervöse Sympathie, die alles vernimmt. Er ergreift seinen Gegenstand in einem bestimmten Augenblick und findet, was jeder gebildete Mensch ebenfalls finden würde, aber nicht mehr; das einzige, was Emerson sonst als Kritiker jedem beliebigen andern gebildeten Menschen voraushat, ist ausschließlich seine literarische Begabung.

Napoleon stellt er als »Weltmann« vor. »Er ist kein Held in des Wortes tiefster Bedeutung.« »Der Mann von der Straße findet bei ihm die Eigenschaften und Fähigkeiten des Mannes von der Straße.« »Geselligkeit, gute Bücher, eilige Reisen, Kleidung, Mahlzeiten, Diener ohne Zahl, persönliches Ansehen, die Möglichkeiten, seine Ideen durchzuführen, den Nimbus des Wohltäters aller in seiner Umgebung Lebenden, verfeinerte Genüsse, Bilder, Plastiken, Musik, Paläste, gesellschaftliche Ehrungen – all das, was dem Herzen eines jeden Menschen im neunzehnten Jahrhundert lieb und teuer ist, besaß dieser mächtige Mann.« »Bonaparte war der Abgott des gemeinen Mannes, weil er in überaus hohem Maße die Eigenschaften und Fähigkeiten des gemeinen Mannes besaß.« »An ihm ist nichts Wunderhaftes, nichts Magisches; er ist ein Handwerker in Messing, Eisen, Holz und Erde, in Straßen, Bauten, Geld und Truppen, und er ist ein sehr kluger und konsequenter Handwerksmeister.« »Er ist sicher und zuverlässig, verleugnet sich selbst, nimmt keinerlei Rücksicht auf seine eigene Person, opfert alles seinem Ziel: Geld, Truppen, Generale, und läßt sich niemals, wie die gewöhnlichen Abenteurer, vom Glanz seiner Mittel blenden.«

Einige Seiten weiter entwirft er von dem gleichen Napoleon eine zusammenfassende Charakteristik, die nicht nur die Ähnlichkeit mit der ersten vermissen läßt, sondern ihr in manchem völlig widerspricht.

»Bonaparte zeichnete sich durch das Fehlen jeglicher Hochherzigkeit aus. Dieses Individuum, das im höchst kultivierten Zeitalter und Volk der Welt den ersten Platz einnahm, besitzt nicht einmal die gewöhnlichste Wahrheitsliebe und Ehrlichkeit. Er ist ungerecht seinen Generalen gegenüber, selbstgefällig und will alles für sich in Anspruch nehmen. In gemeiner Art bestiehlt er Kellermann und Bernadotte um den Ruhm ihrer großen Taten... Er ist ein maßloser Lügner. Seine offizielle Zeitung, der *Moniteur,* und all seine Bulletins sind sprichwörtlich dafür geworden, daß sie nur das veröffentlichen, was er geglaubt wissen wollte; schlimmer noch – der vorzeitig gealterte Mann saß auf seiner einsamen Insel und fälschte kaltblütig Tatsachen, Daten und Charaktere... Er war vollständig gewissenlos. Er stahl, verleumdete, mordete, ertränkte und vergiftete, wenn sein Interesse es forderte. Edelmut kannte er nicht, um so mehr jedoch niedrigen Haß: er war selbstsüchtig bis ins Mark, war treulos und betrog beim Kartenspiel; seine Klatschsucht war grenzenlos; er öffnete fremde Briefe und ergötzte sich an seiner berüchtigten Polizei. Wenn er dies und das über die Männer und Frauen seiner Umgebung aufschnappen konnte, rieb er sich vor Freude die Hände und brüstete sich damit, alles zu wissen! Er mischte sich in die Toilettenangelegenheiten der Damen ein und kritisierte den Schnitt ihrer Kleider; er begab sich inkognito auf die Straße, um den Hurrarufen und den Lobsprüchen zu lauschen. Seine Manieren waren ungehobelt. Frauen behandelte er mit gemeiner Vertraulichkeit. Er hatte die Gewohnheit, sie an den Ohren zu ziehen und in die Wangen zu kneifen, wenn er guter Laune war. Männer zupfte er am Bart... An Schlüssellöchern hat er anscheinend nicht gehorcht, wenigstens ist er nicht dabei ertappt worden. Kurz, wenn man durch alle Kreise der Macht und des Glanzes hindurchgedrungen war, stand man keinem Gentleman gegenüber.«

Doch die Schuld, um deretwillen sein Volk ihn schließlich »zu Fall brachte«, »war nicht Bonapartes Schuld«, berichtet Emerson weiter. »Denn er hatte alles getan, was in seinen Kräften stand, *um ohne moralisches Prinzip zu leben* und zu wirken.«

Da haben wir es!

Bei der Betrachtung Emersons als Philosoph muß man noch einmal daran erinnern, daß der Mann Unitarier ist. Seinem ganzen Denken liegen christliche Grundprinzipien zugrunde: ein Mensch, eine Sünde, eine Strafe, ein Gott. Wie er als Kritiker Moralist ist, so ist er als Philosoph Unitarier. Die unitarische Religion läßt gerade so viel Spielraum für eine spekulative Philosophie, wie es »liberal« veranlagte Gottesdiener zu ertragen vermögen; andererseits ist sie ein Schutz gegen jeden dummdreisten metaphysischen

Radikalismus. Mitten zwischen Wissen und Glauben bewegt sich die unitarische Philosophie: klug wie die Schlange, einfältig wie die Taube, hier nach einem Erkenntnis-Apfel aus dem Eden dieser Welt schnappend, dort aufmerksam jedem verbietenden Kopfschütteln des großen Fetischs folgend. Was die unitarische Philosophie nicht auf spekulativem Wege erfahren kann, das setzen diese fünf Mann als Glaubensartikel fest; und wohin die Positivisten der ganzen Welt in Jahrtausenden nicht gelangt sind, kommt die unitarische Glaubensphilosophie in geringerer Zeit, als ein Gedanke bedarf gedacht zu werden: zu Zusammenhang und Ergebnis. Eine bequeme und verhältnismäßig handliche Philosophie, ein Hafen für Leben und Tod, ein Trost, eine Rast, ein Genuß für das müde Menschenhirn, eine Spekulation, die ihre Stärke gerade in ihrer Schwäche hat: in der geringstmöglichen Reflexion.
Emerson ist Unitarier. Seine Philosophie ist zur Hälfte Denken und zur Hälfte Glauben – kein Zweifel, kein Suchen, sondern ein gleich von Anfang an fertiges philosophisches Ganzes. Beobachtungen, Vergleiche, Experimente, Hypothesen, alle Wirkungsarten einer induktiven Spekulation haben so gut wie kein Interesse für ihn – »die Philosophie ist Plato« *(Fortnightly Review*, IX, 1883). Dieser Mann, der keine Schule gegründet, kein System geformt, keinen einzigen neuen Gedanken gedacht, der nicht einmal einen einzigen neuen Gedanken *übernommen*, kein einziges originales Werk verfaßt hat – dieser Mann ist Amerikas einziger Philosoph. In Enzyklopädien und Lexika ist er folgendermaßen aufgeführt: »Emerson, R. W., nordamerikanischer Dichter und Philosoph. Schrift: *Representative Men.*«
Wie geht das zu, daß Emersons Name überhaupt in Verbindung mit dem Begriff Denken genannt wurde? Erstens, weil er der einzige ist, der die philosophische Bildung im

großen Yankeeland repräsentiert, zum andern, weil er wirklich über die Voraussetzungen verfügt, sich in ein Publikum hineinzubohren – er ist in hohem Maße literarisch, er kann schreiben. Er besitzt die glückliche Begabung des Essayisten, und er nutzt sie mit Takt. Er kann die hübschesten Paradoxe in einer feinen und geziemend gelehrten philosophischen Sprache verfassen; er ist ein Meister darin, gute, geschliffene Sentenzen anzufertigen, in Mosaik zu arbeiten. Er überrascht uns in einem toten Augenblick mit einem Satz, der wie eine seidene Fahne im Winde kämpft, er hält uns hellwach mit den elegantesten Antithesen, überrascht uns mit einer kühnen Behauptung, fordert unsern logischen Verstand zum Zwinkern heraus. Aber ein Denker ist er nicht. Er ist zu extravertiert und zu feminin. In einer Abhandlung bekennt Emerson selbst: »Es macht mir Vergnügen, zu sagen, was ich denke. Doch wenn mich einer fragt, wie ich dies und das sagen könne oder weshalb jenes so sei, dann bin ich der hilfloseste aller Sterblichen.« Für einen Philosophen, der wie Emerson die Relativität aller Originalität so nachdrücklich betont, besteht allerdings auch nur geringer Bedarf an Beweisen und Gründen.

Was also ist Emersons Philosophie?

»Philosophie ist Rechenschaft, die sich der menschliche Geist über die Struktur der Welt ablegt. Von jeher liegen ihr zwei Hauptfaktoren zugrunde, die Eins und die Zwei. 1. Einheit oder Identität und 2. Mannigfaltigkeit.« *(Plato oder der Philosoph)* Gut! Philosophie ist also etwas, was auf der einen Seite die eine Sache und auf der strikt entgegengesetzten Seite die strikt entgegengesetzte Sache ist. Warum nicht? Von Männern der Philosophie ist man allerhand gewöhnt. »Wir bringen alle Dinge zur Einheit, indem wir das Gesetz erkennen, das sie durchwaltet«, fährt Emerson in wissenschaftlicher Dunkelheit fort, »und ihre oberflächlichen Unterschiede und ihre tiefen Ähnlichkeiten erkennen.

Doch jeder geistige Akt – eben diese Wahrnehmung der Identität oder Einheit – stellt die Verschiedenheit der Dinge fest. Das Einssein und das Anderssein. Es ist unmöglich, zu sprechen oder zu denken, ohne beides zu erfassen. Es drängt den Geist, nach der Ursache für die vielerlei Wirkungen zu forschen . . . nach dem einen Einen, das Alles sein wird.« Und hier zitiert Emerson plötzlich die Weden: »Inmitten der Sonne ist das Licht, inmitten des Lichts ist die Wahrheit, und inmitten der Wahrheit ist *das unvergängliche Wesen.«*
Bitte, wenn es eines auf der Welt gibt, was ein unitarischer Denker haßt, dann ist es dieses: den Zusammenhang nicht zu finden und nicht zum Ergebnis zu kommen. Emerson braucht gerade eine halbe Oktavseite, um das Mysterium zu erhellen, ob es ein »unvergängliches Wesen« gibt; er geht wie von einer abgemachten Sache davon aus, daß es vorhanden ist, er fürchtet sich nicht, zu sagen, es sei da, er stellt fest, daß ein Gott ist. Man möchte am liebsten fragen, ob er es schriftlich habe.
Nun entwickelt Emerson auf insgesamt dreieinhalb Zeilen, inwiefern die in der Philosophie auftretenden beiden Hauptelemente – das positive und das subjektive, die er näher bezeichnet als Wirkung oder Welt und als Ursache oder Gott – einander entgegengesetzt sind. »Die Tendenz . . . des ersten (dieser Hauptelemente) ist es, sich der Organisation (!) zu entziehen – reine Wissenschaft; die Tendenz des zweiten ist höchste Instrumentalität oder Anwendung von Mitteln: exekutive Gottheit.«
Nach dieser Definition – einer Definition, die mir ein bißchen allzu hintersinnig vorkommt – schleudert Emerson eines seiner kurzen, *klar gesagten Dinge* hervor, die mit einem Schlag offenbar machen, wie durch und durch unitarisch sein Gehirn installiert ist, wie fest er also mitten zwischen Denken und Glauben steht:

»Jeder Gelehrte bekennt sich sowohl durch Naturanlage als auch durch Gewohnheit entweder zum einen oder andern dieser Götter des Geistes. Seine Religion zieht ihn zur Einheit; Verstand oder Sinne drängen ihn zur Vielheit. Die Zwillingsgefahren des spekulativen Denkens sind ein allzurasches Aufgehen in der Einheit und eine allzu übermäßige Zersplitterung bei der Beschäftigung mit den Teilen und Einzelheiten.«
Da baumelt dieser Mann zwischen Himmel und Erde und fühlt sich dabei so wohl, daß er ausruft, die Gefahr liege nicht darin, zwischen Himmel und Erde zu baumeln. Gehe hin und tue desgleichen!
Noch einmal: Was also ist Emersons Philosophie? Emersons Philosophie ist Plato.
Plato ist für ihn der größte Denker der Geschichte. »Plato ist die Philosophie und die Philosophie Plato.« »Sei nicht du selbst, sondern Platoniker.« »Platos Ruhm gründet sich nicht auf einen Syllogismus oder auf einige Meisterstückchen sokratischer Beweisführung noch auf irgendeine These – wie etwa die von der Unsterblichkeit der Seele. Er ist mehr als ein Sachverständiger, ein Schulmann, ein Geometer oder Prophet einer einzelnen Botschaft. Er repräsentiert das Vorrecht des Intellekts, nämlich die Fähigkeit, jede Tatsache von ihrer Ebene auf eine höhere zu heben und so in jeder Tatsache einen Keim der Expansion offenbar zu machen. Überall steht er auf einem Pfad, der ohne Ende ist, der ohne Unterbrechung rund um das Universum führt.« – Unter den »Tatsachen«, die Plato von einer Ebene auf die nächsthöhere hebt, nennt Emerson dessen Lehre von der Unsterblichkeit der Seele und führt an: »›Was von Gott zu uns kommt, kehrt von uns zu Gott zurück.‹« Er liebt Plato, weil dieser so sehr eines Gottes bedarf. »›Die Seele ist das von der Natur befreite, losgerissene Gotteselement im Menschen; der Leib vermag keine Weisheit zu lehren, das

kann allein Gott.‹« Er bewundert Plato, weil dieser bereits in alten Zeiten herausgefunden hatte, daß »Dichtkunst, Gabe der Prophetie und hohe Einsicht aus einer Weisheit stammen, über die der Mensch nicht Herr ist«. Endlich betet er Plato wegen genau der Dinge an, um deretwillen er ihn liebt und bewundert: er ist der größte Gottesverehrer. »Er steht zwischen der Wahrheit und dem Geist eines jeden Menschen. Er drang in Welten ein, zu denen Fleisch und Blut keinen Zutritt hat; er sah die Seelen in ihren Qualen, er hörte das Urteil des Richters . . . Er hat der Sprache und den ursprünglichen Formen des Denkens geradezu seinen Namen und sein Siegel aufgeprägt . . . ich bin immer wieder von der ungemeinen Modernität seines Stils und seines Geistes überrascht. Hier liegt der Keim zu jenem Europa, das wir in seiner langen Kunst- und Kriegsgeschichte so gut kennen; alle Einzelzüge sind bereits deutlich in Platos Denken zu erkennen – und vor ihm bei keinem! Seither hat sich Europa in hundert Historien zerspalten, doch ein neues Element ist nicht hinzugetreten . . . So wurde Plato zu Europa, zur Philosophie und fast zur Literatur . . . Bei Plato findet man Beweise für beide Seiten einer jeden großen Frage.«

Man überdenke diese Aussprüche eine Weile; sie sind abermals charakteristisch für Emersons bemerkenswerte Fähigkeit, etwas zu sagen. Die Übertreibung, Plato als Europa, Philosophie und Literatur zu sehen, ist nicht von Bedeutung und darf übergangen werden; das ist eine *amerikanische* Übertreibung und gilt nur als Probe für den guten Yankeestil. Dagegen ist es nützlich, den logischen Inhaltswert dieser verschiedenen Sätze zu unterstreichen.

Was Emerson bei Plato begeistert, ist die Tatsache, daß er der *unfehlbare* Denker ist. Sogar Europa mußte seine Weissagung erfüllen und durfte nicht mit einem »neuen Element« von ihr abweichen. Da Plato nun »zwischen der

Wahrheit und dem Geist eines jeden Menschen steht«, muß jeder Mensch an Plato vorüber oder durch ihn hindurch, um die Wahrheit zu finden. Kommt man dann zu diesem wahren Plato, so entdeckt man, daß man bei ihm »die Beweise für beide Seiten einer jeden großen Frage« findet – sowohl für wie gegen! Trotz der Gabe des Räsonierens, die Plato also besessen haben muß, ist seine Beweisführung »doch kein Meisterstückchen« wie die des Sokrates. Gleichwohl ist Plato so viel mehr als Sokrates und der »Geometer« aller Welt, daß er einfach »die Erkenntnisebene, das Vorrecht des Intellekts verkörpert«!
Weiter. In seiner Abhandlung über Shakespeare weist Emerson ganz richtig darauf hin, daß alle Originalität relativ und zurückschauend sei. Er postuliert folgendes: »Große Männer zeichnen sich mehr durch Umfang und Höhe als durch Originalität aus.« »Es ist leicht einzusehen, daß das, was vom Genie am besten auf der Welt geschrieben oder gemacht worden ist, nicht das Werk eines Mannes war, sondern durch die Arbeit Tausender zustande kam.« Und er führt hierzu auch noch die Bibel als Beispiel an. In seiner Abhandlung über Plato dagegen, die sich in demselben Buch befindet und einen der sieben Vorträge bildet, aus denen sein philosophisches Hauptwerk besteht, behauptet Emerson genau das Entgegengesetzte. »Plato ist die Philosophie, die Philosophie ist Plato.« »Er drang in Welten ein, zu denen Fleisch und Blut keinen Zutritt hat.« »Bei Plato liegt der Keim zu jenem Europa, das wir in seiner langen Kunst- und Kriegsgeschichte so gut kennen; alle Einzelzüge sind bereits deutlich in Platos Denken zu erkennen – *und bei keinem vor ihm.«*
Zwischen den erstgenannten und den letztgenannten Aussprüchen liegen weder Jahr und Tag noch veränderte philosophische Anschauungen; zeitlich liegen dazwischen drei Wochen und räumlich fünfundneunzig Oktavseiten.

Nachdem er nun auf das deutlichste bewiesen hat, welche Originalität dieser Plato war, der fremde Welten betreten und ganze Erdteile in seinem Denken abgesteckt hat – eine Leistung, die vor ihm keiner vollbracht hatte –, verrenkt Emerson sich abermals und läßt seinen Leser aufs neue in der Klemme sitzen. Nun wird nämlich offenbar, daß sich Emerson schließlich doch nicht ganz im klaren darüber ist, worin Plato eigentlich original war. Seine Schriften könnten ebensogut die Schriften anderer sein; gewiß war keiner vor ihm, gar keiner; aber ob nicht vielleicht doch der eine oder andere vor ihm war? Er sagt es offen heraus: »Wenn wir Plato preisen, so preisen wir vielleicht Zitate aus Solon, Sophron, Philolaos.« Und er fügt hinzu: »Und wenn es so wäre! Jedes Buch ist ein Zitat; und jedes Haus ist ein Zitat aus allen Wäldern, Steinbrüchen und Bergwerken; und jeder Mensch ist ein Zitat aus all seinen Vorfahren.«

Das Ergebnis, zu dem man hiermit schließlich gelangt, ist also das folgende: Das Zitat Plato saß in einem zitierten Haus und zitierte Zitate aus den Zitaten Solon, Sophron, Philolaos, um daraus ein Zitat zu schaffen, an dem *keiner vor ihm* irgendwelchen Anteil hatte! – Man erinnere sich, daß es nach Emersons eigenen Worten doch »leicht« einzusehen ist, daß das beste Werk »durch die Arbeit Tausender hervorgebracht« ist. Aber nur verraten Platos Schriften ja einen Verfasser, der »in Welten eindrang, zu denen Fleisch und Blut keinen Zutritt hat«. Wenn dann Plato seine Schriften also nicht selber verfaßt hat, wie viele Menschen mit Fleisch und Blut könnten dann auf gut Glück damals auf dem Erdreich zurückgeblieben sein, als Platos Tausende von Arbeitern in andere Welten eindrangen? Jedenfalls müssen in Griechenland zu Platos Zeiten Menschen aus Fleisch und Blut sehr selten gewesen sein. Nur Sokrates, der arme Kerl, war ein solcher Mensch, ein »unwissender

Gassendebattierer«, der sich noch damit abgab, Fleisch und Blut zu sein.

Emerson kann Plato nicht ohne Nutzen gelesen haben. Er hat die »zwei Seiten« bei ihm gefunden und sich angeeignet. Diese beiden Seiten versetzen ihn also in die Lage, die zweiseitigsten Dinge und Gedanken auszusprechen, die je in irgendeinem Land gesagt worden sind. Derselbe Mann, der in einem Essay begeistert ist über diese Zweiseitigkeit bei Plato, erklärt in einem andern Essay mit ebensogroßer Begeisterung: »Ich liebe Tatsachen. Eine tatsächlich existierende Fliege ist mehr wert als ein möglicherweise existierender Engel.« Und an beiden Stellen hat der Mann etwas Ausgezeichnetes gesagt.

Wie also sieht schließlich und endlich Emersons Philosophie aus? Emersons Philosophie sieht genauso aus, wie sie hier dargestellt worden ist, und nicht anders. Es ist eine Philosophie auf etwa hundertfünfzig Seiten und ist in England gebunden für einen Schilling zu haben. Es ist eine Philosophie über *Representative Men.* Shakespeare repräsentierte den Dichter, Montaigne den Skeptiker, Napoleon den Weltmann, Goethe den Schriftsteller, Swedenborg den Mystiker und Plato den Philosophen. All diese Männer waren große Männer – denn man kann etwas von ihnen lernen. Emersons Beschäftigung mit Plato hat ihn an einen bestimmten Punkt geführt, der trotz all seiner Widersprüche unerschütterlich vor dem Leser steht, eine »fundamentale Einheit: ein Gott und eine unsterbliche Seele«. Da nun Plato in Emersons Augen der war, der sowohl Gott als auch die Seele entdeckt hat, ist Plato die Philosophie. Gott muß Emerson haben, Gott ist das größte Wort, das er in den Mund nimmt, wäre er Skandinavier, würde er es mit einem doppelt langen Vokal schreiben. Gott und die Seele – das ist das Fazit seiner Philosophie; es gibt eine Welt – denn es gibt einen Gott. Diese reinen Wahrheiten sind die Hauptergeb-

nisse von Emersons philosophischen Untersuchungen. Seine Abhandlungen enthalten sie.
In seinem Bestreben, die enge Verbindung der Seele mit Gott aufzuzeigen, zerschlägt Emerson wieder einmal die Lehre von der relativen Originalität. Immer wieder durchstreift er den göttlichen Raum, bekommt seine asiatischen Rasereianfälle und wirft alle früher aufgestellten Theorien über den Haufen. »Die reine *(inviolate)* Seele steht in ununterbrochener telegrafischer Verbindung mit dem Ursprung der Dinge«, sagt er. Und noch deutlicher drückt er es aus, wenn er sagt: »Die zentrale Tatsache ist die: die übersinnliche Intelligenz, die aus jener ungekannten Quelle zu uns überströmt, muß mit religiöser Andacht hingenommen und vor jeder Vermischung mit unserm eigenen Willen bewahrt werden.« Welchen Nutzen haben dann all die »Tausende von Arbeitern«? Wenn die eine Seele in Verlegenheit um eine Auskunft dieser oder jener Art, um eine Antwort auf eine Frage ist, dann schlägt sie nicht einmal im Plato wegen dieser Auskunft nach; sie kommt – sagt Emerson – »faktisch« wie ein Telegramm aus erster Hand aus jener ungekannten Quelle zu uns. Man fühlt sich begossen, wenn man von dieser Quelle liest, die zu uns überströmt. Und als fürchte Emerson selber, daß das Telegramm ausbleibt, läßt er den Unitarier in sich hinzufügen: »In Wahrheit haben wir keine Frage zu stellen, die unbeantwortbar wäre.« In Wahrheit, das ist nun eine etwas eigentümliche Behauptung aus dem Mund eines Denkers! Vor dem steilsten Pfad macht er Halt, ohne daß ihm etwas einfällt. Doch er findet sich damit ab und beruft sich auf den Psalmisten. – Was die Unsterblichkeit der Seele betrifft, so beweist Emerson sie mit einem Satz von Emerson: »Zu einem andern Meer nur sinkt mein Schiff.« Zum Überfluß zitiert er darüber hinaus ein paar Zeilen aus George Fox' Ewigkeitsvision: »Und da war ein Ozean von Nacht und Tod, doch zugleich ein

unendlicher Ozean von Licht und Liebe, der über den Ozean der Finsternis flutete.«

Denn die Seele ist unsterblich.

Mit solcher moralisch-philosophischen Puzzle-Arbeit ist Emerson Denker geworden. Seine Lehre ist: eine Seele im Körper, ein Gott am Horizont. Wonach er bei den Philosophen fragt, das ist »Weisheit«, was er auch als »Morallehre« erklärt. Platos Weisheit ist ohne alle Grenzen, Böhmes Weisheit ist »gesund und schön«, die Swedenborgs ist ihm »unangenehm«, die Montaignes empfindet er als »unmoralisch« und die Shakespeares als »unglaubwürdig« – er fragt nach Art und Beschaffenheit der Weisheit. Als ob eine wissenschaftliche Philosophie eine bestimmte Moral voraussetze! Man kann Leuten begegnen, die sich ebensogut eine Philosophie des Lasters wie eine der Tugend vorzustellen vermögen. Emersons Moralphilosophie ist genau die gleiche, die man in unitarischen Hauspostillen findet (etwa in den Predigtsammlungen von Parker*, Channing** und andern). Seine Philosophie ist insofern die gleiche, der man bei allen anständigen Menschen, von freundlichen Dienstmännern bis zu rechtschaffenen Walfängern, begegnen kann. Emerson fügte der Moralphilosophie nicht einen einzigen Gedanken hinzu; doch er vermehrte sie um einen Verkünder. Seine geistige Veranlagung war überwiegend literarisch; ob er sprach oder schrieb, er war ein Talent. Bei ihm holen sich seine Landsleute die Mottos für ihre besten und unschuldigsten Bücher. Er wurde der Äsop des amerikanischen Moralmobs.

---

* Theodore Parker (1810–1860), unitarischer Geistlicher, führender Gegner der Sklaverei (A. d. Ü.)

** William Ellery Channing (1780–1842), unitarischer Geistlicher, Wegbereiter der amerikanischen Transzendentalisten (A. d. Ü.)

Mitunter führte sein literarisches Talent ihn doch auf ungebahnte Wege; das ist dort, wo er tiefsinnig erscheint. Nun ist man zwar an manche unfaßbare Großartigkeit in den Schriften der Philosophen gewöhnt; doch es ist von besonderem Interesse, zu sehen, wie sich ein gelehrter Yankee dabei anstellt, gelehrt zu sein. Ein paar von Emersons orakelhaften Äußerungen, in denen man tiefen Sinn gefunden hat, lauten so: *»Erkenntnis ist das Wissen, daß wir nichts wissen können.«* – Das ist wahr, so wahr! Ich verstehe zwar kein Wort davon; aber Emerson hat hierin unendlich recht. Nicht wahr, unrecht hätte er, wenn er sagte: Wissen ist die Erkenntnis, daß wir nichts wissen können. Soviel kann es ausmachen, ein Ding auf den Kopf zu stellen! – Eine andere Äußerung ist, wenn möglich, noch bemerkenswerter: *»Details sind Melancholie.«* – Ja doch, Details sind Melancholie. Das weiß ein jeder Straßenbahngaul mit Mittelschulbildung. Hat man etwa schon einmal gehört, daß Details ein Schleppseil oder eine Rollgardine seien? Da hat man es also! Den möchte ich sehen, der sagen kann, daß Details der Melancholie weniger glichen als irgendeinem x-beliebigen Seidenschirm auf der Welt! Also sind Details Melancholie...
Ralph Waldo Emerson starb 1882.

Es gibt selbstverständlich mehr Autoren in Amerika, die in eine Literaturgeschichte aufgenommen werden müßten; in vorliegender Arbeit besteht dagegen kein Anlaß, eine minuziöse Auslese vorzunehmen. Ich habe lieber etwas ausführlicher die beiden amerikanischen Schriftsteller behandelt, die in Europa besonders bekannt geworden sind, um zu zeigen, wie sehr man sich manchmal täuschen kann, wenn man aus den Ländern übersetzt statt aus den Literaturen. Meine Aufgabe ist es, darauf hinzuweisen, was für ein *Geistesleben* eine solche Literatur wie die amerikanische in einem Volk voraussetzt, aber auch hervorruft, welche Saat dort gesät und welcher Ertrag geerntet wird. Whitman und Emerson sind hervorgehoben worden als die besonders nationalen Repräsentanten der Literatur ihres Landes – das gereicht Amerika nicht unbedingt zum Vorteil; der eine war ein wenig artikulierter Poet, der andere der Verfasser literarischer Postillen. Ich zweifle nicht einen Augenblick daran, daß die Literatur Amerikas den Einfluß fremder und weiter fortgeschrittener Literaturen, die der Kongreß patriotischerweise mit Zoll belegt, entbehrt. Soll diese Literatur zum Erziehungsmittel werden, muß sie sich sowohl nach der Form als auch nach dem Inhalt ändern. Aber zuerst einmal müssen sich in diesem großen Land *Zweifler* erheben, Männer und Frauen, die daran zweifeln, daß Amerika die kulturell reichste Nation der Welt sei. Die nationale Selbstzufriedenheit muß untergraben werden, der Patriotismus einen Sprung bekommen. Bis zum heutigen Tag sind die heiligsten Namen im Land die der Präsidenten gewesen! Wenn man ein wenig davon weiß, welche Geister, welche Genies das Weiße Haus mehrere Generationen lang beherbergt hat, so erscheint einem das doch ganz bezeichnend für die Nation, die sie kanonisiert hat. Wenn die Amerikaner gerade auf Gebieten, auf denen sie im Rückstand sind, Bezahlung dafür verlangen, daß sie Anleitung erhalten, so ist das ein Ausdruck dafür, daß sich im Lande nicht das schöpferische Maß an modernen geistigen Interessen findet.

DIE BILDENDE KUNST

I. Malerei und Plastik

Betrachtet man nun die bildende Kunst Amerikas, dann erhält man genau denselben Eindruck, nämlich den, daß sie eine Kunst ist, die fremder, impulsgebender Anleitung bedarf. Auch sie ist eine in der materialistischen Lebensluft des Landes gereifte Frucht, vom Geist der Bostoner Klerisei erfüllt und vom massivsten Patriotismus über Wasser gehalten. Die Amerikaner sind ein Händlervolk, das kauft und verkauft; sie sind weder ein künstlerisches noch ein kunstliebendes Land. Was ihnen an Warenumsätzen und Finanztransaktionen begegnet, nimmt ihr Gehirn sofort auf, während der Geist der Kunst völlig außerhalb ihres Vorstellungskreises schwebt. Sie schenken sich niemals einen stillen Tag und nehmen sich nie die Zeit zu lauschen. Ein echter Yankee mit dem rechten nationalen Geschmack ergötzt sich weit lieber an einem Patentbericht im Athenäum, als daß er in die Oper geht und Wagner hört, und wenn es nicht zum guten Ton gehörte, gingen die Gattin und die Fräulein Töchter vielleicht auch nicht dorthin. Die Amerikaner sind nicht im geringsten künstlerisch *erweckt*. Ich verlange nicht von ihnen, daß sie die Kunst entdecken, aber sie sollen sie annehmen, wenn sie ihnen angeboten wird, und sie nach ihren eigenen nationalen Bedingungen einordnen, sie wiedergebären. Die Yankees sind ein junges Volk, aber sie sind alt genug, um ergriffen, beeinflußt, zumindest angesprochen zu werden. Schon die sie umgebende Natur hätte einen intelligenten Schönheitssinn in ihnen erzeugen müssen; sie sehen doch die Sonne und das Meer – ei-

ne Sonne, die in keiner andern Zone ihresgleichen hat –, es gibt bei ihnen weiße Sterne im Winter und rote Orkanhimmel in den warmen Sommernächten; es bewegt sich ein seltsam wimmelndes Leben in ihren Wäldern, Vogelsang, Rufe von Säugetieren und der vorsichtige Schritt fellbekleideter Wesen; Farben, Duft und wunderliche Laute einer ganzen Präriewelt strömen ihnen um den Kopf – aber sie merken es nicht. Nichts kann die auf Zahlen trainierten Gedanken der Amerikaner aus dem Geleise bringen, keine Schönheit läßt sie auch nur für eine Weile den Export und die Marktpreise vergessen. In all diesen Staaten können sich vielleicht im Lauf der Jahre einige Ausnahmen zeigen, jedoch nicht viele, ganz wenige nur. Es ist also gar nicht so sonderbar, daß die amerikanische Kunst nicht höher steht, als es der Fall ist. Zu diesen Menschen ohne Sinn für etwas anderes als das Eßbare kommt nun die Kunst des Landes und klopft an; von diesen Menschen soll sie ermutigt werden. Sie wagt gar nicht um das armseligste Verständnis zu bitten, selbst wenn es da etwas zu verstehen gäbe; sie muß die naivste Anerkennung und die dümmste Kritik hinnehmen. Diesen Menschen muß sich schließlich die Kunst des Landes auf Gnade und Ungnade bei den Ausstellungen ergeben. Es gibt in Amerika so manchen Gentleman, der ein Pastell nicht von einer Chromolithographie unterscheiden kann, geschweige denn eine Schule von der andern – kennt er die Reihe der amerikanischen Präsidenten, weiß er das Datum der berühmten Schlacht von Atlanta, glaubt er an Gott und besitzt Millionen, dann genügt das allein schon, ihm einen Platz in der Jury bei einer Kunstausstellung zu sichern.
Es gibt in Amerika achtundachtzig Kunstakademien mit 190 Professoren, die 3000 Schüler unterrichten. Nun müßte dieses Land, das so jung in seiner Kunst ist und so gute Mittel besitzt, *Künstler* zu Lehrern an diesen Akademien machen, und vielleicht sollte auch eine kleine Auswahl von

Schülern unter diesen dreitausend vorgenommen werden. Doch nichts davon geschieht. Von amerikanischen Malern gibt es, soweit ich weiß, drei, die Medaillen in Europa gewonnen haben; und es sind sechs, die einen Ruf errungen und verdient haben. Sicher könnte man etwa zehn Talente unter den amerikanischen Malern zusammenkratzen und die dann noch fehlenden Professoren an andern Orten finden; doch das darf man nicht einmal erwähnen – national muß es sein! Hier ist jedoch eine bezeichnende Sache zu bemerken: Sobald in Amerika ein Künstler von wirklicher Bedeutung auftaucht, verläßt er, so schnell er kann, sein Land und reist nach Europa. Das sollten sich die Verbotsmagier Amerikas als Hinweis dienen lassen; doch das geschieht nicht; sie lassen die Künstler fahren. Die Folge ist also, daß man in den Akademien mit alten Männern zurückbleibt, die zu alt zum Reisen sind, und mit jungen hoffnungsvollen Dilettanten – die ihrerseits wieder junge hoffnungsvolle Dilettanten unterrichten.

Eine amerikanische Kunstausstellung bietet eine recht verwirrende Schau. Bei der Annahme wird nicht die geringste Zensur ausgeübt, und man kann deshalb ein Meisterwerk, einen Geniestreich aus einem alten Kunstland neben den übelsten Talentlosigkeiten von den Prärien Dakotas sehen. Wer sollte diese Zensur auch ausüben? Die Jury besteht in den meisten Fällen aus dem Bürgermeister der Stadt und einer Anzahl von Geldleuten, Menschen, die gesellschaftliches Ansehen besitzen, weil sie reich sind und fest an Gott glauben, die jedoch ohne jede künstlerische Ausbildung, ohne künstlerische Kenntnis sind, Männer, die vielleicht am Morgen, bevor sie ihren Sitz einnehmen, einen kleinen ästhetischen Wink von ihrer Ehefrau oder Tochter bekommen, die sich selbst mit Malen beschäftigen. Die amerikanische Kunst stellt sich vorzugsweise in Eßbildern dar: da hängen Äpfel und Trauben und Birnen und Fische und Bee-

ren aller Art, dazu einige Hähne und rohe Rinderkeulen an allen Wänden. Darunter sind große Gemälde in Rahmen für erhebliche Beträge; bisweilen sind Rahmen dabei, deren Verzierungen aus Goldfiligran bestehen. Diese Bilder gehen nicht in Galerien oder Kunstmuseen, sondern werden von Reichen als Eßzimmerdekoration gekauft. Weil es kein Geheimnis ist, wozu diese Bilder dienen, bildet sich plötzlich eine ganze Industrie, ein reiner Fabrikbetrieb mit Hähnen und Ochsenkeulen. Die Bilder werden eigens zu dem Zweck gemalt, ein Möbel für das Eßzimmer zu werden; sie erhalten die dekorative Ausstattung, die sie auf einer Wand gut wirken läßt: leuchtende Farben und scharfe Figurenumrisse. Selbst die Ochsenkeule bekommt dekorativen Charakter, und um den Schenkelknochen wird eine hübsche Rosette oder Schleife gebunden. Bei einem toten Vogel auf einem Brett werden dekorativ die Schwingen ausgebreitet, jede Feder wird mit wunderbaren Farben gemalt; diese toten Schwingen fliegen auf dem Brett, daß es eine Lust ist. Sind diese Bilder technisch einigermaßen gut, dann tragen sie einen mehr oder minder bekannten Yankeenamen in der Ecke, und gerahmt sind sie auch; und wenn der Rahmen nicht gerade Flecke und Risse hat, findet das Bild recht bald einen Käufer – ein reicher Mann hängt sich die Rarität in seinem Eßzimmer auf.
So gering ist die künstlerische Scham bei einer solchen amerikanischen Kunstjury, daß ohne weiteres auch Kinderarbeiten angenommen werden, *weil* es Kinderarbeiten sind; diese erhalten einen Platz zwischen den andern, oft an einer Stelle, die besonders in die Augen fällt. An diese Kinderstreiche wird ein Zettel gehängt, auf dem geschrieben steht, daß der Künstler zwölf Jahre alt und elternlos ist. An einer Schwarzkreidezeichnung, die zwei Hühner darstellt, macht der Zettel darauf aufmerksam, daß der Künstler fünfzehn Jahre alt, taubstumm und lahm ist. Was hat die Ästhetik mit

Barmherzigkeit zu schaffen? Als Maler hätte ich mich nicht gescheut, die Hühner des Krüppels von der Wand herunterzureißen. Diese Zeichnung hält den Betrachter unverschämt zum Narren, und sie besudelt die Bilder, die in der Nähe hängen. Hat man erst einmal einen Blick auf dieses unmögliche Bild geworfen, dann kann man es nicht mehr vergessen, es hat durch seine verzweifelte Abgeschmacktheit einen Eindruck hinterlassen, es hat sich in die Erinnerung hineingebohrt, und da steht es nun; man wird es nicht wieder los. Hat man ein einziges Mal im Leben ein Paar solcher Hühner gesehen, dann stehen sie einem Tag für Tag wieder vor Augen; sie steigen auf, wenn man sie am wenigsten erwartet, fallen einem aufs Papier, wenn man schreiben will, setzen sich auf den Lampenschirm, kleben sich auf den Kalender an der Wand, schreiten mit ihren dürren Schenkeln so jämmerlich hinaus in die Welt, daß es einem das Herz zerreißt.

Natürlich gibt es in einer amerikanischen Kunstausstellung auch etwas Gutes zwischen all dem Schlechten, besonders wenn die Ausstellung die ganze Union umfaßt. Das beste in der amerikanischen Kunst ist die Landschaftsmalerei; hier hat das Land seine großen alten Namen, die feststehen, Männer, die eine reine Routine darin erreicht haben, schöne Eichen zu malen. Auf einer echten amerikanischen Landschaft ist genau folgendes zu sehen: Ein Mädchen, das eine Kuh auf einer grünen Wiese vor einem großen Wald vor einem blauen Gebirge unter einem reinen Himmel melkt. Das ist der Mondschein in der Literatur in einer neuen Ausdrucksform. Diese Landschaft malen die amerikanischen Maler auswendig, die stolpern nicht über einen Strohhalm, alles ist glatt und sauber. Die Kuh hat Farben wie ein Kolibri, der Wald ist ein Wald von äußerst zierlichen Bäumen, und die Berge ordnen sich so, daß sie entweder die Erdkugel hinunterdrücken oder ein Loch in den

Himmel stechen. – Ach, man möchte diese Bergspitzen haben, um auf ihnen schnell zur Höhe zu schreiten! Und man könnte Lust bekommen, dem Himmel eine Wolke zu schenken!

Eine hübsche und ein bißchen gewagte Kunst, ein Flug hinauf ins Blaue, unberührt von der Welt und von dem, was darin ist, eine Kunst in Geist und Inhalt genau wie die Literatur. Wird eine Schäferszene dargestellt, so sind die Menschen auf diesem Bild äußerst korrekt gekleidet; die Lufttemperatur mag 100° Fahrenheit (fast 40°C) betragen und das Gras sich in der Hitze zusammenrollen; dennoch öffnen Schäfer und Schäferin nicht einen Knopf. Wird ein Interieur gebracht, dann hängen »Der stille Tröster« und George Washington an den Wänden, Sankey* steht aufgeschlagen auf dem Klavier, und der Schraubkalender unter dem Spiegel zeigt Sonntag, 23. August. In diesem Zimmer sitzen zwei Menschen auf Polsterstühlen und sollen Liebende sein! – Auf mit den Knöpfen! Stellt den Kalender auf Montag, den blauen Montag, den Tag, an dem man sich um die Arbeit drückt, den Tag vom Kampf des Lebens und von der Lust des Lebens! Ich bitte nicht um Raserei und schwere Sünde – das ist eine Moralfrage, eine Sache für sich –, ich bitte um Leben, um lebendige Körper in Kleidern, und das ist eine Kunstfrage. Diese Liebenden sollen uns zeigen, daß der Puls schlägt und die Brust atmet; sie sollen uns zeigen, daß unter ihrer Haut das Leben kämpft, daß ihre Körper vom Menschen entzündet sind!

Nichts als Mondschein! Dort, wo die amerikanische Literatur durch Streicheln spricht, spricht die amerikanische Ma-

* Ira D. Sankey (1840–1908), amerikanischer Sänger, Hymnenschreiber und Evangelist schottischer Herkunft (A. d. Ü.)

lerei durch Kostüme; weiter ist sie nicht gekommen, und weiter wird sie nicht kommen, weil es ihr an Anleitung fehlt. –

In der Plastik ist Amerika am stärksten in der Darstellung von Tieren; Katze und Hund sind ihre erste und letzte Verwegenheit; wenn es hochkommt, wird es ein Neger. Ein Indianer in Kriegsbekleidung, ein gekreuzigter Christus, eine Büste Washingtons, das sind in der amerikanischen Bildhauerkunst die immer wiederkehrenden Typen des modernen Lebens. Hier und da stößt man auf eine Gipsfigur, die einem auffällt, weil da einige Buchstaben, ein Vers in den Sockel gegraben sind. Die Figur ist eine (gut bedeckte) Frauengestalt von unsäglicher Schönheit, eine amerikanische Venus mit einer Taille, so schmal wie ein Kinderhals, und der Vers macht darauf aufmerksam, daß jede Frau so schön werden kann, wenn sie nur so und so viele Flaschen Ayers *Sarsaparilla* kauft und trinkt. Die Gipsfigur macht Reklame für eine Patentmedizin. – Ein Stück weiter entdeckt man eine Gruppe, eine Frau, die einem halbwüchsigen Jungen das Gesicht wäscht, und ein Vers tut kund, daß so weiß wie dieser Junge jeder werden kann, der eine bestimmte Seife für die Wäsche gebraucht. Das Kunstwerk ist eine Reklame für Pears' Seifenfabrik in Brooklyn.

Man mißbilligt diese Profanierung, man ärgert sich vielleicht darüber, daß die Kunst auf so direkte Weise zur Magd der Reklame gemacht wird; doch im gleichen Augenblick erinnert man sich, in welchem Land man sich befindet, und dann geschieht es sogar, daß man anerkennend zu solcher Gipsreklame nickt. Warum nicht? Sie ist nicht ohne Humor, und oft sind es ganz witzige Erfindungen. Selbstverständlich hat das alles nicht viel künstlerischen Wert; es sind Reklameplastiken, so etwas wie Ladenschilder; aber Mondscheinlyrik ist es nicht; es gibt das Leben wieder, enthält eine Situation, stellt eine Handlung dar. Was soll ich dagegen mit einem Indianer zum täglichen Gebrauch anfangen? Ein Indianer weiß nicht einmal, daß es eine Erscheinung des Lebens gibt, die Seife heißt. Diese Reklame machenden Kunsterzeugnisse sind der erste Versuch zu einer nationalen amerikanischen Kunst; sie entsprechen der Journalistik in der Literatur und sind als solche das Beste, das Eigentümlichste, was innerhalb der Kunst begonnen worden ist. Es kommt einem vor, als ob die amerikanische Kunst allem edlen Ehrgeiz ganz fern stände. Die Wiedergabe eines ehrenhaften und toten Präsidenten aus der Kniehosenzeit oder eine einigermaßen treue Kopie der Venus von Milo bildet bis heute ihr allerhöchstes Ziel. Von dem Präsidenten weiß man, daß das einzige, worin er sich zum Talent erhob, die Rechtschaffenheit war, und von der Venus von Milo weiß man, daß sich alle Welt daran gewöhnt hat, vor ihr zu knien. Sie steht in allen Fenstern, zeigt sich auf allen Regalen, ragt von jedem Klavier in Wind und Wetter, findet sich in jeder Konkursmasse, wird von jedem Dichter besungen. In Amerika ist sie das Höchste, was ein Bildhauer zu kopieren versucht, in Paris ist sie fast schon der Louvre. Ich stoße mich nicht an ihrem langen Hals, der kürzer sein könnte, auch nicht an dem Faltenwurf, der eine Dekoration ist, eine Draperie, die versteckt statt zu bedecken; ich nehme sie, wie sie da steht – eine Offenbarung. Meine Gefühle für sie sind ein innerlicher Schrei ästhetischer Freude, sie ist geradezu eine Schönheit nahezu ohne Makel. Aber diese Venus von Milo steht meiner Seele zu fern. Sie läßt sich als Lesezeichen gebrauchen. Ich weiß, daß ich nie auf einem Fischmarkt einer Frau begegnet bin, deren Gesicht innerlich so wenig ausgedrückt hat wie das ihre. Wenn ein Mensch irgendwo steht, dann steht er aus dem einen oder andern Grund an dieser Stelle – die Venus von Milo steht ohne jede dringende Notwendigkeit auf ihrem Sockel, sie steht da und ist nur schön. Sie ist eine uneröffnete, strenge

Reinheit; berühre ich sie, so beflecke ich sie. Ich liebe nicht die Dame, die mich illusionslos macht, mich jeden Drangs beraubt, mich mit einem leeren ästhetischen Wohlbehagen erfüllt, das mich nicht bereichert. Ein Arm mehr, zwei Arme mehr, das würde ihrem Körper nur jene Ganzheit geben, die fehlt – körperliche Ganzheit bei einem Menschen, das drückt so wenig aus. Mit ein wenig Wohlwollen und ein wenig dichtendem »Kunstverständnis« kann man ihren Körper schließlich zum Leben bringen; im nächsten Jahrhundert werden vielleicht beeindruckbare Leute Pulsadern in ihrem Faltenwurf finden. –

Vor einigen Jahren kam ein amerikanischer Bildhauer auf die Idee, seinem Land einen Dienst zu erweisen; er war Republikaner aus politischer Neigung und Patriot von Natur – er meinte, es gebe nichts einem Künstler Gleichwertiges. Er hieb einen Sockel aus, einen aufrechtstehenden Mann und einen knienden Neger; diese drei Dinge setzte er mit Eisenkrampen zu einer Gruppe zusammen. Der aufrechtstehende Mann war der Sklavenhalter, er hatte eine Peitsche in der Hand, und wenn ein aufrechtstehender Mann eine Peitsche in der Hand hält, dann ist er in hohem Grade Sklavenhalter. Der Neger war der Sklave, er kniete, er betete; aber daß ein Neger betet, ist ein Wunder. Und ganz Amerika fand, daß dieses Werk ein Wunder sei. Der Künstler war ein Witzbold, er besaß die große Erfindungsgabe seiner Landsleute – er hatte den schwarzen Neger aus weißem Marmor gehauen und den weißen Sklavenhalter aus schwarzem. »Onkel Toms Hütte« erneuert, genau »Onkel Toms Hütte«! Madam Stowe hatte mit Worten nicht deutlicher sagen können, was diese Gruppe mit Steinen sagte, nämlich was die Menschen der Südstaaten doch für *schwarze* Barbaren seien, weil sie diese *weißen* Wesen für Essen, Kleidung und Lohn auf den Baumwollplantagen arbeiten ließen. Und die Gruppe statuierte ein Exempel im Hinblick auf den Freiheitsmut und die Menschenliebe, die die Nordstaaten bewiesen, als sie diese Menschen in Freiheit setzten. Der Künstler war Patriot, er war von dieser Zeit an ein sehr bedeutender Mann, kam zu Namen, Ansehen, Vermögen und Stellung. Aber seine Gruppe erzählte nicht, daß das gleiche Land, das damals einige tausend Neger befreite, noch heute eine Million hundertneunzehntausend seiner eigenen Kinder als Sklaven in den eigenen Gruben hält – das erzählte die Gruppe nicht.*

Denn sie sollte ja keine Predigt gegen die Sklaverei überhaupt sein, das lag außerhalb des Plans; sie sollte in erster Linie eine politische Reklame für die republikanische Partei sein, der der Künstler selbst angehörte**, zum andern eine patriotische Huldigung für das ganze Vaterland. Und als

---

* In der Zahl sind auch die kleinen Kinder enthalten, die in Metallwarenfabriken arbeiten – wo es noch schlimmer ist als in den Gruben. Die Kinder sind sechs bis fünfzehn Jahre alt; in nur einem einzigen Kreis (der *County Luzerne)* sind dreitausend von diesen Kleinen in Kohlengruben beschäftigt. Dort unten ist die Durchschnittstemperatur 95°F (35°C). Es ist gesetzlich festgesetzt, wie lange sich die Kinder in einer Schicht dort unten aufhalten müssen; sie bekommen so gut wie keine Schulausbildung, und die Bezahlung, die sie erhalten, entspricht nicht einmal verhältnisweise der Bezahlung der Negersklaven in den Südstaaten (vgl. wegen der statistischen Angaben die *North American Review* 1884). In dem gleichen Land, in dem die Kindersklaverei so überaus stark floriert, verteidigt man die Einwanderungsbeschränkungen ebenso wie die Lohneinbehaltungsmaßnahmen damit, daß sie die im Land heimischen Arbeiter vor Arbeitslosigkeit schützen sollen. Wie wäre es denn, wenn man die Kinder freigäbe, wie man die Neger befreit hat? *Diese* Maßnahme würde zur Folge haben, daß 700 000 bis 800 000 erwachsene Männer in Arbeit gesetzt werden könnten.

** Die andere Partei, die Demokraten, haben, wie bekannt, die Sklavenkriege abgelehnt.

solche wurde das Werk aufgenommen; es rief eine Sensation hervor und wurde zum monumentalen Hauptwerk in der bildenden Kunst des Landes.
Die amerikanische Bildhauerei ist natürlich auch eine besonders züchtige Bildhauerei. Gehen Sie ja nicht hin und erwarten Sie Menschen ohne Feigenblatt! Selbst ein nacktes Kind, das mit einem Schuh spielt, darf nicht ohne Feigenblatt mit diesem Schuh spielen; und stände Dubois' *Eva (Eve nouveau-née)* in Amerika, dann bliebe sie nicht lange ohne Leibbinde. In der gesamten bildenden Kunst Amerikas herrscht – wie in der Literatur – empfindlichste Prüderie gegenüber nackten Gliedern. Künstler haben mir erzählt, daß sie nie nach Modell malten, daß sie auch gar kein Modell auftreiben könnten, da es strikt gegen den Bostoner Geist verstoße, nackt dazustehen, daß sie bestimmt auch keine Erlaubnis bekämen, ein Modell abzubilden, wenn sie eins hätten. Man ahnt, was es nicht nur im Hinblick auf die Poren und das wechselnde Spiel in der Haut, sondern noch mehr auf die Muskeln und Gliedmaßen bedeutet, nur auf die Vorstellung angewiesen zu sein. Was Wunder, daß sich dann die Venus von Milo für einen Yankeekünstler als höchste anregende Kühnheit erweist! Man denke dagegen an den Ørsted-Park in Kopenhagen. Bildhauerwerke von der Nacktheit wie dort, ein auf diese Weise ausgestatteter Park mit diesem Mangel an Feigenblättern würde an keinem Ort in Amerika und unter keiner Bedingung an irgendeinem Ort geduldet werden – und wenn die Stadt ihn zweimal gratis bekäme. Von dem moraljammernden Boston treibt über ganz Amerika ein Geist roher Prüderie, der die Vorstellungen sowohl der Künstler als auch des Publikums färbt und verfälscht. – Während nun die Amerikaner das gewissenhafteste Entsetzen vor einem Arm ohne Ärmel, einem Bein ohne Strumpf zeigen, sind sie unbegreiflich abgestumpft für die künstlerische, die seelische Schamlosigkeit,

die sich in ihrer Kunst ausbreitet. Hierzu rechne ich sowohl die Detektivgeschichten als auch die Eßzimmergemälde und außerdem ein gut Teil der patriotischen Bildhauerei. Man schreckt nicht davor zurück, Ausstellungsbesuchern unmögliche Hühner zu bieten, nur weil ein Krüppel diese Hühner gemacht hat, und man findet es ganz in Ordnung, wenn sich Betrachter um diese Zeichnung sammeln. Bei Kunsthändlern kann man die lächerlichsten Bilder zum Verkauf angeboten sehen, etwa wilde Elche in den Bergen, jeder mit einer Seidenschleife um das Geweih, oder einen einzelnen blanken Stern, durch das Fenster von einem Zimmer aus gesehen, wo alles im Mittagslicht liegt. In St. Louis, der Hauptstadt von Missouri und einem der größten Handelszentren der Union, wurden vor drei Jahren u.a. eine Partie Mehrfarbendrucke ausgestellt, auf denen man vergoldetes Wasser, himmelblaue Schafe und Menschen mit rosenroten Augen finden konnte. Wenn die Kunst auf diese Weise original wird, schweigt der Betrachter, er ist erschlagen. Er darf nur nicht lächeln, denn es ist alles ernst gemeint. Er steht auf amerikanischem Boden und betrachtet einen amerikanischen Kunstgegenstand; er muß die Offenbarungen der Kunst, wie sie auch seien, ebenso andächtig genießen, wie er die Musik der patriotischen Blechflöten, die durch die Straßen marschieren, genießt.

Ein großer Teil der Prüderie in der Kunst Amerikas läßt sich daraus erklären, daß die große Mehrzahl derer, die sich mit Kunst beschäftigen, *Frauen* sind. Dieser Umstand ist von Bedeutung, er ist eine wegweisende Erklärung für die Kunstanschauung eines ganzen Volkes. Die Frauen in Amerika sind führend in der Kunst ihres Landes, genau wie jetzt die Frauen Deutschlands in der Literatur *dieses* Landes führend sind – und sie mit ihrer Federvormacht zerstören. Es sind entweder Töchter reicher Männer, die ihre Kunst auf einer der 88 amerikanischen Akademien gelernt haben, oder es sind verheiratete Frauen, die sich aus eigenem Antrieb, aus Langeweile oder weil es zum guten Ton gehört, daran gemacht haben, zu Haus zu »künstlern«. Gemälde herzustellen ist in Amerika einfach eine weibliche Handarbeit; um das zu bemerken, braucht man nicht einmal sehr viele Familien drüben zu besuchen. Es scheint fast, als ob die amerikanischen Frauen glaubten, sie seien es sich schuldig, ein paar Hühner in die Welt zu setzen. Der feminine Einfluß, der wiederum vom Geist Bostons geformt worden ist, wirkt mit seiner Menge von Reichen in alle Kunst des Landes hinein. Und nicht nur die bildenden Künstler, sondern auch Dichter und Schauspieler ordnen sich ihm unter. Ich mache abermals darauf aufmerksam, daß es nichts nützt, wenn man die Kunst Amerikas mit der Ausrede entschuldigen will, es sei nicht zu erwarten, daß sie schon weiter gelangt sein könnte. Das wird als Beleidigung aufgefaßt, und man wird aufgefordert, man solle nur herkommen! Denn es gibt keine Zweifler im Land; am Himmel Amerikas gibt es keine Wolke. Das lebendige Gefühl ist noch nicht erwacht, daß die Kunst im Land Führung und Impulse von außen braucht; um Impulse zu erhalten, fordert das Land jährlich 2¼ Millionen. Dazu erwiderte man mir, daß man wohl auch in Europa die Kunst mit Zoll belege. Diese Entgegnung wurde ohne jede Ironie gemacht, durchaus in gutem Glauben; weiter zu denken war den Yankees unmöglich. Es gibt schließlich kein Land in Europa, das es sich nicht eher als Amerika leisten könnte, auf den Zustrom fremder Kunst zu verzichten, und – was noch mehr wiegt – es gibt kein Land in Europa, das so gute finanzielle Möglichkeiten wie Amerika hätte, auf den Zoll zu verzichten. In der Staatskasse liegt ein so riesiges ungenutztes Kapital, daß es, wenn man es auf einmal ausgäbe, den Umsatz des ganzen Landes völlig umstürzen würde. Es ist so groß, daß selbst die Amerikaner verdutzt darüber sind und nicht die geringste Möglichkeit sehen, wie sie es verwenden sollen. Wie bekannt, ist dieses Kapital auch in Amerikas Innenpolitik zu einem Streitpunkt geworden.

Man könnte hier einwenden, daß sich in letzter Zeit doch eine gewisse Neigung in Amerika abzeichnet, den Zoll auf Kunstwerke beträchtlich zu senken. Es ist nicht uninteressant, einmal zu untersuchen, wie tief diese Neigung reicht. Sie reicht in Wirklichkeit nicht tiefer, als sie im Jahr 1846 reichte. Auf mich macht die letzte Zollgesetzvorlage genau denselben Eindruck wie all ihre Vorgängerinnen. Es ist nämlich in diesem Land nicht das erste Mal, daß eine solche Vorlage eingebracht worden ist. Eine Vorlage, die in der einen Sitzungsperiode vom Kongreß angenommen worden ist, kann vom nächsten Kongreß ganz oder teilweise aufgehoben werden – je nach der politischen Farbe des nächsten regierenden Präsidenten oder des Senats. Im Jahr 1842 betrug der Einfuhrzoll auf Kunstwerke in Amerika 30%; im Jahr 1846 wurde er auf 20% gesenkt, und im Jahr 1857 schaffte man den Zoll ganz ab. Das galt vier Jahre lang. Im Jahr 1861 führte man den Kunstzoll wieder ein, in Höhe von 10%. Doch der Kongreß von 1883 unternahm einen patriotischen Kampfschritt, er wollte die Kunst des Landes »schützen« und der Welt die eigene Unabhängigkeit beweisen; er belastete Kunst des Auslands mit einem Einfuhrzoll von sage und schreibe 35%, höher also, als die Kunst jemals belastet worden war. Und so steht es noch jetzt. Zollgesetz-Vorlagen entstehen und verschwinden etwa mit jeder Präsidentenwahl in Amerika; man tut besser, sie nicht unbedingt als Freudenzeichen der Entwicklung zu betrachten; es sind lockere Vögel, Situationsprodukte. Und diese letzte Gesetzvorlage über die Senkung des Kunstzolls ist keineswegs Ausdruck für den erwachenden Drang der Amerikaner, sich von außen künstlerisch beeinflussen zu lassen, sondern lediglich die notwendige Folge der übrigen Zollsenkungen in den Vereinigten Staaten. Es galt, mit einem Schlag den ungeheuren Geldvorrat der Staatskasse zu vermindern, und so erhielt auch die Kunst ihren Tropfen, als französischer Wein und chinesisches Porzellan einen wahren Regen bekamen. Solche Vorlagen kommen und gehen in der Republik, es sind Wahlmanöver von dieser oder jener politischen Partei und werden nicht wegen der Kunst gemacht, sondern wegen des französischen Weins und des chinesischen Porzellans.

Nein, die Sache ist die, daß Amerika kein Kunstbewußtsein besitzt; es ist ein Land, wo die Kunst eine Eßzimmerdekoration ist. Wenn man nun daran erinnern möchte, daß die Kunst Europas schließlich doch einen Markt in Amerika habe, dann verhält es sich damit ebenso wie mit der Schwäche der Amerikaner für europäische Orden und Titel; dieses demokratische Volk verhält sich ihnen gegenüber nämlich keineswegs gleichgültig. In Washington, Boston und New York ist die Rangkrankheit ebenso verbreitet wie Zahnschmerzen und Nervosität; bitten Sie eine Dame in Washington um ihr Autogrammalbum, dann werden Sie sehen, wie viele Personen von Rang sie zu ihrem Bekanntenkreis zählt; es sind Namen mit den sonderbarsten Würdentiteln. Das letzte Mal reiste ich mit einer Dame aus New York nach Europa, deren einzige Besorgung in Europa die war, einen winzigen Titel bei ihren Vorfahren aufzuspüren, um sich auf diese Weise Zugang zur Aristokratie New Yorks zu verschaffen. Ohne eine neue Visitenkarte hätte es ihr nichts genützt, sich dort anzumelden; dazu war sie nicht reich genug. – Ebenso verhält es sich auch mit Amerika als Markt für europäische Kunst. Ein Amerikaner kann erst dann reich genannt werden, wenn er ein Schweizer Gebirge oder einen italienischen Schäfer in seinem Salon hängen hat; das verleiht dem Haus einen Rang, das ist ein Titel. Aber es ist ein Titel, der nicht adelt. Diese kunstkaufenden Ameri-

kaner haben genug Geld, um einmal mit ihrer Familie nach Europa zu reisen und in Pariser Hotels und bei Dampferfahrten auf dem Rhein eine Bildung zu vervollkommnen, die in Wirklichkeit noch gar nicht begonnen hat. Von dieser Tour bringen sie dann einige Bilder mit, weil es in Amerika Mode ist, so etwas als Erinnerungen an die Reisen zu besitzen. Im nächsten Jahr unternimmt die gleiche Familie eine Tour durch das eigene Land und bringt eine Erzknolle aus Kalifornien und eine indianische Tabakspfeife aus Wyoming mit – wiederum Erinnerungen, die zu besitzen ebenfalls Mode ist. Das eine ist so gut wie das andere.
Die Amerikaner haben Geld für die Kunst, deshalb kaufen sie sie; aber sie haben keine künstlerische Bildung, kein künstlerisches Verlangen. So werden in Amerika öffentlich Pläne gemacht, was man tun soll, um sich die Kunst Europas vom Leib zu halten; darüber wird in führenden Zeitschriften verhandelt.* Und wenn das in einem Land mit einer solchen Kunst geschehen kann wie der Amerikas, dann deshalb, weil die geistige Entwicklung in diesem Land auf einer tieferen Ebene steht, als dem Volk selbst bewußt ist.

---

* Um nur eine einzige Stelle zu nennen: *International Review* 1879.

DIE BÜHNENKUNST

I. Schauspiel und Schauspieler

Die Kunst, in der Amerika am meisten erreicht hat, ist zweifellos die Bühnenkunst. Schauspieler hat man dort drüben selbst in der Farce und der groben, nuancelosen Hanswurstkomik noch von hohem Rang. Die Amerikaner haben – außerhalb der Literatur und eines Teils ihrer bildenden Kunst – einen stark entwickelten Realitätssinn; über ihre Bühnen tobt Leben. Da fährt man mit Lokomotiven, mit Dampfern, reitet auf steigenden Pferden, schießt mit Kanonen und Revolvern – ach, wie da geschossen wird; der Pulverdampf ist bisweilen unerträglich für die armen Zuschauer. Der ganze Lärm des Lebens, von dem die Zeitungen voll sind, gelangt wieder auf die amerikanischen Bühnen. Aber es ist zu wenig Kunst in diesem brutalen Lärm, es wird zu grobe Kraft eingesetzt, um Wirkung zu erzielen. So fährt man die Wirkung auf der Lokomotive weg und schießt sie mit Kanonen nieder.
Es gibt nur zwei, höchstens drei Theater in ganz Amerika, die fest angestelltes Personal haben; im allgemeinen werden die Theater an reisende Truppen für einen oder mehrere Abende vermietet, in der Regel jedesmal für eine Woche. Diese Truppen reisen das ganze Jahr mit demselben Stück herum; wenn sie im Lauf des Jahres alle Bühnen Amerikas bespielt haben, machen sie die Tour im nächsten Jahr abermals, beginnend am Atlantik und endend an der Pazifikküste. Es besteht nicht viel Anlaß, in diesen umherziehenden Truppen mit seinem Pfund zu wuchern; man macht es wie die Dichter, die lernen einmal, was sie brauchen, und kön-

nen es dann. Um so bemerkenswerter ist es deshalb, daß sich unter solchen Bedingungen Bühnentalente von wirklicher Bedeutung in Amerika entwickeln lassen. Außer einigen Opernsängerinnen, die ja in Europa ausgebildet und deshalb ständig unter fremden Einflüssen erzogen worden sind, gibt es drei hervorragende Tragöden, die sich fast ausschließlich selbst auf dem Boden Amerikas ausgebildet haben; das sind Kean, Booth und Murphey.

Die beiden letzteren sind durchaus mit europäischen Shakespeare-Darstellern zu vergleichen, und schon das ist etwas Großes und Erfreuliches in einem Land wie Amerika, wo man sich so standhaft gegen jeden fremden Einfluß in der Kunst wehrt. Booth hat außerdem in seiner Künstlerlaufbahn die Antipathie eines ganzen Volkes zu überwinden; es war nämlich sein Bruder, der Abraham Lincoln ermordet hatte, und das erschwerte seine eigene Anerkennung ganz beträchtlich. Edwin Booth tritt jetzt seltener auf. Er hat sich ein großes Vermögen erspielt, außerdem ist er alt geworden. Im übrigen lebt er so liederlich, daß er auch aus diesem Grund immer unmöglicher wird. Er ist eine robuste Natur, in seiner Kunst hat er etwas von einem Schlachter, in seinem Leben liebt er die groben Genüsse – er ist Trinker. Man kann ihn berauscht in den schwersten Rollen sehen; aber er spielt ausgezeichnet, solange er sich nicht gehenläßt.

Über Murpheys Eigentümlichkeiten als Künstler wäre zu sagen, daß er – trotz seiner wirklich intelligenten Wiedergabe mehrerer shakespearescher Gestalten – zu weit innen auf der Bühne spielt, zuviel Platz einnimmt, zu sehr den Eindruck von Dampfkraft macht – eine Eigenheit, die er bei der Geburt von Gott mitbekommen hat, da er Amerikaner irischer Abstammung ist. Schauspieler Murphey schauspielert zuviel, er ist Richard III. im Schweiße seines Angesichts, er ist Heinrich IV. ohne jedes Maß. Aber vielleicht

wird er gerade aus diesem Grund soviel besser von seinem Publikum verstanden. Seine Kunst ist ein wenig amerikanisch, aber er spielt auch für Amerikaner.
Über Kean ist dagegen zu bemerken, daß dieser sympathische, langhaarige Herr eine vollkommen neue und eigentümliche Hamletgestalt geschaffen hat. Kean ist ein zutiefst ursprüngliches Gemüt; es gibt vielleicht nicht einen einzigen Zug in seinem Hamlet, der bei andern entlehnt ist; auch deshalb ist es ein Genuß, ihn in der Rolle zu sehen. Verblüfft sieht man einen guten Bekannten, den man nicht wiedererkennt, und in den Szenen, wo sein Gemüt stürmt, verspürt man einen Freudenschauer über solche geheimnisvolle Kunst. Die Hamletrolle hat Kean nämlich immer wieder den Verstand gekostet, drei- oder viermal ist er in Anstalten für Geisteskranke gewesen; jedesmal, wenn er herauskommt, tritt er wieder auf die Bretter und spielt Hamlet – bis es wieder soweit ist. Er hat als Wahn die verrückte Idee, daß er ein Nichts ist, höchstens ein Staubkorn, ein Punkt. Übrigens gibt es nicht sehr viele Amerikaner, die diese fixe Idee haben! Es liegt grauenhafte Wirklichkeit in Keans Spiel, nur seine Augen stehen wie zwei Splitter in seinem Kopf, und man sieht dann deutlich, wie der lauernde Wahnsinn unter seiner Stirn tobt. Er hat in England gespielt, doch dort verstand man ihn nicht, dort war nicht genug *beef* in seiner Kunst. Er ist auf seine eigenen Landsleute angewiesen, von denen ihn nur die besten verstehen. Bei keinem der Männer, die ich in Amerika getroffen habe, habe ich ein so innerliches Künstlergemüt gefunden wie bei Kean. Der Mann stellt nicht nur Tragödien, tragische Menschen, tragisches Leben dar, sondern sogar seine Darstellung der Tragödie wird tragisch, da man die hektische Unterströmung des Wahnsinns in seiner Kunst sieht und hört. Man sieht in Keans Darstellung des Hamlet sozusagen zwei Tragödien, die Tragödie Hamlets selbst und die des Dar-

stellers. Und wenn Kean, von seiner Kunst besessen, auf der Szene steht, dann ist seine Tragödie nicht weniger interessant als Shakespeares zum Teil etwas schwerer tragischer Lärm. Bei Kean ist die Kunst eine Naturmacht, er ist mit ihr geboren – und er wird wohl einmal an ihr sterben.
Leider hat Amerika nicht mehr Künstler vom Range Keans. Aber immerhin hat Amerika viele Schauspieler. Die tüchtigsten sind durchweg Iren. Diese begabten, frischen, munteren, diebischen irischen Einwanderer sind die besten Schauspieler im Land geworden. In der Farce ist ein Ire unentbehrlich; in der amerikanischen Farce ist ein eigenes Fach für ihn eingerichtet worden: das irische Fach. In den dramatisierten Detektivgeschichten ist er der Kriminalpolizist, der alles aufdeckt; in den patriotischen Kriegsstücken ist er der Spion, der in die Geheimnisse der Südstaaten eindringt; in den Dramen taucht er im letzten Augenblick als rettender Engel auf; in den erotischen Stücken ist er reich und erscheint als Vorsehung für zwei Liebende – der Erfolg eines Stückes hängt einfach von dem Iren ab. Es gibt eine Rolle, Ire zu sein. Und der Darsteller dieser Rolle muß Englisch mit irischem Akzent sprechen können, so daß er kaum zu verstehen ist; außerdem muß er stets rote Haare haben, glattrasiert sein und eine *Jig* tanzen können. Der Ire in einem amerikanischen Schauspiel ist der, der das Vergnügen bringt, der die Abwechslung einführt, wenn es durch einen flauen Liebeshandel zu einer steifen Viertelstunde gekommen war. Deshalb ist der »Ire« eine dankbare Rolle; wenn er hereinstürmt, empfängt ihn fast stets der Jubel des ganzen Theaters.
Wenn man von den wenigen Ausnahmen absieht, ist es eine recht primitive Kunst, mit der man auf dem amerikanischen Theater Bekanntschaft schließt. Es ist zu sehr Jahrmarktskunst. Die Darbietungen sind überall im Land fast gleich. Im *Grand* in New York habe ich Sachen gesehen, die später

in die Chicagoer Nachspieltheater kamen, und umgekehrt habe ich Stücke auf zweitklassigen Bühnen in Chicago gesehen, die später im *Grand* in Boston erschienen. Selbst auf der größten Bühne von Chicago kann man oft Kunst sehen, die man bei uns in Skandinavien auch auf der letzten Kleinstadtbühne nicht zu bieten wagen würde. Das liegt weniger an den Schauspielern als am Schauspiel. Es gibt viele brauchbare Kräfte an den amerikanischen Bühnen, die in ihrem ganzen Leben keine andern Aufgaben bekommen, als entweder stets Iren oder stets Neger darzustellen. Ein echtes amerikanisches Schauspiel hat keineswegs eine von Anfang bis Ende zusammenhängende Handlung; es setzt sich aus einer Unzahl von Szenen zusammen, die kleine Dramen für sich bilden und nicht unbedingt in Verbindung zum vorhergehenden oder folgenden stehen. Es geht nicht darum, eine Gesamtwirkung hervorzubringen – das wäre, als ob man eine Lokomotive nach der letzten Dialogzeile über die Bühne dampfen ließe –, worum es vielmehr geht, ist, die gegebenen Situationen so darzustellen, daß jede für sich Eindruck macht und die Zuschauer veranlaßt zu klatschen, zu weinen oder zu lachen. Das beruht weniger auf dem Zusammenhang des Schauspiels als auf einem amüsanten Dialog und auf den glücklichen Umständen, unter denen der Ire erscheint. Ein Stück mit Anfang und Ende, eine dramatische Dichtung ist selten in einem amerikanischen Theater zu sehen, deshalb schreibt man dort drüben auch Schauspiele über die unglaublichsten Sachen. Um nun nicht gerade »Onkel Toms Hütte«, »Oliver Twist« und die »Schlacht von Atlanta« zu nennen – die Amerikaner machen auch über die Anarchisten in Chicago Schauspiele; sie können Stücke über Adreßkalender, über zwei Hühner, über den Suezkanal schreiben; sie könnten auch das Einmaleins dramatisieren. Es ist einfach nicht darzustellen, worüber die Amerikaner Schauspiele machen können.

Das amerikanische Schauspiel ist die Farce. Der Ausstattungsschwank. Nächst einem guten Iren kommt es auf die wahnwitzigsten Lärmeffekte in der Art von Kanonendonner und Blutbad an; danach ist schließlich die Pracht der Dekorationen wichtig. Diese Ausstattung hat in einem amerikanischen Schauspiel eine solche Bedeutung, daß sie mit den fettesten Lettern auf den Plakaten angekündigt wird – »realistische Szenerie« heißt es da. Es wird ausdrücklich hervorgehoben, daß das Personal neue Kostüme erhalten hat, und man gibt die Preise für die Schmuckstücke der Primadonna an. Stets wird auf den Plakaten verheißen, daß eine so über die Maßen prachtvolle Ausstattung in der betreffenden Stadt noch niemals zu sehen gewesen sei; man erwarte deshalb, daß alle Leute kommen würden, um sich dieses Juwel von einem Schauspiel anzusehen. – Da nun also die Dekoration von so großer Bedeutung im amerikanischen Schauspiel ist und da man überdies weiß, daß der technische Sinn der Amerikaner am stärksten entwickelt ist, sollte man meinen, daß einen nun ein Wunder an Ausstattung erwartet. Doch weit gefehlt. Es mangelt den Amerikanern an künstlerischem Geist oder an intelligentem Geschmack, um die Ausstattung mit dem Stück, das gerade gespielt wird, und die verschiedenen Dekorationsteile miteinander in Einklang zu bringen. Ich habe auf der berühmtesten Bühne von New York ein Ausstattungsstück gesehen, einen wahren Dekorations-Trumpf. Da gab es Berge, wie ich sie in Norwegen nie gesehen habe, einen Pappwald, Papptiere, Pappvögel, einen Pappelefanten, so schwer wie – ein Uhrschlüssel. Alles war aus der steifsten, leblosesten Pappe. Mitten in dieser Pappwelt schien währenddessen eine Abendsonne, die wirklich ein technisches Kunststück war. Sie gab das Licht in der Sonne Amerikas wieder und narrte die Zuschauer, so daß sie vergaßen, wo sie sich befanden, sie gab den wechselnden Schein, je nachdem, wie tief sie sank, mit ebenso trügerischer Naturtreue wieder: Sie gießt das Licht nach allen Seiten aus, läßt es über die Landschaft hinausschäumen; sie sinkt und sinkt, das Licht wird gedämpft, der starrende Messingglanz nimmt ab und läuft in mattem Gold an; die Sonne sinkt weiter, das Licht wird kalt und rot, es sickert blutig und erlöschend über die Berggipfel hin, nimmt einen Ton von Grün an, sieht aus wie ein schleierartiges Gewebe, wird bleifarben. Und die Sonne sinkt und sinkt... Eine solche Sonne ließ man über der Papplandschaft, über Bergen und Flüssen leuchten, die wackelten und bebten, wenn man in den Kulissen nur eine Schürze bewegte. Das war künstlerisches Brachland im Sonnenlicht! Diese Landschaft war mausetot; das einzige Lebendige darin war außer der Sonne ein Mann. Dieser Mann sollte über einen der Berge im Hintergrund steigen, denn hinter dem Berg wohnte seine Geliebte. Und der Mann machte sich auf den Weg. – Wenn da nun ein Mann ist, der über den Berg muß, und es ein Mann mit allen fünf Sinnen ist, so geht er so weit wie möglich in eine Richtung. Doch nicht dieser Mann. Er ging hier und dort in den Pappwald hinein, um dem Publikum zu zeigen, daß er ging, vorüber an den Pappvögeln, die sich seinetwegen nicht von der Stelle rührten, an einem Stück Klippe vorüber, das bei seinen Schritten in den Grundfesten erbebte, passierte einen Pappbach, den er trockenen Fußes überquerte, weiter an dem Uhrschlüssel vorbei, kehrte um, ging wie ein Rasender, mühte sich ab wie ein Besessener, hierhin, dahin, hierhin, dahin – endlich verschwand er in einer Kulisse. Zu gedämpfter Musik sank schließlich die Sonne, und die Nacht fiel ein. Eine Szene verging, eine Szene von acht Minuten; in dem darauf folgenden Auftritt war der Mann bereits zurückgekommen, und in einem Monolog von einer halben Meile berichtet er sich selbst und dem Publikum, wie er die weite Reise über die Berge zurückgelegt hatte – woraufhin

jeder Mensch im Theater bei seinem Leben schwören konnte, daß er das *nicht* getan hatte.
Wovon die Amerikaner überhaupt nichts wissen, ist eine *gleitende* Szene, die es einem Schauspieler, der über einen Berg muß, ermöglicht, in einer Richtung zu gehen, eine halbe Stunde lang, ohne sich die Nase am Hintergrund zu stoßen oder in die Kulissen laufen zu müssen.
Häufig gibt man sogenannte »französische« Stücke auf den amerikanischen Theatern; es versteht sich von selbst, daß diese Stücke Frankreich niemals gesehen haben; die Amerikaner haben aus der Zeitung nur Witterung bekommen, daß Frankreich im Hinblick auf die dramatische Kunst nicht so überwältigend tief unter Dakota steht – und deshalb spielen sie französische Stücke! In diesen Stücken, die stets Ausstattungspossen sind, kann man im gleichen Stück die gleiche Bühnendekoration für eine Galeerenkolonie in Toulon wie für ein Bürgerhaus in Marseille sehen, und in etwas weniger französischen, also ein wenig mehr amerikanischen Schauspielen kann man denselben Hintergrund für einen türkischen Harem wie für eine amerikanische Schankstube sehen. Die Amerikaner gehen nicht davon aus, daß eine Dekoration unbedingt im Zusammenhang mit dem gegebenen Stück stehen muß. Sind sie auf etwas Hübsches zum Vorzeigen gestoßen, so stellen sie es ohne weiteres auf, ohne Rücksicht darauf, ob nun ein Prärieabenteuer oder ein Großstadtdrama gespielt werden soll.
Man gewinnt nicht das größte Vertrauen zum Sinn der Amerikaner für Ausstattung, wenn man sie ein wenig näher kennenlernt; ihr Sinn dafür ist wenig zivilisiert und völlig ungeschult. Könnten sich die Amerikaner eine solche Ausstattungskunst ausdenken, wie sie Ludwig von Bayern schuf, oder hätten sie eine Ahnung von der hinreißenden Pracht der gleitenden Feenlandschaften aus *Urvasi*, dann würden sie vielleicht mit kleineren Lettern über ihren eige-

nen üppig prachtvollen Pappwald reden. Aber die Kunst kennen die Yankees nicht, und die Kunst will sie nicht kennen; sie wollen sich auf diesem Gebiet der Kunst auch nicht belehren lassen. Ihre Selbstzufriedenheit ist konsequent bis zum äußersten.

II. Fremdenfeindschaft

Hin und wieder steht in unsern Zeitungen, daß an dem und dem Tag Ibsens »Gespenster« in New York über die Bühne gegangen seien und daß an einem andern Tag Sardou in einer der westlicheren Städte gespielt werde. »Gespenster« ist *niemals* in New York aufgeführt worden und Sardou *nicht in einer einzigen* amerikanischen Stadt gespielt worden.* Von den »Gespenstern« hat man in New York nur die nicht anstößigen Szenen gespielt, man hat alles Gespenstische aus dem Drama »herausgesiebt« und das Stück so aufgeführt, daß es einfach nicht wiederzuerkennen war. Als Beweis dafür, wie barbarisch man dieses Stück entstellt hat, brauche ich nur zu erwähnen, daß in der ohnehin verstümmelten Schlußszene einige Verse gesprochen wurden, mit denen Frau Alving das Publikum belustigen sollte, ehe der Vorhang fiel. Daß »Gespenster« in New York aufgeführt worden sei, kann man deshalb schlicht und einfach als halbe Wahrheit bezeichnen. – Was Sardou betrifft, so habe ich seinen Namen mehrmals auf amerikanischen Theaterplakaten gesehen; doch wollte man darauf schließen, daß Sardou auch wirklich aufgeführt worden sei, so ginge man entschieden fehl. Es geht mit ihm wie mit Ibsen; man siebt seine Dramen, nimmt sie auseinander, löst sie auf, macht eine Unzahl von Szenen daraus und versieht diese mit einer Irenrolle, in der es entweder ein paar Verse oder eine *Jig* gibt. Sardou ist auf keiner einzigen amerikanischen Bühne aufgeführt worden – nicht in englischer Sprache und nicht von Amerikanern.

---

* Ausgenommen wenn Sarah Bernhardt Sardous Stücke in ihrem Tournee-Repertoire gehabt hat.

Könnte man die Geschichte bestätigen, daß sowohl Ibsen als auch Sardou und Dumas in Amerika gespielt worden seien und gespielt würden, dann wäre auch mit einem Schlag bewiesen, daß Amerikas Bühne eine moderne Bühne ist, wo man im Geist der Zeit arbeitet. Ein Einfuhrzoll auf ausländische dramatische Produkte wäre dann lediglich eine wirtschaftliche Frage für die Staatskasse. Aber dieser Einfuhrzoll ist eben nicht zu allererst eine wirtschaftliche Frage für die Staatskasse. Er ist zu allererst eine Folge des nationalen Selbstgenügsamkeitsgefühls. In Wirklichkeit ist man – auch auf dem dramatischen Gebiet – in Amerika der modernen Kunst gegenüber sehr feindlich eingestellt. Wie verhält man sich dann, wenn beispielsweise Sarah Bernhardt kommt? Man schreit und lärmt wegen der hohen Eintrittspreise, darüber, daß sie es noch nicht fertig gebracht habe, englisch zu lernen, daß sie schließlich und endlich doch ein irres Frauenzimmer sei, von der vernünftige Leute nichts lernen könnten. Man geht sogar noch weiter. Die Presse warnt die Mütter der Stadt vor der »Verrückten«; sie habe eine Schlange mitgebracht, sagt die Presse, mit dieser Schlange an der Brust schlafe sie nachts, und sie sei imstande, diese Schlange eines schönen Tages loszulassen. Die Presse geht sogar noch weiter. Aus heiligem Patriotismus rät sie den Leuten davon ab, einer Ausländerin solch hohe Preise zu zahlen, statt das Geld für einen späteren Abend aufzuheben, wenn ein echter nationaler Pappwald gespielt wird. Ist das denn nun alles? Keineswegs! Die Presse warnt alle anständigen Menschen davor, sich Sarah Bernhardt anzusehen; denn was Sarah Bernhardt betreffe, so habe sie ein illegitimes Kind; man könne sie leider nicht im Haus haben, da sie so gut wie ein öffentliches Frauenzimmer sei. – Den Beweis dafür, daß ich richtig referiert habe, kann man sich u. a. in Minneapolis verschaffen – der Stadt von der Größe Kopenhagens –, wo diese Warnung vor Sarah Bernhardts

Kunst im Juni 1886 in der größten Zeitung der Stadt stand. Es ist nicht so, daß die große, reife Bühnenkunst ungehinderten Zugang nach Amerika hätte, ebensowenig wie moderne Kunst dort willkommen ist. Es muß schon eine Kunst mit jedermanns Bostonmoral sein, andernfalls wird sie »gesiebt«, verstümmelt, amerikanisiert. In letzter Zeit ist im Yankeeland eine starke Bewegung im Gang, die auf nicht weniger aus ist, als mit Hilfe eines ungeheuren Zolldrucks, ausländische Schauspieler am Auftreten in Amerika zu hindern. Im Dezember erschien eine Delegation amerikanischer Schauspieler vor dem Einwanderungsausschuß in Washington und beantragte Schutz vor dem Eindringen der modernen Bühnenkunst. Die Bewegung will ohne jeden Zweifel dem neuen Zollgesetz der Vereinigten Staaten auch ihren Stempel aufdrücken. Zwei von den großen Blättern des Ostens, der *New York Herald* und die *Evening Post*, haben sich gegen diesen letzten Ausbruch patriotischer Ästhetik ausgesprochen, jedoch nicht aus künstlerischen, sondern lediglich aus politischen Gründen. Diese beiden Zeitungen sind nämlich freihandelsfreundlich und müssen in dieser Eigenschaft gegen jeden Schutzzoll kämpfen, in welcher Form er sich auch äußern mag. Der *New York Herald* schreibt sogar: »Wir halten den Schutzzoll nicht für einen Segen für uns; wenn er jedoch schließlich eingeführt werden soll, dann wollen wir den Schritt auch bis zu Ende gehen.« Eine Bewegung, die von den bekanntesten Künstlern Amerikas, Booth, Jefferson, Barret, und einer Mittelmäßigkeit namens Boucicault* geführt wird, kann nicht ohne Wirkung bleiben. Ich habe Keans Namen unter diesen patriotischen Schauspielern gesucht, aber nicht gefunden – abermals ein Zeugnis für seine feine Künstlerseele. Bouci-

* Dion Boucicault (1822–1890), in Dublin geborener irisch-amerikanischer Schauspieler und Bühnenschriftsteller (A.d.Ü.)

cault dagegen – jede bedeutendere Bühne wäre reicher, wenn er nicht dort aufträte – spricht und schreibt wie ein Mann, der über die größten künstlerischen Kenntnisse im Land verfügt. »Ich sehe die Zeit kommen«, sagt er, »wo man in London Schauspielertruppen organisiert, die in den Vereinigten Staaten auf Tournee gehen werden. Und da unsere lieben Landsleute stets das Ausländische bevorzugen (!), wird den amerikanischen Schauspielern nichts anderes übrig bleiben, als auf die Prärien hinauszugehen und dort zu versuchen, das Allernotwendigste für den Lebensunterhalt zu verdienen.« Ferner äußert dieser Boucicault in New York: »Ich sehe nicht ein, weshalb unsere Profession ausgenommen werden soll, wenn Handel und Industrie gegen importierte Arbeit geschützt werden. Ich glaube, daß die Bewegung, die wir jetzt in Gang gesetzt haben, eine herrliche Bewegung ist, und hoffe, daß wir sie weiterführen können. Englische oder andere europäische Künstler vorzuführen und dabei in den Vordergrund zu stellen, heißt einfach, dem amerikanischen Publikum einen Schlag ins Gesicht zu versetzen. Die amerikanischen Schauspieler und Schauspielerinnen sind ohne Ausnahme die besten auf der Welt, aber ich weiß, daß Hunderte von ihnen wegen der Ausländer daran gehindert werden würden, ihr Brot zu verdienen. Wenn ich eine Theaterkompanie bilden sollte und wenn ich sie in jeder Hinsicht vollkommen haben wollte, würde ich für jedes einzelne Fach Amerikaner wählen.« Diese weise Äußerung kommentiert die Zeitschrift *America* mit folgenden Bemerkungen: »Unsere Schauspieler haben unbedingt recht in ihren Bestrebungen. Dion Boucicault hat Meinung und Gefühle des echten Amerikaners ausgedrückt, und seine Worte haben das größte Gewicht, da sie von einem Mann kommen, der auf Grund seiner Stellung weiß, wovon er spricht.«
Auf diese Weise ist das bißchen Bühnenkunst, das Europa

bisher die Ehre hatte, Amerika lehren zu dürfen, auf dem besten Weg, zerstört zu werden. Und die Schauspieler des Landes ziehen hurrarufend in den reizendsten Bewegungen davon in die Vergangenheit. Nur ein einziger Künstler bleibt zurück, der größte von allen, Kean. –

Der einzige Dramatiker, dessen Werke man – im Gegensatz zu denen von Ibsen und Sardou – ungekürzt in Amerika aufzuführen versucht, ist Shakespeare. Ein paar Worte werden erklären, weshalb die Yankees diese Ausnahme für Shakespeares Werke machen. Shakespeare ist der universelle Geist, der große, alte Meister. Das Gemütsleben, das Shakespeare darstellt, ist ganz anders als das unsere: brutal einfach. Seine Liebe, der Zorn, die Verzweiflung und Fröhlichkeit haben vor lauter Gewaltsamkeit einen Knacks. Wir begreifen, daß diese schroffen Gemütsbewegungen ohne Nuancen, ohne Unterschiede zu überaus leidenschaftlichen Menschen einer vergangenen Zeit gehören – demnach ist Shakespeare ein unmoderner Psychologe. Meiner unmaßgeblichen Meinung nach ist Shakespeare nicht etwa zu alt, aber er ist immerhin alt. Es ist so wenig Differenziertheit in seinen Gefühlen, sie gehen geradewegs ohne zufällige und widerstreitende Verzögerung auf den Abgrund der Extreme zu. Hamlets Psychologie ist eine Oase, aber es gibt kleine Wüsten in dieser Oase. Shakespeares Dramatik ist ebenso einfach und undifferenziert wie das Gemütsleben, das er darstellt; im Vergleich mit modernen Dramatikern ist diese Dramatik überaus naiv. So begeben sich etwa im »Othello« die wunderbarsten Sachen, nur weil ein Taschentuch zu Boden fällt. Shakespeare ist kein moderner Dramatiker, aber ein Dramatiker bleibt er bis zum Ende der Tage.

Shakespeare wird also auf den amerikanischen Bühnen gespielt, weil er erstens der große alte Meister ist und auf den Bühnen der ganzen Welt gespielt wird, weil er zweitens Antiquität besitzt – seine Dichtung stammt ja aus der Zeit vor 1700 – und weil man in Amerika Shakespeare als einen halben Amerikaner betrachtet, als Nationaleigentum. Wenn man weiß, daß die Amerikaner so gut wie versucht haben, selbst Napoleon III. zum Amerikaner zu machen, dann kann es kaum überraschen, daß auch Shakespeare dieses Schicksal blüht. Man findet, er habe es verdient, man glaubt wirklich, er sei es wert. Deshalb hängt man sein Bild über die Bühne. Weshalb sollte man sein Bild nicht über die Bühne hängen? Shakespeare war ein Mann, dessen sich keine Nation zu schämen braucht. Dennoch will man sich keinen Vorbehalt nehmen lassen. Wenn man einen Ausländer über der Bühne hängen hat oder wenigstens einen Mann, dessen tatsächliche Geburt in Amerika doch bestritten werden könnte, dann will man auch ein paar andere über der Bühne hängen haben, die, woran keine Menschenseele zweifeln kann, Amerikaner waren, und deshalb hängt man noch ein paar andere auf. Da nun Amerika aber keine Dramendichter hat, wurden, wie man meinen könnte, selbstverständlich die größten Schauspieler des Landes für diesen Platz zur Seite Shakespeares ausgewählt. Doch weder Kean oder Booth noch Mary Anderson* sind es, die man dort sieht. Es sind vielmehr George Washington und Abraham Lincoln, die da hängen, Shakespeare zwischen sich. Wenn man das sieht, hat man das Gefühl, daß Shakespeare in eine äußerst künstlerische Gesellschaft geraten sei! Das ist abermals lediglich Patriotismus. Eine amerikanische Bühne soll sich nicht zu allererst damit befassen, das darzustellen, was die Zeit, die Welt bewegt; sie soll zu allererst *amerikanische* Geschichten auf den Markt bringen; es soll eine patriotische Bühne sein; politisch soll sie entweder republikanisch oder

---

* Mary Anderson verehel. Mss. Antonio de Navarro (1859–1940), amerikanische Shakespeare-Darstellerin (A.d.Ü.)

demokratisch spielen. Bei den Vorstellungen am 4. Juli hat man hin und wieder einen nahezu lebensgefährlichen Anlaß zu erfahren, was die amerikanischen Bühnen doch für beschwerliche patriotische Bühnen sind.

Wenn ich in amerikanischen Theatern gesessen und, weil ich mich langweilte, die Anzeigen im Programmheft gelesen habe, ist es mir oft passiert, daß ich durch den plötzlich einsetzenden Beifall der Zuschauer – rasendes Händeklatschen und Bravorufe, die das ganze Theater erschütterten – aus meiner Gleichgültigkeit herausgerissen wurde. Was geht da vor? Ich blicke zur Bühne hinauf – nein, nichts Ungewöhnliches; ein Mann steht da und hält einen Monolog, eine halbe Meile lang. Äußerst erstaunt frage ich meinen Nachbarn, was denn da geschehen sei. Ja, sagt mein Nachbar und applaudiert so begeistert, daß er kaum sprechen kann, ja, sagt er also, George Washington! sagt er. – Es kommt manchmal tatsächlich vor, daß der Mann oben auf der Bühne im Lauf eines Monologs den Namen George Washington nennt. Mehr nicht. Das genügt schon. Das genügt, um ganze Menschenmassen zu elektrisieren, um sie lauter lärmen zu lassen, als es in einer Kesselfabrik lärmt. Man ruft, johlt, stößt mit Schirmen und Stöcken auf den Fußboden, schießt mit Papierkugeln auf diejenigen, die nicht mitlärmen, wirft mit Taschentüchern und pfeift auf Hausschlüsseln – alles wegen des Namens George Washington! Nun sollte man doch meinen, daß man diesen Namen hören kann, ohne gleich fünf Minuten lang den Verstand zu verlieren; aber das kann man nur glauben, solange man den amerikanischen Patriotismus nicht kennt. Die Amerikaner sind in ihrem Patriotismus nämlich so eifrig, daß nicht einmal ihre Schauspielkunst der Entstellung durch diesen abgeschmackten Einfluß entgeht. Es ist Kunst, einen Monolog durch die Nennung des Namens George Washington aufzuputzen! Und es ist die selbstver-

ständliche Bürger- und Menschenpflicht, bei diesem Namen zu klatschen, sobald man ihn hört.
Genau das ist es, was dem amerikanischen Theater fehlt: *Kunstgeist*. Es gibt brauchbare Bühnenkräfte und es gibt Shakespeares Dramen, aber den Geist gibt es nicht. Man spürt diesen Mangel an geistiger Einstimmung sofort, wenn man ein amerikanisches Theater betritt. Man befindet sich nicht in einer Bildungsstätte, einem Tempel der Kultur, sondern in einem flott ausgestatteten Komödiantenladen, wo man Ausstattungspossen sieht und irische Witze hört. Man wird jeden Augenblick gestört. Von der Galerie regnet es Zigarrenstummel und Nußschalen, die den Leuten auf die Köpfe fallen; Kellner fahren herum und rufen Mineralwasser in Gläsern und Zuckerzeug in Beuteln aus; es wird gekauft und verkauft; man klimpert mit Geld, flüstert, redet laut, berichtet sich gegenseitig von den Marktpreisen und der Weizenernte. Dann kommt ein Mann und verteilt Programme für die nächste Woche; diese entsprechen völlig dem Geist in allem übrigen; sie gleichen völlig einer amerikanischen Bankanweisung (siehe nächste Seite). Alles ist Geschäft, Humbug und Ungeist.
Dieses Publikum fühlt sich künstlerisch auch nicht mitverantwortlich für das, was an Pannen und allzugroben Fehlern auf der Bühne geschieht; es stellt keine Forderungen an die Kunst, weil es selbst ohne künstlerische Bildung ist; es will sich amüsieren und etwas von Patriotismus hören. Es kommt also äußerst wenig von außen, was diese Schauspieler anspornen und dazu bringen könnte, ihr Bestes zu geben. Es gibt wenige Menschen, von denen sie Verständnis, und noch weniger, von denen sie eine vernünftige Kritik erwarten können. Das prägt den Vorstellungen nur allzuoft einen deutlichen Stempel auf. Die Spielenden geben sich gegenseitig in voller Lautstärke die Stichworte, und darüber pflegt das Publikum zu lachen; Theodora kann mausetot im

Bett liegen, die Augen aufschlagen und wieder schließen – auch darüber pflegt das Publikum zu lachen. Die Schauspieler werden wirklich nicht ausgepfiffen, wenn sie absichtlich und um Gelächter zu erregen, die mühsam erarbeitete Illusion der Zuschauer zerstören. Im Gegenteil. Man hat nicht die geringsten Bedenken auf den amerikanischen Bühnen, dem Zuschauer seine Illusionen zu nehmen. Im »Oliver Twist« sah ich einen Herrn barhaupt auf der Straße gehen. Die Szene stellte eine Londoner Straße dar, aber der Mann, der die Rolle von Olivers Wohltäter in dem Stück spielte, wollte sich seinem Publikum offenbar als Mann von Lebensart zeigen. Er wollte also seinen Zylinder zu Haus ablegen, bevor er auf Londons Straßen hinausging, um Gutes zu tun. – In einem nationalen Stück sah ich folgendes: Die Bühne zeigt ein Lager im Krieg. Ein junger Militär kommt in das Lager herein; es ist ein Ire, d.h. ein Spion; er entdeckt wichtige Dinge und muß unbedingt eine Depesche an seine Freunde im andern Lager absenden. Bekommt natürlich keine Möglichkeit dazu. Nimmt einen Bogen, der dort auf dem Boden liegt – weshalb liegt der Bogen übrigens auf dem Fußboden? Es ist kein Indianerkrieg, sondern ein moderner Krieg mit Gewehren – nun gut, er nimmt diesen Bogen, steckt die Depesche in den Pfeil, legt diesen auf die Sehne – und schießt! Der Pfeil fällt herunter. Der Pfeil ist also heruntergefallen. Wir haben es alle gesehen, daß der Pfeil herunterfiel. Glaubt man nun etwa, daß der Pfeil deshalb nicht im andern Lager angekommen sei? Weit gefehlt! Der Ire hatte da einen Mann, der sich hinstellte und erzählte, welchen Weg der Pfeil nahm: Er bohrte sich durch die Luft, weit, weit hindurch, schnitt wie ein Splint durch den Äther, blitzte, pfiff, sauste davon – und fiel endlich den Freunden im andern Lager vor die Füße! Da klatschten die Yankees auf jedem Platz im Theater – die Nordstaaten waren gerettet! Aber der Pfeil lag auf dem

Fußboden. – Es war keineswegs eine Panne mit dem Pfeil. Ich ließ es mir nicht nehmen, diese Leistung zu kontrollieren; das Stück wurde Abend für Abend gegeben, doch mit dem Pfeil wurde es nicht besser; sobald er abgeschossen wurde, fiel er zu Boden. Aber da er trotzdem viereinhalb englische Meilen durch die Luft jagte, bestand kein Grund, viel Aufhebens davon zu machen. Was auch nicht geschah. Zu den illusionzerstörenden Dingen, die sich auf einer amerikanischen Bühne ereignen, gehört auch der Bühnenumbau vor den Augen des Publikums und bei vollem Licht; dieser Umbau wird bei offener Bühne auch in Fällen vorgenommen, wo man keineswegs dazu gezwungen wäre; er wird also in *allen* Fällen vorgenommen. Wenn man weiß, wie sich ein amerikanisches Schauspiel zusammensetzt, nämlich aus einer Unzahl der verschiedenartigsten Szenen ohne Zusammenhang, dann kann man sich vorstellen, wie oft dieser Szenenwechsel bei offener Bühne vor sich geht. Man wird ständig aus der Illusion gerissen. – Man sitzt da und blickt auf eine Szene, die eine Straße in San Francisco darstellt. Und da gehen plötzlich zwei Männer hinter die Dekoration, und jeder zieht mit seiner halben Straße in San Francisco davon, so daß es alle Leute im Theater sehen; es wird nicht eine Lampe gelöscht. Als nächstes kommt ein Auftritt am Mississippi. Beim Szenenwechsel teilt man den Fluß, zieht mit den beiden Hälften des Mississippi ab – und das Wasser steht wie eine Wand auf der rechten und der linken Seite, wie es in der Bibel geschrieben steht. Keine Lampe wird gelöscht; die elektrischen Lampen strahlen fanatisch hell über der Zerstörung. –

Ein wenig Kunstgeist dürfte also wohl auch der Bühnenkunst Amerikas fehlen, ein bißchen Intelligenz, ein Hauch der reinen Kunst.

DIE AUSWIRKUNGEN DES GEISTESLEBENS

I. Freiheitsbegriffe

Es ist in Europa lange Zeit allgemeine journalistische Praxis gewesen, die amerikanische Freiheit als Vorbild dafür zu gebrauchen, wie Freiheit beschaffen sein soll und muß. Die Herren Journalisten wissen so wenig, was sie tun! Die Linken schreien aus Prinzip, die Rechten protestieren aus Gewohnheit; es ist ein unaufhaltsames Klippklipp, das nur in den allerseltensten Fällen auf persönlichen Erfahrungen beruht.

Um nur die Einzelheiten zusammenzufassen, die in den bisherigen Abschnitten besprochen wurden, so hat sich die amerikanische *Geistes*freiheit in folgenden Dingen geäußert: sie bestrafen eine Zeitung, weil diese einräumt, daß der Kongreß eine parlamentarische Dummheit begangen hat; sie zwingen einen Schüler aus einer *common* Schule, Jesus um Entschuldigung zu bitten, weil er in der Rechenstunde Papierkugeln geworfen hat; sie bestrafen einen Schriftsteller mit Boykott, weil er ein bißchen von dem Humbug bei der Tugend der Amerikanerinnen verraten hat; sie zwingen einen andern Schriftsteller zu schweigen, weil sein Buch Spuren europäischer Einflüsse aufweist; sie belegen die moderne Kultur mit einem Einfuhrzoll von 35 Prozent; sie verstümmeln Zolas Bücher und dulden sie nicht in den Buchhandlungen*; sie verbieten den Malern,

* Im Monat Oktober (1889) wurde schließlich die Einfuhr von *La Terre* »aufgrund seiner Unsittlichkeit« verboten.

unzugeknöpfte Schäfer darzustellen; sie verleumden Sarah Bernhardt, weil die Künstlerin als Mensch einen Knopf geöffnet hat – schon diese wenigen Beispiele, aufs Geratewohl genommen, zeigt etwas von der Art der Geistesfreiheit in Amerika.

Wenden wir uns nun der *sozialen* Freiheit zu, so illustrieren einige der bereits vorgetragenen Punkte auch dies: Es ist Bürgerpflicht, bei der Nennung von George Washingtons Namen zu klatschen; doch ungestraft darf man einen Mann mit Zigarrenstummeln und Nußschalen an einem öffentlichen Ort bewerfen, weil er nicht hingerissen ist, wenn er diesen Namen hört; ein Einwanderer muß häufig leugnen, daß er im Ausland geboren ist, damit ihn ein Yankee einstellt; während man einige tausend afrikanische Halbaffen freiließ, saßen mehr als eine Million kleiner Kinder in gesetzlich gestatteter Sklaverei; schließlich hat eine Dame ohne Geld und Adel keinen Zugang zu gewissen amerikanischen Wohnungen. Es ist ein bißchen naiv, eine solche Freiheit als Vorbild für die Freiheit überhaupt hinzustellen; dies ist eine Freiheit mit Bedingungen.

Die Freiheit in Amerika ist erstens unverhältnismäßig und unharmonisch – wie alles in diesem Land. Man merkt sofort, daß sie nicht Ergebnis einer längeren fortschreitenden Entwicklung ist, sondern in vielerlei Hinsicht nur das Resultat eines überstürzt getroffenen Kongreßbeschlusses. Sie ist formlos, ohne Gleichgewicht und Zusammenhang. Amerika bietet so viel Freiheit, daß man auf offener Straße einen Mann niederschießen kann, weil er in einem Laden in Gegenwart einer Dame geflucht hat; doch auf den Fußboden spucken und die Zigarre brennen lassen, wo man will, das darf man nicht. Soviel Freiheit gibt es nun wieder nicht! Die amerikanische Freiheit ist in kleinen Dingen genauso lächerlich eng und ängstlich, wie sie in den großen der Verfassung entsprechend weit und liberal ist. Wenn ein Einwanderer beispielsweise in New York an Land geht, so nimmt man ihm sofort sein feststehendes Messer weg, das er in der Scheide trägt und das er braucht, um den Tabak für seine Pfeife damit zu schneiden; man erlaubt ihm jedoch, in jeder Hüfttasche einen Revolver zu tragen, wenn er Lust dazu hat, weil der Revolver das nationale Mordwerkzeug ist.

Die Freiheit ist zum andern nicht immer eine freiwillige, sondern oft eine erzwungene, eine vom Gesetz befohlene Freiheit. Der Kongreß hält seine Sitzungen und macht Gesetze dafür, wie man zu sein verpflichtet ist, statt lediglich zu verbieten, wie man *nicht* sein darf. Man stößt auf eine Reihe von Beispielen für die vom Gesetz befohlene Freiheit in Amerika. Der »Washingtontag« ist ein gebotener freier Tag, der jedes Jahr den Schulplan weit mehr verrückt als irgendein Heiligentag; doch an diesem Tag ist man verpflichtet, frei zu sein. Im Jahr 1868 tauchte in der Republik ein Schriftsteller auf, der erklärte, er glaube an das Königtum; der Mann hieß Fred Nicolls und sein Buch *Thoughts* (Gedanken). Mit dem Mann ging es verrückt zu; er hatte sich niemals verpflichtet gefühlt, frei zu sein. Er wurde von den Zeitungen und bei Volksversammlungen so behandelt, daß er meinte, er könne es wohl mit seinem Gewissen vereinbaren, nun nach Mexiko zu gehen – und von dort ist er nie zurückgekommen. Sehen Sie, sogar den Gedanken eines Mannes wird befohlen, diese gewisse Menge amerikanischer Freiheit zu enthalten, sonst muß man seine Geschäfte in Mexiko besorgen. – Zu der vom Gesetz befohlenen Freiheit kommt ferner die Art erzwungener Freiheit, die sich das patriotische Volk selbst befohlen hat. Einen Händler, der seinen Laden am 4. Juli nicht schließt, läßt man das bestimmt auf die eine oder andere Weise entgelten; einen Mann, der im Theater sitzt und es unterläßt, den Kopf bei Nennung von George Washingtons Namen zu verlieren,

läßt man das ebenfalls entgelten. Ein Fremder spürt, daß er mitten in Amerika nicht unbedingt frei ist, seine Sympathien und Ansichten werden ihm diktiert, er muß sich entweder fügen oder die Folgen tragen; er steht dem Despotismus der Freiheit gegenüber – dieser Despotismus ist um so unerträglicher, als er von einem selbstzufriedenen, unintelligenten Volk ausgeübt wird. In Amerika wird nicht zwischen Freiheit und Demokratie unterschieden; um eine kompakte Demokratie aufrechtzuerhalten, opfert man gern die Freiheit. Das schöne und leidenschaftliche persönliche Freiheitsverlangen wird auf die verschiedensten Arten verletzt. Indem Amerika das persönliche Freiheitsstreben bei seinen Bürgern untergraben hat, ist es ihm schließlich gelungen, die Herde fanatischer Freiheitsautomaten zu schaffen, die die amerikanische Demokratie ausmachen.
Schließlich ist die Freiheit in Amerika eine Freiheit mit großen offenen Löchern; sie steht in formeller Hinsicht weit hinter der Freiheit in mehreren andern Ländern zurück. Das gilt besonders für die Gebiete, wo sich die religiöse Verdummung und der patriotische Fanatismus gemeinschaftlich ausbreiten. Ich möchte einen starken charakteristischen Zug aus dem geistigen und sozialen Freiheitsleben Amerikas mitteilen, der als Beispiel genau und als Bild anschaulich ist, einen Zug, der gleichzeitig eine Erklärung des im Rechtswesen Amerikas herrschenden Geistes einleiten soll.
In den Vorschlägen zu den Immigrationsrestriktionen findet sich folgender Paragraph: »Es ist Sozialisten, Anarchisten und Nihilisten verboten zu landen... weil diese Menschen Amerikas Arbeiterbevölkerung aufwiegeln und sie unzufrieden mit ihrem Lohn machen. Amerika ist nicht der Platz für die sozialistische Propaganda.« – Die Sache ist die, daß Amerika nicht der Platz für geistige und sozialpolitische Entwicklung ist; das Land steht immer noch da, wo es

am Tag der seligen Unabhängigkeitserklärung gestanden hat. Erwähnen Sie in Amerika nicht das Wort *Anarchie* – ein Mann mit der gewöhnlichen amerikanischen Durchschnittsbildung wird sich augenblicklich bekreuzigen. Unter Anarchie versteht er einfach Dynamit und nichts anderes als Dynamit. Daß Anarchismus eine wissenschaftliche Theorie, eine Lehre ist, zu der sich sogar nahezu vernünftige Leute bekennen, begreift er nicht; er duldet überhaupt nicht, daß darüber gesprochen wird; Anarchismus ist Dynamit, Anarchisten sollen gehenkt werden! Hier ist ein klaffendes Loch in der amerikanischen Freiheit, ein Loch, das genau von der dicken Demokratie offen gehalten wird, die in Amerika so absolutistisch über die Freiheit herrscht. Während des großen Anarchistenprozesses im Jahr 1886 wurde das Loch geradezu zu einem Abgrund ausgeweitet. In jener Zeit gingen Leute aller Gesellschaftsklassen, angefangen von denen, die durch den einen oder andern Glückstreffer durch Weizenschwindel zu Millionären geworden waren, bis zu denen, die weder ein Buch lesen noch ihren Namen schreiben konnten – alle Amerikaner gingen damals herum und verurteilten diese sieben Anarchisten unter der Hand zum Tod. Hatten sie ein Wort darüber gelesen, was Anarchismus ist? Nicht einer von hundert, nicht einer von tausend; sie wußten lediglich, daß diese sieben *angeklagt* waren, eine Bombe geworfen zu haben. Das genügte. Von dieser Beschaffenheit ist die amerikanische Freiheit. Sie verlangen genau die richtige Menge von Freisinn von einem Menschen, weder mehr noch weniger. Bei Überschreitungen auf einer der beiden Seiten sind sie intolerant wie ein mittelalterlicher Despot. Sie sind zu konservativ, um sich von der Stelle zu bewegen; wo sie vor zweihundert Jahren standen, da stehen sie noch heute; die Zeit hat ihre Formen auch nicht um das geringste verändert. Denn es ist eine durch Gesetz festgelegte Demokratie. Taucht dort ein

Schriftsteller auf, der an das Königstum glaubt, dann ist dieser Autor nicht frei genug, die Amerikaner jagen ihn aus dem Land; erhebt sich in diesem demokratischen Mob ein Mann, der an die Anarchie als die kommende ideale Gesellschaftsform glaubt, dann ist dieser Mann *zu* frei, die Amerikaner henken ihn. Was da über oder unter das äußerst einzigartige Gehirn George Washingtons geht, wird mit Landesverweisung oder Verlust des Lebens bestraft. So ist es mit der amerikanischen Freiheit bestellt – keine Freiheit für den Menschen, die Person, sondern eine Freiheit *en masse* und für alle.

In der Zeitschrift *America* stand neulich eine Notiz mit folgendem Inhalt: »Endlich besteht einige Aussicht darauf, daß die Helden vom Heumarkt ein dauerhaftes Zeugnis für ihr tapferes Auftreten in jener ereignisreichen Mainacht erhalten. Das Modell für das Heumarktdenkmal ist eben von dem Künstler fertiggestellt worden und wird bald nach New York geschickt, um dort in Bronze gegossen zu werden. Die Statue ist acht Fuß hoch und stellt einen Polizeibeamten dar, der das Gesetz verteidigt; es heißt, sie sei ein bemerkenswertes Stück künstlerischer Arbeit. Es ist an der Zeit, daß die Bestrebungen, ein passendes Gedächtnismal zu errichten, endlich von Erfolg gekrönt werden. Obgleich kein Monument die Dankesschuld dafür abtragen kann, daß diese Männer ihr Leben für die Verteidigung des Gesetzes geopfert haben, ist es dennoch gut, daß die Einwohner Chicagos ein Gedächtnismal zur Erinnerung an diese Begebenheit haben.«

Mit dieser Begebenheit wird hier zum erstenmal der neueste große Charakterzug von Wesen und Art der Freiheit in Amerika deutlich; daneben ist sie das eklatanteste Beispiel für das echt amerikanische Gerichtsverfahren. Am 4. Mai 1886 wurde bei einer großen Volksversammlung auf dem Heumarkt in Chicago von einer unsichtbaren Hand eine

Dynamitbombe geworfen, die fünf Polizeibeamte tötete und zwei verletzte.* Niemand weiß, wer der Täter war; es konnte genausogut ein Mietkutscher, ein Geistlicher, ein Kongreßmitglied wie ein Anarchist gewesen sein. Nebenbei gesagt, ergab sich während des Prozesses sogar die Möglichkeit, daß der Bombenwurf von den Behörden mit einem Polizisten arrangiert worden war, um mit einem Schlag einen Grund zur Anklage gegen die anarchistischen Führer zu haben. Inzwischen nahm man aufs Geratewohl einfach sieben führende Anarchisten für diese sieben Bombenopfer fest und verurteilte fünf von ihnen – für die fünf, die getötet worden waren – zum Tode und zwei zu lebenslänglicher Haft für die beiden nur verletzten. Auge um Auge! Zahn um Zahn! Eine praktische und überaus amerikanische Justiz! Der eine der gehenkten Anarchisten, Parson mit Namen, befand sich an dem Abend, als die Bombe geworfen wurde, überhaupt nicht auf dem Heumarkt – »Nein«, erklärte man ihm, »aber bist du nicht Anarchist?« – »Doch!« erwiderte Parson.

So begegnen die freien Amerikaner den Ideen: sie henken sie. Von dem Augenblick an, in dem Redakteur Spies seine erschütternden Berichte aus den Kohlengebieten von Ohio veröffentlichte, war er ein gefährlicher Mann, den man im Auge behielt, ein Gezeichneter, zum Tode ausersehen. Und kaum waren die fünf Idealisten in ihren Stricken erkaltet, errichtete der demokratische Freiheitsraum im ganzen Yankeeland schon ein Denkmal zur Erinnerung an die patriotische Großtat, Ideen zu henken. Und die Zeitungen meinten, es sei an der Zeit, daß dies geschähe...

* Die übrigen bei dieser Gelegenheit Verletzten wurden von den Behörden außer Betracht gelassen.

II. Rechtswesen und Verbrechen

Nichts könnte vollständiger und wahrheitsgemäßer das Rechtswesen und die soziale Freiheit in Amerika veranschaulichen als die Sache mit den Anarchisten. In all ihrer empörenden Roheit charakterisiert sie genau den Zustand der amerikanischen Gesellschaft von ganz oben bis tief unten. Sie zeigt uns dieses Volk, das sich zum größten Teil aus den niedrigsten Menschentypen Europas zusammensetzt, wie es hingeht und die intelligentesten Ideenführer dieses Landes zum Tode verurteilt, weil sich diese zu Ansichten bekennen, von denen der große, johlende Haufe auch nicht einen Buchstaben begreift. Sie zeigt, daß es die amerikanischen Gerichte nach augenscheinlicher Bestechung und unter Mitwirkung gerade dieses fordernden, unwissenden Haufens für richtig halten, den Schmied für den Bäcker hinzurichten.* Schließlich zeigt sie, welche Verbrechen das Land Amerika besonders fürchtet: die Verbrechen, die nicht jeden Tag vorkommen, die der Haufe zu begreifen außerstande ist, die *idealen* Verbrechen. Die bloße Anklage wegen politischen Verbrechens genügte bereits, diese sieben Männer zu verurteilen, während Verbrechen von einfacherer, gröberer und deshalb leichter faßlicher Art kein Aufsehen erregen. Ein Raubmord, in einem Torweg begangen, die offenbaren, jahrelangen Diebereien eines Kongreßmannes im Staatswald, die abgefeimten Landbetrügereien eines Eisenbahnkönigs, der unerhörte Bankschwindel Präsident Grants und seines Schwiegersohnes in New York –

---

* Nach einem in Skandinavien sehr bekannten Gedicht: den Unschuldigen statt des Schuldigen bestrafen (A. d. Ü.)

für solche Verbrechen kann man sich in Amerika mit den zuständigen Behörden gegen eine gewisse Taxe und nach den entsprechenden eigenen wirtschaftlichen Fähigkeiten arrangieren. Doch für die Verkündigung sozialer, demokratischer Freiheitsdespotie widersprechender Ansichten gibt es die Todesstrafe.

Es ist bezeichnend für den Stand des Rechtswesens in Amerika, daß es großen Betrügereien völlig machtlos gegenübersteht. Nicht, weil das Land keine Gesetze hätte, die Betrug verbieten, auch nicht, weil man die Verbrecher dort drüben nicht aufspüren könnte, sondern weil die Gerichte in einem ganz unglaublichen Maß käuflich sind. Es ist auch für das gesamte Ideenleben des amerikanischen Volkes, für seine Interessen und seine Denkweise bezeichnend, daß große Betrügereien die Bewunderung des Publikums, um nicht zu sagen, seine Sympathie finden. *Smarte* Betrügereien betrachtet man als ein Zeugnis des genialen Yankeegeistes; die Zeitungen sprechen von »gut gemacht«. Die Gesetze sind auf diesem Gebiet auch nicht streng; das amerikanische Strafgesetz ist im »Geist des Vergleichs« abgefaßt. Ein paar von den jüngsten Ereignissen in Amerika, aufs Geratewohl ausgewählt, werden erklären, was ich meine.

Sechs Tage bevor ich Amerika zum letztenmal verließ, raubte ein New Yorker Bankkassierer zweihunderttausend Dollar aus seiner Kasse. Wurde er gefaßt? Nein. Wohin reiste er? Nach Kanada. Ist er noch dort? Er ist noch dort. – Am vergangenen 14. November verschwand der Besitzer der Valparaisobank in Omaha; er hieß Scoville. Er hatte sich dreihunderttausend Dollar mehr angeeignet, als er besaß, und das hatte er auf folgende Art und Weise getan: Bei den Wertpapieren, die bei seiner Bank zahlbar waren, hatte Scoville sogenannte *Additions* gebucht – ein Begriff, den es sicher nur in der lokalen amerikanischen Finanzlehre gibt –, und zwar so, daß die Papiere bis auf den doppelten des ur-

sprünglichen Betrags lauteten: darauf deponierte Scoville diese Papiere bei einigen großen Banken, auf die er seine Wechsel zu ziehen pflegte, und hob das Geld ab. Dann verschwand er. Wohin reiste er? Nach Kanada. Ist er noch dort? Er ist noch dort. – Kanada ist eine sichere Gegend, eine als unverletzlich erklärte Gegend, in Kanada darf kein Schurke gefaßt werden; es gibt keinen Auslieferungsvertrag zwischen Kanada und der Union. Scoville ist in Sicherheit. Nach einer Reise von einer Nacht und einem Tag mit dem Zug befand er sich in einem Land, wo ihn das amerikanische Strafgesetz nicht erreichen konnte. – Was taten die Vereinigten Staaten nun? Die Vereinigten Staaten taten das, was sie bei solchen Gelegenheiten stets getan hatten, sie traten entsprechend dem »Geist des Vergleichs« auf und handelten auch so. Die Vereinigten Staaten schickten einen Detektiv nach Kanada und beauftragten ihn, mit dem Betrüger zu unterhandeln! Wenn Scoville zwei Drittel der Beute übergab, dann durfte er das dritte Drittel selbst behalten. »Und dann wäre ich frei?« fragte Scoville. – »Sie fahren zurück und sind frei!« erwiderte Amerika seinem lieben Sohn. – Scoville war schon fast im Begriff darauf einzugehen, als er sich plötzlich bedachte. »Ich muß mit meiner Frau sprechen«, sagte er. Und der Detektiv, der wohl selber eine Frau hatte, konnte sehr gut verstehen, daß ein Mann, wenn es um dreihunderttausend Dollar ging, mit seiner Frau sprechen mußte. Scoville spricht also mit seiner Frau. »Nein!« sagt seine Frau. Und es war nicht mißzuverstehen, daß sie nein sagte. – Mit diesem Ergebnis mußte der Detektiv zurückfahren. Mrs. Scoville, die fast das gleiche war wie Mr. Scoville, hatte Amerika mit Nein geantwortet.
Wie wurde diese Angelegenheit nun in der Union aufgenommen? Sie wurde leicht genommen, vergessen über neuen Betrügereien der gleichen Art, Betrügereien, in denen Amerika auf gleiche Weise im Sinn desselben »Geistes des

Vergleichs« auftrat. Aber die Zeitungen brachten Leitartikel über dieses vortreffliche Zeugnis genialen Yankeegeistes; sie sagten ein paarmal, es sei gut gemacht, äußerst gut gemacht, dann verklang das Ganze.
Ebenso hart und unbeugsam, wie das amerikanische Gesetz gegen politische Verbrechen vorgeht, so milde und nachsichtig urteilt es bei groben Verbrechen, bei simplen Bauernsünden, die jeder durchtriebene Farmer von der Prärie begehen kann. Ein Bekannter von mir ist Herausgeber einer anarchistischen Zeitung – das amerikanische Postwesen lehnt es ab, sich mit diesem Blatt zu beschmutzen. In New York erscheint die *Police Gazette,* das gemeinste Blatt der ganzen Welt, ein Organ, fast ausschließlich angefüllt mit den kriminellen Schamlosigkeiten der Union, Mord, Ehebruch, Notzucht, Blutschande, Prügeleien, Raub, Betrug, oft mit liederlichen Zeichnungen versehen, auf rosenrotem Papier gedruckt – dieses Blatt befördert das amerikanische Postwesen. Die *Police Gazette* hat sechzigtausend Abonnenten; sie liegt aus in Hotels, Barbierläden, in Klubs; sie genießt das ungeteilte Interesse der Amerikaner. Sie redet von Verbrechen, die alle verstehen können, von den schweren Sünden, die jeder Farmer auf der Prärie mit einem Ziegelstein begehen kann.
Einen Fremden wird es in Erstaunen versetzen, wenn er in die amerikanische Verbrechensstatistik eindringt und den amerikanischen Prozessen beiwohnt, wie überaus grob und ideenlos die Verbrechen sind, die in Amerika begangen werden. Er wird immer stärker den Eindruck gewinnen, daß er sich in einem Land befindet, das auf dem Gebiet des Verbrechens ein unmodernes Land ist. Er wird in hundert von hundertundeinem Fall vergebens nach einem raffinierten, einem sogenannten intelligenten Moment in diesen Verbrechen suchen. Er wird sie weniger den modernen Verbrechen ähnlich finden als den Untaten aus vergangenen

Zeiten, von denen er gelesen hat. Es entwickelt sich in Amerika eine beachtliche Pfiffigkeit bei der Bewerkstelligung solcher Verbrechen; aber die Idee der Verbrechen, ihr Motiv, ihr Gedanke und Beweggrund sind meist nur Beweise für die Untiertriebe dieses unentwickelten Volkes, die eine unverhältnismäßige und unharmonische Freiheit nicht zu steuern vermag. Nehmen wir ein Verbrechen, das allen Ländern gemeinsam ist, Betrügerei – womit ich Urkundenfälschung, höheren Diebstahl, meine –, Urkundenfälschung hat in Amerika einen ganz andern Charakter als in andern Ländern; auch hier Ausnahmen vorbehalten. Urkundenfälschung in Europa hat meist ihre Wurzel in schlechten wirtschaftlichen Verhältnissen; aber Urkundenfälschung in Amerika hat nur in äußerst seltenen Fällen ihre Wurzel in wirklich mißlichen wirtschaftlichen Umständen – was jeder weiß, der in Amerika die Geschichte der Verbrechen einigermaßen mitverfolgt hat. Nein, Urkundenfälschung hat in Amerika seine Wurzel zu allererst in der wahnwitzigen Begierde der Amerikaner nach Summen auf der Bank – und wäre es die kleinste Summe –, nach wirtschaftlicher Selbständigkeit, Unerschütterlichkeit. Ein Bankkassierer geht nicht mit der Kasse auf und davon nach Kanada, weil er schlecht bezahlt würde; er erhält jährlich zwölftausend bis fünfundzwanzigtausend Kronen Gehalt; er geht mit der Kasse nach Kanada durch, weil er es nicht ertragen kann, das Geld zu sehen, das er in den Händen hat, ohne es zu besitzen, weil ihn das amerikanische Blut dazu anstachelt, es zu stehlen, weil er *ohne* dieses Geld nur Bankkassierer ist, während er *mit* diesem Geld in den Wirtschaftsadel aufrückt – in die amerikanische Aristokratie. Er ist Amerikaner, es behagt ihm, mit Dollar um sich zu werfen, gut gekleidet zu gehen, mit Ringen und Goldschmuck aufzutreten, im Hotel zu speisen, in einer Präriestadt in aller Munde zu sein – das ist der einzige Ehrgeiz, den er kennt, und um diesen ein wenig kurzbeinigen Ehrgeiz zu befriedigen, scheut er kein Mittel; er treibt ihn schließlich in die Urkundenfälschung. Es liegt keine Intelligenz in seinem Verbrechen: er raubt die Kasse, setzt sich in einen Eilzug der Erie-Bahn, fährt eine Nacht und einen Tag und steigt in Kanada als amerikanischer Aristokrat aus.

Dieser Zug von Einfalt prägt alle Verbrechen in Amerika. Man fordere einmal einen Fremden auf, sich die Verhandlungen wegen eines Vergehens in einem amerikanischen Rathaus anzuhören, und bitte ihn zu versuchen, einen einzigen geschickten Zug in den blauen Polizeiberichten zu finden – er wird nahezu immer vergebens suchen. Betrachtet man die Verbrechen einer Nation, wie man die andern Erscheinungen des Lebens betrachtet, dann steht man in Amerika schließlich vor der Entdeckung, daß das Land sogar in den Verbrechen zurückgeblieben ist. Es ist noch in den Vergehen unmodern. Es sind die Vergehen der Indianer und der ersten holländischen Pioniere, die dort begangen werden. Man skalpiert den ersten besten Mitmenschen, dem man auf einem Weg begegnet, man überfällt eine Bank, um Taschengeld für Zuckerzeug zu bekommen, man schlitzt fünfjährigen Kindern den Bauch auf und vergewaltigt sie, man plündert einen armen Teufel von Tagelöhner aus, um sich dessen paar Groschen anzueignen – die amerikanischen Zeitungen fließen jeden und jeden Tag über von Berichten über die viehischen Triebe dieses freien Volkes. Die amerikanischen Verbrechen sind noch ohne formale Eleganz, die Sünde hat in diesem Land den Charakter brutalster Schamlosigkeit; man muß weit in der Geschichte zurückgehen, um ähnliche Beispiele zu finden; sie sind noch ohne jedes Moment von Adel und Idee. Mußte in einem solchen Land nicht ein Verbrechen wie das, dessen die Anarchisten angeklagt wurden, tosendes Aufsehen erregen! Und so geschah es auch. Jeder wohlerzogene Abc-Held rief: »Kreuzige!« Demokratische Frauenzimmer – beiderlei Geschlechts – kauften Bilder der Anarchisten und »henkten« sie in ihren Fenstern. Die Krämer annoncierten auf folgende Weise: »Da wir *dafür* sind, daß die Anarchisten gehenkt werden, haben wir eine so große Kundschaft, daß wir unsern bekannten blauen Rio für 9 Cent das Pfund verkaufen können.«

Und nicht einer von hundert wußte, was Anarchismus war, nicht einer von tausend. Man kann sich also nicht unbedingt darauf verlassen, daß die Amerikaner das aufgeklärte Volk sind, wie wir es uns in Europa vorstellen.

III. Schulverhältnisse

Mir erschiene es geradezu als ein Wunder, wenn die Amerikaner ein aufgeklärtes Volk wären. Wenn man bedenkt, daß sie eine neue Nation sind, die sich aus den verschiedensten und häufig am wenigsten aufgeklärten Menschen anderer Länder, aus den Sinnesarten aller Menschenrassen und aus den Temperamenten aller Breitengrade zusammensetzt, selbst wenn man berücksichtigt, daß die Amerikaner, als Nation betrachtet, tatsächlich ein Kunstprodukt sind, ein bloßes Experiment, keineswegs schon ein Ergebnis, so weiß man doch, daß selbst der echteste Yankee nur der Sohn seines Vaters ist, der wiederum der Sohn seines Vaters ist, dessen Vater als Knecht aus Europa eingewandert ist; man weiß auch, daß 75 Prozent der jetzigen Bevölkerung Amerikas von Menschen abstammen, von Männern und Frauen, deren Eltern vor fünfzig Jahren in der Alten Welt entwurzelt wurden und deren Kinder bisher noch keine Zeit gefunden haben, in der Neuen Wurzeln zu schlagen. Aber nur dadurch, daß man über das Meer reist, wird man noch kein gebildeter Mensch. Doch mittlerweile scheint es so, als ob man uns gerade das einreden wollte. Daß ein Mann nach Amerika gegangen ist, das ist, mindestens bei uns in Norwegen, gleichbedeutend damit, daß er mehr kann als nur sein Vaterunser. Wenn er nur nicht selbst das vergessen hat! – Selbst der echteste Yankee trägt von Geburt an noch das Erbe seiner eingewanderten Vorfahren in sich; es liegt ihm zu allererst und vor allem andern im Blut, sich materielles Wohlergehen zu schaffen – genau wie es auch das einzige Verlangen der ersten Einwanderer war, sich materielles Wohlergehen zu schaffen; denn allein deshalb waren sie ins Land gekommen. Der herrschende Trieb ist auf die Nachkommen übertragen worden. Mit Aufklärung, positiven Kenntnissen und Wissen mag es gehen, wie es will – irgendwann wird man guten Rat erhalten. Doch wenn man dann guten Rat erhält, ist man längst über das lernbegierige Alter hinaus. Es ginge einfach gegen alle Ordnung der Natur, wenn die Amerikaner ein aufgeklärtes Volk wären.

Man müßte schon bedeutsame Konsequenzen daraus ziehen können, daß Amerika die *freie Schule* hat. Doch ich bin innerlich überzeugt davon, daß die Bildung, die man auf diesen Schulen erhält, auf keine Weise den enormen Ausgaben entspricht, die sie erfordern. Nicht einmal auf den höheren Schulen wissen Lehrer oder Schüler – um ein bereits erwähntes Beispiel zu benutzen –, daß Norwegen im Jahr 1883 Telegrafie hatte, und auf den unteren Schulen ist nicht einmal bekannt, daß es ein Norwegen gibt; man weiß, daß es ein Skandinavien gibt, das wiederum Schweden ist. Man wird überaus mißtrauisch Amerikas freien Schulen gegenüber, wenn man dort eine Weile regelmäßig im Unterricht hospitiert hat. Man geht mit den höchsten Erwartungen hin, man nähert sich dem Gebäude mit Zittern und Zagen, die Schulen sind reine Paläste, die Räume so groß und weitläufig, daß man beinah geographische Kenntnisse braucht, um wieder aus ihnen herauszufinden. Dann klopft man an und tritt ein – die Klasse erhebt sich! Das macht einen Fremden sofort mißtrauisch; er gewinnt den Eindruck, daß die Kinder dieses Vorgeführtwerden durchaus gewohnt sind. Und dieser Eindruck verliert sich nicht, wenn der Unterricht fortgesetzt wird, sogar der Lehrer berücksichtigt meine Anwesenheit. Er kommt mir lächelnd entgegen, reicht mir die Hand, ist *glad to see* mich, will wissen, woher ich bin, und gibt – noch dazu in einer Englischstunde aus reiner Verbindlichkeit mir gegenüber – eine kürzere oder längere Darstellung der »braven Skandinavier«, ihrer Entdeckung Amerikas, ihrer Arbeitsamkeit, ihrer Fähigkeit, sich zu amerikanisieren, ihrer Teilnahme am Sklavenkrieg. Ich bekomme von den merkwürdigsten Königen zu hören, die wir einmal gehabt haben sollen, von großen Sportlern und Bischöfen, deren Namen ich nie zuvor vernommen hatte, von der *Stadt* Spitzbergen, wo die Menschen in Robbenfellen herumlaufen, von einer Fischmenge, so groß, daß man Gott bitten muß, uns davor zu bewahren, von Gebirgen, die die Haare auf dem Haupt eines Kahlkopfs dazu bringen könnten, zu Berge zu stehen. Ich bekomme auch von dem Schlittschuhläufer Aksel Paulsen zu hören. Dieser Mann ist tatsächlich der bekannteste Norweger in Amerika; die Füße haben ihn zu einem großen Mann gemacht, sein Bild hat in der *Police Gazette* gestanden. Wenn du als Skandinavier deine Nationalität mit Ruhm und Ehre zur Geltung bringen willst, dann sagst du einfach, du seiest ein Landsmann von Aksel Paulsen. Kannst du dich aber gar auf die eine oder andere Weise zum Vetter dieses Mannes machen, dann ist es nicht ausgeschlossen, daß die Amerikaner ein Fest für dich veranstalten.

Es ist ein gemischtes Vergnügen, dem Unterricht in den amerikanischen freien Schulen beizuwohnen. Der Unterricht ist kein methodisches Eindringen in das entsprechende Fach, er geht zu allererst darauf aus, den Schülern eine *Unterhaltung* zu bieten, der eine Spur positiver Kenntnisse beigemischt ist. Sosehr man es gutheißen mag, daß der Unterricht ganz darauf angelegt ist, die Schüler zu interessieren und die Schule anziehend für sie zu machen, so hat es doch den Nachteil, daß es leicht ins Abstrakte umschlägt, ins Allgemeine, und daß es hier und da zur reinen Erheiterung ausartet. Man verwendet Witzchen, wartet mit Geschichtchen auf – und alldem ist eine Spur von Kenntnissen beigemischt. Der Lehrer ist Amerikaner, er ist der geborene Redner, er hält Ansprachen, streut Körnchen von Kenntnissen über die Bänke, fragt ständig, ob ihn die Kinder auch verstanden hätten, und bittet nicht zu vergessen, was er gerade gesagt hat. Eine Stunde, die auf dem Plan für ein bestimmtes Fach vorgesehen ist, kann gut dazu übergehen, eine Stunde in jedem beliebigen andern Fach zu werden. Ich hospitiere am Samstag in einer Schule, ich habe von vornherein eine Stunde gewählt, die für »Rhetorik« bestimmt ist; ich möchte amerikanische Rhetorik hören. Jetzt bin ich durch Erfahrung klug geworden; auf die Frage des Lehrers, woher ich komme, gebe ich mich, ohne eine Miene zu verziehen, als Deutschen aus. Doch das war unbedacht von mir. Leider kommt der Geist über ihn, er ist rhetorisch gestimmt, es wird ein Vortrag, der über Allerweltsdinge geht, der nach Deutschland hineintreibt. Doch in jeder Bemerkung liegt eine aus dem Zusammenhang gerissene, mehr oder weniger faktische Auskunft über die eine oder andere Sache, ein interessantes Sammelsurium von Kenntnissen aus Schulbüchern, Zeitungen, Lexika und Sonntagsschulblättern. Der Vortrag ist stets streng moralisch, um nicht zu sagen religiös; der Unterricht wird in diesen »konfessionslosen« Schulen ganz in dem gleichen orthodox-religiösen Geist gestaltet wie in unsern Volksschulen.* Selbst wenn der Lehrer – der Vortragende – im Lauf der Stunde auf europäische Zustände zu sprechen kommt und die Freidenkerei, den Anarchismus und all das sonstige soziale Elend behandelt, bemüht er sich ständig, die richtige Moral aus diesen Dingen zu ziehen; mit ein wenig gutem Willen kann Fürst Bismarck auf solche Weise noch zum Republikaner und Voltaire zum Erzbischof von Budapest werden. Ein Faktum mehr oder weniger, darauf kommt es weniger an

---

* Vgl. Prof. Rovsing in seinem Buch über die amerikanischen Schulen, über die er sagt: »Patriotismus und Religiosität gehören in alle [Schulen].«

als auf eine faktische Moral. – Bevor ich diese Rhetorikstunde verließ, hatte ich gelernt, daß die erste Standuhr im Jahr 1477 in Deutschland erfunden worden sei – was, wie ich glaube, zutraf – und daß Ferdinand Lassalle im Jahr 1864, zu Gott bekehrt, starb – was, wie ich glaube, eine Lüge ist.

Ohne jeden Zweifel erhält man in einzelnen Fächern einen weit gründlicheren Unterricht in den amerikanischen *common* Schulen als in den Volksschulen bei uns in Norwegen. Ich nenne beispielsweise Rechnen, Kartenzeichnen, Schönschreiben, amerikanische Geschichte, Geographie und Deklamation. Ich gebe auch zu, daß meine Kenntnis des amerikanischen Unterrichtswesens im ganzen genommen höchst mangelhaft ist. Ich habe vielleicht nicht einmal allen Fächern beigewohnt, keinesfalls habe ich natürlich in allen Schulen hospitiert. Ich habe mich nur für diese ganze Sache interessiert, weil Schulunterricht in Amerika – wie in allen andern Ländern – die erste keimbildende Arbeit im Geistesleben eines Landes ist. Ich habe Schüler ausgefragt, mit Lehrern und Lehrerinnen gesprochen, habe das wesentlichste vom Unterrichtsmaterial gesehen und bin danach innerlich überzeugt davon, daß die amerikanischen Freischulen mehr kosten, als sie wert sind. Sie unterrichten in unbarmherzig vielen Fächern; man hat auf diese Weise auch Deklamation und Rhetorik, ja sogar »Philosophie« auf dem Stundenplan; aber mir ist klar geworden, daß sich dieses Massenwissen mehr in die Breite als in die Tiefe bewegt. Bei all meiner Beschäftigung mit den Amerikanern – mehrere Jahre lang und in verschiedenen Berufen habe ich mich nicht wenig mit ihnen beschäftigt – habe ich nie bemerkt, daß beispielsweise die Philosophie, die sie auf der Schule gelernt hatten, besonders tief in ihre Gehirne eingedrungen wäre. Und wenn ich eine Parallele zu einem andern Land ziehen müßte, würde ich – um von Norwegen zu schweigen – Irland nennen. Ich habe in Irland nicht weniger unterrichtete Kinder und Erwachsene getroffen als in Amerika, nicht einmal im Innern Irlands. Mein wesentlichster Vorwurf gegen die amerikanischen freien Schulen ist der, daß sie den Kindern absolut nichts über fremde Völker und fremde Sitten, über die moderne Kultur Europas und Asiens und über die Welt schlechthin beibringen. Man gewinnt den Eindruck, daß die amerikanischen Schulen für einen Unterricht in Weltgeschichte allzu patriotisch sind. Nur bei besonderen Gelegenheiten, wenn die Schule einen Hospitanten hat, kann der Lehrer von dem allgemeinen Geschichtsstoff abschweifen; er hält einen Vortrag, er spricht über die ganze Welt, fährt durch alle Kulturepochen, nennt Moses, Napoleon und Aksel Paulsen.

In welchem Verhältnis stehen nun die Ausgaben für die freie Schule in Amerika zu dem Unterricht, den sie erteilt? Was kostet Amerikas freie Schule? Ich mache darauf aufmerksam, daß unter dem Wort »frei« kostenlos zu verstehen ist, daß also *freie* Schule *ausgabenfreie* Schule bedeutet. Diese ausgabenfreie Schule in Amerika ist vielleicht die teuerste der Welt. Aber es wird so manches wackere Wort über diese Schule gesagt, gerade weil sie »kostenlos« ist. Wenn ein Amerikaner einen Ausländer aufklären will, welche Herrlichkeiten sein Land allen andern Ländern voraus hat, wird er zuerst die außerordentlich große politische Freiheit nennen, doch danach die freie, d.h. die Gratis-Schule. Kommt ein Ausländer in eine fremde Stadt, und er kauft sich einen »Führer« *(City guide)*, dann wird er darin unter den Sehenswürdigkeiten der Stadt die freie, d.h. die Gratis-Schule finden. Für diese kostenlose Schule bezahlt Amerika inzwischen ungefähr zweihundert Millionen Dollar im Jahr. Es ist einer der ungeheuerlichsten Ausgabenposten des Landes. Hierin sind jedoch die Ausgaben für die Sonntagsschule nicht enthalten; diese Ausgabe wächst jedes Jahr mit rasender Geschwindigkeit, da das Land immer mehr zu einem katholischen Land wird. Dabei ist es keineswegs korrekt, diese Schule gratis zu nennen. Sie ist ja nicht mehr gratis als die öffentlichen Schulen aller andern Länder. Wenn deshalb die Zeitungen bei uns in Europa und die Yankees in Amerika beweisen, wieso diese Schule kostenlos ist, so gehen sie von der falschen Voraussetzung aus, daß es in Amerika nur die Wohlhabenderen sind, die Schulsteuer bezahlen, daß indes die armen Leute ihre Kinder in die Schule schicken können, ohne etwas zu bezahlen. Diese Betrachtungsweise ist zu oberflächlich. Als ob nicht der ärmste, der ausgehungertste Vater in der Stadt Schulsteuer bezahlen müßte! Er zahlt Schulsteuer, wenn er ein Pfund Fleisch an einem Wagen kauft, indem er nämlich die *licence* des Schlachters mitbezahlt, und wenn er abends seine Gaslampe anzündet, wenn er ein Glas Wasser trinkt, wenn er im Schein des elektrischen Lichts auf die Straße geht, immer bezahlt er Schulsteuer. Aber, so sagen die Zeitungen bei uns in Europa und die Yankees in Amerika, das Wassergeld, die Wassersteuer gehört in ein anderes Budget, in eine andere Abteilung des Haushaltsplans. Das kann man wohl sagen, aber nicht beweisen und nicht verteidigen. Jede amerikanische Stadt – wie übrigens auch jede *township* auf dem Lande – hat ihre eigene Kasse. Diese Kasse wird von den Steuerzahlern gefüllt, deren Steuer die Bezahlung für die Annehmlichkeiten ist, die die Stadt ihnen als ihren Bürgern gewährt; diese Kasse wird von der Verwaltung zum öffentlichen Besten – oder Schlechtesten – geleert. Nun ist die Stadt ein Staat im kleinen, und der Staat ist ein Verhältniskomplex. Den größeren Schulausgaben für den einzelnen Wohlhabenden folgt, daß man den weniger Wohlhabenden mit Steuern für einen andern Fonds belastet, den sonst der Wohlhabendere – ohne die Schulausgaben – allein bestritten hätte. Die Steuer wird nach einem gewissen Vermögensverhältnis ausgeglichen, nach einem gewissen Einkommensverhältnis; auf ihn entfällt soundsoviel, *weil* er reich ist, aber soundsoviel auf dich, *obwohl* du arm bist. Und Schulsteuer bezahlst auch du.

Um eine klarere Vorstellung zu bekommen, wie hoch die Schulausgaben in Amerika sind, vergleiche man das Schulbudget einer unserer Städte mit dem Schulbudget einer entsprechend großen Stadt in Amerika. Kopenhagen führt eine Million dreihunderttausend Kronen für die Schule auf; Minneapolis – die Stadt von der Größe Kopenhagens – hat drei Millionen dreihunderttausend Kronen oder genau zwei Millionen Kronen mehr. Hierbei sind jedoch die Ausgaben für die Religionsschulen noch nicht mitgerechnet. Aber die Ausbeute, die amerikanische Schulen bringen, scheinen in keiner Hinsicht in einem vernünftigen Verhältnis zu den übertrieben hohen wirtschaftlichen Vergünstigungen zu stehen, unter denen sie wirken. Als erwachsene Menschen sitzen die Schüler dieser Schulen und ergötzen ihr Herz an Patentrezepten und Detektivgeschichten im Athenäum; und trotz all der »Philosophie«, die sie einmal aus dem Mund der Lehrer hörten, verweisen sie einen Fremden, der um [Eduard von] Hartmann bittet, auf den Amerikaner Pastor Emerson.

Ich wiederhole, daß sich bei Menschen in Amerika niemals zeigt, daß ihr ungemein teures Schulwesen besondere Früchte an Geist und Intelligenz gebracht hätte; man findet sie auf einem niedrigeren Bildungsniveau, das in der Mehrzahl der Fälle reine Unwissenheit ist. Daß sie uns in Europa dagegen in mehreren andern Fächern voraus sind, namentlich in Rechnen und Vaterlandsgeschichte, hat nicht unbedingt die intelligentesten Spuren bei den Amerikanern als Volk hinterlassen. Ihre überflüssigen Kenntnisse von den unwichtigsten Dingen in der Geschichte ihres eigenen Landes, ihr ewiger Unterricht über Amerikas rühmliche

Kriegstaten haben vielleicht gar nicht so wenig dazu beigetragen, die nationale Selbstzufriedenheit zu nähren und die Yankees noch patriotischer zu machen, als sie vorher schon waren. Und was ihr Können im Rechnen betrifft, so hat es gewiß den groben Geiz und das angeborene Verlangen, mit materiellen Werten zu wirtschaften, nicht gedämpft, sondern vielleicht sogar noch verstärkt. Ein Yankeebursche ist nicht erwachsen, bevor er versucht hat, einen Pferdebahnschaffner um ein Billett zu prellen; und wenn er erwachsen ist, verkauft er bei der ersten Wahl seine Stimme öffentlich für soundso viele Dollar und Cent.

An den amerikanischen Universitäten dauert der theologische Kursus drei Jahre. Es ist bemerkenswert, daß im Vergleich hierzu der medizinische Kurs höchstenfalls nur ein Jahr in Anspruch nimmt, an mehreren Universitäten jedoch nur vier Monate.* Daß es Medizinstudenten gibt, die mehr als einen Kurs brauchen und daß man auch bedeutende Vertreter der medizinischen Wissenschaft in Amerika findet (Thomas, Adams u. a.), hindert also einen Mann mit vier Monaten Studium nicht daran, seine Unwissenheit an seinen Landsleuten auszulassen. Board-Sekretär Rauch hat diesem wissenschaftlichen Schwindel eindringlich, aber vergebens entgegengearbeitet. Diese Unzahl von »medizinischen Colleges« in Anführungszeichen, die sich neben den wirklichen medizinischen Colleges erheben, den Schwarm von sogenannten »Professoren«, der sich um die wahren Professoren ausbreitet, hat er weder ausrotten noch vermindern können; die Macht des Humbugs ist groß in Amerika. – Hier und da kann man als Ausnahmen natürlich tüchtigere Lehrer, aufgeweckte Studenten, gut eingerichtete Colleges finden; aber der *Status* des medizinischen Unterrichts in Amerika ist vermutlich niedrig... »Europäische Institute gleicher Art sind unvergleichlich besser als unsere, weil sie älter sind, und man kann viel Wahres gegen die Monarchien (!) einzuwenden haben – sie ermutigen die medizinische Wissenschaftlichkeit. Eine Professur auf diesem Gebiet ist dort in der Regel der Lohn für Verdienste, Tüchtigkeit und Gelehrsamkeit, während wir auf unsern medizinischen Lehrstühlen ein Übergewicht an kriechenden medizi-

* Vgl. *Official report of the Illinois State Board of health,* 1888

nischen Politikern, Mittelmäßigkeiten und recht und schlecht Unwissenden haben, deren »medizinische« Vorlesung aus Prahlerei, Mutmaßungen, religiösen Plattheiten und medizinischem Jargon besteht«. *(America)*

Ein Jahr verhält sich hier zu drei Jahren, wie die Zeit zur Ewigkeit. Ein Jahr, um zu lernen, die Menschen vom zeitlichen Tode zu retten, drei Jahre, um zu lernen, das ewige Leben zu verkünden. Oder richtiger: Ein Jahr, um zu lernen, die Menschen für das zeitliche Leben zu retten, drei Jahre, um – den ewigen Tod vorauszusagen. *Honny soit, qui mal y pense!*

In Amerika findet man ein lebhafteres, aktiveres Kirchenwesen, als man ahnen würde. In diesem Land, wo der Materialismus herrscht, entwickelt sich, sozusagen als Tarnung für diesen oder als Ausgleich für ihn, eine so eifrige religiöse Propaganda, daß man sie im Grunde gut mit dem (ähnlichen) Teekult der Engländer vergleichen kann. Amerika ist ein reiches Land, es ist Geld für das vorhanden, was werden soll; der schwärzeste Neger, der sündigste Zulukaffer ist nicht zu teuer für den proselytensüchtigen amerikanischen Kapitalisten. Amerika ist ein reiches Land! Dort gibt es Geistliche und Kirchen, Sittenwächter und Lutherstiftungen, das Weiße Kreuz und Jünglingsvereine und allerhand Institutionen in einem solchen Maß, daß Menschen in ärmeren Ländern nur davon träumen können. – Und dennoch ist die Freiheit so unedel, das Rechtswesen so korrupt, die Verbrechen so barbarisch? Trotzdem!

Zur Verdeutlichung abermals eine Parallele. Wenn man alle Bethäuser und Kapellen, sogar das Bethelschiff mitzählt, dann hat Kopenhagen 29 Kirchen. Doch wenn man alle großen und kleinen Kirchen in Minneapolis – der Stadt von Kopenhagens Größe – zählt, so hat Minneapolis 146 Kirchen. Es gibt viel Gott in Amerika! Die Kirchen sind äußerst reich ausgestattet, prachtvoll ausgestattet; in Minneapolis gibt es eine Kirche, der ein reicher Mann ein Fenster für 500 Dollar geschenkt hat. Sie hat gedämpftes, behagliches Licht, das durch das mehrfarbige Glas hereinsickert, man findet tiefe, weiche Sitze, eine gewaltige Orgel, Teppiche auf dem Fußboden, polierte Türen, polierte Menschen, poliertes Wort Gottes. Bei Regenwetter ist es wirklich sehr behaglich, dem Gottesdienst in den amerikanischen Kirchen beizuwohnen. Die Predigt ist nämlich weder norwegisch, schwedisch noch dänisch, sie ist amerikanisch; es ist nicht Theologie, es ist Moral, Bostonmoral, jedoch dem angepaßt, was Menschen in Seide sagen können. Die Predigt ist ein durchgehend interessanter Vortrag, dazu mit Witzen aufgelockert, worüber die Menge schallend lacht – alles in großer Anständigkeit. In der Regel ist keine Spur von Lehrreichem aus diesen Vorträgen zu schöpfen; darin gleichen sie den Predigten bei uns in Skandinavien; sie setzen sich vielmehr zu einem Teil aus Logik, zu einem andern aus menschlicher Sprache und erläuternden Bildern zusammen, und darin gleichen sie den Predigten bei uns in Skandinavien nicht immer. Sie belehren also nicht, sondern sie unterhalten. Und das ist ein Gewinn. Persönlich habe ich es – selbst mit einer Freikarte fürs Theater in der Tasche – so manches Mal vorgezogen, abends in Amerika in die Kirche zu gehen statt in den Theaterjux. Während die Theater nur Kunst, Halbkunst oder Unkunst anboten, bot die Kirche einen Vortrag, in dem man zumindest gute Sprache hören konnte; außerdem riskierte man nicht, von Pulverrauch belästigt zu werden oder Zigarrenstummel auf den Kopf zu bekommen. Und all die Leute, die in die Kirche gingen, waren sowieso die bravsten Menschen in der Stadt, schöne Menschen, die zu betrachten eine Freude bedeutete. Nebenbei gesagt, sind die Amerikaner ein über die Maßen gutaussehendes Volk. In einem andern Land wird man im ganzen genommen kaum schönere Menschen finden als in

Amerika. Bei uns in Skandinavien kann man gelegentlich wohl einem Leutnant begegnen, der fragt, ob die ewige Beschäftigung der Amerikaner mit Geldfragen, mit Zählen, mit Spekulieren das Aussehen des Volkes denn nicht beeinträchtigt habe. Vielleicht. Man weiß so wenig von dem ursprünglichen amerikanischen Volkstyp, von dem, der von den ersten Einwanderern begründet wurde; die Gelegenheit, zu sehen und zu vergleichen, wie sehr die Amerikaner inzwischen an Schönheit eingebüßt haben, ist sehr gering. Wie es jetzt steht, sind sie lediglich gutaussehende Menschen mit wohlgeformten Körpern und frischen, energischen Gesichtern. Sie haben u.a. ihre Augen in Ordnung, was man von den Europäern nicht sagen kann. In Europa gehört die Brille schon zum Anzug; doch in Amerika ist es äußerst selten, auf einen Menschen mit Brille zu stoßen. Trifft man hier und da im Osten bebrillte Leute, so sind es meist Neger. Diese Neger haben vermutlich ein wenig in der Schule gelesen, und das war mehr, als sie ertragen konnten – ein bißchen in der Schule zu lesen.

Die Amerikaner sind fleißige Kirchgänger. Die Mehrzahl von denen, die zur Kirche gehen, sind selbstverständlich Frauen; doch auch eine beträchtliche Anzahl von Männern denkt politisch genug, um hinzugehen. Für einen Yankee, der in der Welt vorankommen will, ist es äußerst wichtig, sich mit der Kirche gut zu stellen; Gleichgültigkeit der Kirche und ihrem Ober- und Unterleben gegenüber, d.h. den himmlischen und den irdischen Angelegenheiten, was wiederum sagen will, nur den irdischen –, diese Gleichgültigkeit findet unbedingt ihre Strafe. Wenn ein Fabrikant Ziegelsteine für die Reparatur einer geborstenen Kirchenwand spendet, so wird sein Name in der nächsten Sonntagspredigt feierlich genannt, und er erhält einen Dank, so gut wie unmittelbar von Gott für diese Ziegelsteine. Wenn ein anderer Fabrikant dagegen nicht einmal einige zwanzig Mann schickt, um die Wand instandzusetzen, so wird *sein* Name in der Predigt eben nicht genannt. Die meisten Amerikaner sind klug genug zu verstehen, wie stark eine Reklame durch die Kirche wirkt. Und sie bedienen sich ihrer. Ein Geistlicher möchte gar nicht gern einem Yankee irgend etwas abschlagen; es lohnt sich ihm zu helfen. Der Krämer gibt ihm zehn Prozent Rabatt auf seine Waren, *weil* er Geistlicher ist; die Eisenbahngesellschaften geben ihm die Fahrkarten zum halben Preis, ebenso *weil* er Geistlicher ist. Kommt ein Geistlicher zu einem Arbeitgeber und bittet um Einstellung eines Mannes, dann ist der Arbeitgeber klug genug, das nicht abzuschlagen, wenn es ihm irgend möglich ist; er lehnt es nicht einmal dann gern ab, wenn die Zahl seiner Arbeitskräfte schon vollzählig ist. Umgekehrt gilt auch, daß sich dieser Arbeiter bemüht, in einem freundschaftlichen Verhältnis zur Kirche dieses Geistlichen zu bleiben. Diese Wechselwirkung von gegenseitiger Hilfe und Stütze, von Ziegelstein und Gotteswort, macht die amerikanischen Kirchen auf diese Weise recht weltlich – was genau zum materialistischen Geist im Land paßt. Sie helfen nur in dem Verhältnis, in dem man ihnen selbst hilft. Sie legen viel Gewicht auf eine schöne Ausstattung, und die Seele, die ihnen einen Kronleuchter oder einen Klingelbeutel aus goldbestickter grüner Seide schenkt, in der zudem noch ein kleiner echter Diamant in den Boden eingearbeitet ist, diese Seele wird das nicht vergebens getan haben. Der Bauholzhändler, der ein offenes Auge für die irdischen Bedürfnisse der Kirche hat, für Zwänge und Mangel an ihrem Unterleben, wie ich es nennen will, dieser Holzhändler bekommt Kunden, er macht Geschäfte.

Die Geistlichen erhalten von Jahr zu Jahr größere Macht in Amerika; besonders der Katholizismus bricht siegreich über das Land herein, und in einiger Zeit wird dieser vielleicht nicht einen Stein mehr auf dem andern lassen. Es ist hierzu recht erleuchtend, daß Minneapolis, das noch eine ziemlich skandinavische Stadt ist, einundzwanzig große katholische Anstalten hat, während es die übrigen Kirchengemeinschaften zusammen nur auf zwei bringen. Wenn man mit der Eisenbahn durch den Osten südwärts fährt, kommt man durch Orte, die durchweg katholisch sind. Man sieht Kirchen, große Schulen, Universitäten, Kinderheime, gewaltige Klosterbauten – die ganze Stadt ist katholisch. Es fehlt der katholischen Kirche in Amerika auch nicht an Geld; sie rekrutiert sich überwiegend aus Irländern, der stärksten Gruppe im Land, und den Iren geht es dort drüben fast immer gut; sie besitzen genau die vortreffliche Wendigkeit, sie wollen vorankommen, um sich überall im Leben und in der Gesellschaft Zutritt zu verschaffen.

Die Tatsache, daß man vor den Wahlen Geistliche anheuert, damit sie umherreisen und Reden zugunsten dieses oder jenes Kandidaten halten, und daß sie auf diese Weise als politische Agitatoren benutzt werden, zeigt, welche große Macht die Geistlichen auch auf diesem Gebiet haben, weit größer als andere Menschen, die die Politik des Landes weit besser kennen. Auch das ist ein Erbe der Yankees von ihren Einwanderervorfahren. »Dein Gott soll mein Gott sein, nur der Tod soll uns scheiden.« Es ist nicht mehr der absolute Glaube, der die großen Massen des Volkes bewegt, ihren Geistlichen zu folgen; nächst dem materiellen Vorteil, der damit verbunden ist, ist es eine Traditionsregel, eine Art angeborener Religiosität, was sie dazu treibt. Bei den Amerikanern hat der religiöse Glaube einen Beigeschmack erhalten, der ihn eigenartig macht; es ist ein Glaube geworden, dem unsere europäische Theologie wohl den leichtverständlichen Namen Gewohnheitsglaube geben würde, der sich aber vielleicht genauer als Glaube an das Erbe bezeichnen läßt. Man glaubt, weil man geglaubt hat, weil man seinen Glauben obendrein durch viele, viele Ge-

nerationen bewahrt hat. Deshalb glaubt man – nicht absolut, aber faktisch. Diesen Eindruck von Erbglauben bei den Amerikanern gewinnt man auch in ihren Kirchen. Es war beruhigend für einen fremden Sünder, die selbstverständliche satte Art und Weise zu beobachten, in der sie Gott anbeteten. Sie kamen in die Kirche, als ob sie zu einem gewöhnlichen Vortrag erschienen, suchten sich einen Platz, setzten sich in die tiefen, weichen Sessel, lehnten sich zurück und lauschten – während der Priester dastand und sich in gesegneter Stunde um ihrer Seele Seligkeit kümmerte. Kein Weinen, keine Ziererei, wie sie ein absoluter Glaube vielleicht hervorgerufen hätte; auf der andern Seite auch keine Gleichgültigkeit. Das Ganze scheint ernst gemeint zu sein, so mitten zwischen Reue und Freudengesängen, Ziegelstein und Gotteswort, kurz gesagt, mitten im Erbglauben. So lebendig kann dieser Erbglaube werden, daß ein Fremder niemals auf den Gedanken kommen könnte, er sei tot; aber dann muß er echt sein, sozusagen die einzig echte Rasse des Yankee-Erbglaubens. Bei den Yankees ist er unverfälscht, unverfälscht und lebendig. Er äußert sich nicht in Ziererei, sondern in Halbfreude, in Interessiertheit. Hält man sich eine Zeitlang in Amerika auf, wird man nach und nach zu verstehen lernen, daß bei einem großen Teil der Yankees der liebe Gott ungefähr ebenso beliebt ist wie Washington – und damit kann der liebe Gott zufrieden sein.
Die fleißige Kirchgängerei ist indes nicht unbedingt als Beweis für eine hohe Moralität der Amerikaner zu sehen. Es gibt so viele gute Amerikaner, die am Samstag die schwärzesten Dinge tun und am Tag darauf dennoch zur Kirche gehen. Auch ein Yankee ist ein Mensch, und die Menschen sind sich überall ähnlich. Man erhält nicht den Eindruck, daß es die Geistlichen Amerikas mit all der Macht, die sie haben, fertiggebracht hätten, ein besonders starkes Moralgefühl bei ihren Gemeindemitgliedern heranzubilden.

Amerikas moralisches Niveau wird am sichersten daran gemessen, daß man die Freiheit, die Rechtspflege und die Verbrechen in Amerika betrachtet, und die Früchte, die die Moral hier hervorgebracht hat, vertragen kaum, ausgestellt zu werden.
Amerikas Moral, das ist das Geld.
In Skandinavien hat man recht gut über die religiöse Freiheit Amerikas gesprochen. In Wirklichkeit erstreckt sie sich nicht so weit, wie wir es anzunehmen gewohnt sind. In dieser Beziehung ist es – wie in allen andern Beziehungen in Amerika – zu allererst das Geld, worauf es ankommt. Ist ein Mann reich, kann er sich eher Pferd und Wagen halten als einen Geistlichen, und niemand tadelt ihn dafür; ist er jedoch arm, kann er sich nicht einmal das tägliche Brot leisten, ehe er sich an den Geistlichen hält. Und wenn ein Armer den Geistlichen entbehren kann, dann wird das sehr übel aufgenommen. Amerikas Moral ist das Geld.
Da gibt es in Amerika einen Mann, der Ingersoll heißt. Den Mann läßt man ungehindert amerikanische Städte besuchen und dort, wie man es nennt, freidenkerische Vorträge halten. Ich will sie nicht im Gegensatz dazu freie Vorträge nennen, aber ich will sagen, daß innerlich doch wenig von Wissenschaft in den Vorträgen dieses Mannes zu finden ist. Ingersoll fährt inzwischen in Amerika hin und her und verkündet die Gottlosigkeit für Eintrittskarten zu einem Dollar. Niemand hindert ihn am Reisen. Im Gegenteil. Ein Eisenbahnschaffner, der Ingersoll in seinem Zug hatte, meinte, er habe ausnahmsweise einmal einen großen Mann befördert. Und wenn Ingersoll aus dem Zug aussteigt, kann er sofort in einem Extrablatt der örtlichen Hauptzeitung von seiner Ankunft lesen. Ingersoll ist nämlich im Krieg Oberst gewesen, das bedeutet Patriot, er ist außerdem Anwalt, das bedeutet Redner, und ein reicher Mann, was alles sagt. Er ist Eigentümer umfangreicher Ländereien.

Da gibt es einen andern Mann, der Bennett heißt, ein im Vergleich mit Ingersoll überaus intelligenter Mensch, Redakteur von *The Truth Seeker* (Der Wahrheitssucher), Verfasser zweier großer Bücher über vergleichende Religionswissenschaft neben einer ganzen Menge größerer und kleinerer Broschüren – dieser Mann hat wegen seiner Freidenkerei in den amerikanischen Gefängnissen gesessen. Und weshalb? Weil er nicht Oberst – Patriot –, nicht Advokat – Redner – war und weil er arm war. Er hatte in einem Pamphlet ein besonderes Wort über den Religionshumbug in Amerika gesagt; das war zuviel; das hatte Ingersoll nie getan. Wenn Ingersoll ein besonderes Wort über die Amerikaner sagt, dann sagt er ein besonderes Wort über das Alte Testament; er weist nie auf einen speziellen Mangel bei seinen Landsleuten hin, findet keine gefährliche Wolke am Himmel Amerikas; er ist der platteste Patriot in seinem Vaterland. Aber Bennett kam ins Gefängnis. Es ist Tatsache, daß der Mann zu arm war, um sich vor dem Gefängnis retten zu können.
Da gibt es einen dritten Mann, Pearl Johnson. Er kam auf den ganz und gar verrückten Gedanken, daß einzelne Menschen doch recht polygam veranlagte Wesen seien, und er schrieb ein Buch, in dem er etwas wie freie Liebe verfocht – ins Gefängnis mit ihm! Er war ausschließlich Theoretiker, der arme Mann; er wohnte in New York in einer Dachstube und kannte gewiß keine andere Frau als seine Mutter; aber ins Gefängnis mußte er. Er war zu arm, um sich einen Anwalt zu nehmen.
Amerikas Moral, das ist das Geld.
Als Gegensatz zu diesem letzten Beispiel für die Art und Weise, wie sich die Moral in Amerika äußert, ist es interessant zu beobachten, wie sich dieselbe Moral in demselben Land gegenüber *Frauen* äußert.
Die Frau hat in Amerika eine Macht, die man richtiger als

Übermacht bezeichnen würde. Wenn sie auf der Straße geht, hat sie – ohne Rücksicht auf die Straßenordnung – das Recht, auf der Innenseite des Bürgersteigs zu gehen; befinden sich zwölf Männer und eine Frau gleichzeitig in einem Fahrstuhl, müssen die zwölf Männer während der Aufwärts- oder Abwärtsfahrt aus Rücksicht auf diese eine Frau barhaupt im Fahrstuhl stehen; sitzen in einem Straßenbahnwagen fünfzehn Fahrgäste, und eine Frau steigt ein, muß sich ein Mann von seinem Platz erheben und ihr diesen überlassen; erscheint eine Frau als Zeugin vor Gericht, so gilt ihre Aussage soviel wie die zweier Männer; passiert es einem Mann, in Hörweite einer Frau unbedacht zu fluchen, muß er die Frau augenblicklich um Entschuldigung bitten. Draußen auf den amerikanischen Farmen ist es stets der Mann, der morgens als erster aufsteht; erst nachdem er Feuer im Herd angezündet, Wasser aufs Feuer gesetzt und die Kühe im Stall gemolken hat, weckt er die Frau. Ein Mann, der eine Frau hat, kann einen Chinesen, der eine Wäscherei hat, gerichtlich belangen, wenn die Chinesen Unterhosen zum Trocknen an einer Stelle aufhängen, wo sie der Frau des Mannes ins Auge fallen können. Eine Frau kann, selbst wenn sie von Männern lebt, auf leichte Weise ein kleines nacktes Schäferbild von Correggio mitten im Schlafzimmer des Eigentümers beschlagnahmen lassen; den Beweis liefert ein Bekannter, dem das vor zwei Jahren in Chicago geschah. Wenn also – um den Fall nach Kopenhagen zu übertragen – ein Pferd in der Karl-Johan-Straße stände und zu der Kassiererin in Paschas Buchhandlung hineinblinzelte, dann brauchte die Kassiererin, wenn sie Amerikanerin wäre, nur einem Polizisten zuzublinzeln, woraufhin der Polizeibeamte, wenn er Amerikaner wäre, den Hengst sofort festnehmen würde... In Amerika kann eine Frau ungestraft tun, was eigentlich nicht zulässig ist. Im Gegensatz zu Pearl Johnson, der die freie Liebe nur lehrte und bestraft wurde, *praktiziert* die amerikanische Frau freie Liebe und geht frei aus. Ein Mann unternimmt eine Reise mit der Eisenbahn; er bleibt fort, er läßt nichts von sich hören; drei, vier Monate danach geht die gebrochene »Witwe« zum Richter und erklärt etwa folgendes: »Ich bitte um Scheidung«, sagt sie, »mein Mann hat eine Reise mit der Eisenbahn gemacht, und seitdem ist er nicht nach Haus gekommen«, sagt sie. Blaß vor Mitleid entgegnet der Richter: »Was für ein Mann! So lange ist er nicht zu Haus gewesen!« Und danach fragt er dann – nur der Form wegen: »Wie lange ist es denn her?« – »Drei Monate!« erwidert die »Witwe« mit dem letzten Rest ihrer Kraft. *»Granted divorce!«* ruft der Richter, und die »Witwe« ist geschieden.

Man lese nur einmal eine Weile die amerikanischen Blätter, um Beweise dafür zu finden, wie ungleich viel leichter es für eine Frau als für einen Mann ist, in Amerika geschieden zu werden. In größeren Städten hat jede Samstagsnummer der Zeitungen eine besondere Seite für Scheidungen; diese werden in Form von Berichten aus dem Gerichtssaal abgefaßt und enden immer mit der gleichen Wendung: *»Granted divorce!«* Und die weitaus größte Zahl der Scheidungen wird von der weiblichen Partei beantragt. Daß ein Mann drei, vier Monate weg gewesen ist, ohne Geld nach Haus zu schicken, genügt bereits, um ihn seiner Frau zu berauben; überdies liegen diese Ehescheidungen ausschließlich im Ermessen des Richters, weil alles darauf ankommt, wie wohlwollend er sich in dem Prozeß verhält.

In den Kirchen trifft man, wie es billig ist, eine Auswahl jener Amerikanerinnen, die in ihrem Leben am seltensten geschieden wurden und die also die nettesten Frauen in der Stadt sind. Anständige Menschen, schöne Menschen, die anzusehen ein ästhetischer Genuß ist. Weshalb sitzen sie hier? Kaum um ein allerhöchstes Moralgefühl zu begründen und zu stärken. Aber die Amerikanerinnen sind Menschen, und die Menschen sind sich überall recht ähnlich. Sie sitzen hier wegen ihres Erbglaubens. Es interessiert zu hören, was von Gottes Seite gegen die letzten Begebenheiten draußen auf der Prärie oder drinnen in der Stadt einzuwenden sein könnte, was der Pastor dann insgesamt in seinem Vortrag erläutert. Man erfährt alles genau; der Pastor dokumentiert seinen Vortrag mit Zeitungsausschnitten, mit Gerüchten, die er den *Locals* eines Redakteurs entnommen hat, mit privaten Mitteilungen von Leuten, die dies und jenes aus dem Effeff verstehen. »Einer meiner Freunde erzählte mir dieser Tage«, sagte der Pastor – und dann berichtet er, was sein Freund ihm dieser Tage erzählt hat. Da spitzen die weiblichen Kirchgänger die Ohren. Denn entweder ist es eine Neuigkeit, die da kommt, oder es ist ein Scherz. Und beides ist es wert, die Ohren zu spitzen – in großer Anständigkeit.

Was ist es außerdem, was die Amerikanerinnen zu ihrer fleißigen Kirchgängerei bewegt? Neben dem Erbglauben ist es die Tatsache, daß sie nichts zu versäumen haben. Sie haben Zeit für diese religiöse Aufmunterung, sie haben nichts zu erledigen. Echte Amerikanerinnen haben kein Haus zu versorgen, keinem Mann zu helfen, keine Kinder zu erziehen; in den beiden ersten Ehejahren geschieht es vielleicht, daß sie bis zu zwei Kinder haben – aus Unvorsichtigkeit; danach haben sie keine weiteren. Und wenn sie nun in dem geringen Alter von dreißig bis fünfunddreißig Jahren in den Kirchen sitzen, haben sie keine Kinder mehr, um die sie sich bemühen müßten. Sie haben überhaupt nichts mehr, worum sie sich bemühen müßten; sie sind arbeitslose Menschen. Was sie zu erledigen haben, ist, am Vormittag ihre Nerven zu pflegen, bis zwei Uhr Kunstwerke zu malen, bis sechs Uhr »Onkel Toms Hütte« zu lesen, bis acht Uhr spazierenzugehen. Allerdings wechselt der Stundenplan für ihre tägliche Tätigkeit. Drei- oder viermal in der Woche sehen

sie sich vielleicht genötigt – trotz der Ansprüche der Kunst, die schwer auf ihnen lasten –, sich acht bis elf klägliche Stunden für die Teilnahme an Frauenkongressen zu stehlen. Auch diese dürfen nicht versäumt werden; Gott weiß, wie unbedingt notwendig sie sind!
Die Amerikanerinnen sehen sich also zu folgender Lebensaufgabe in dieser Welt imstande: Nerven zu haben, Kunstwerke zu malen, Negerpoesie zu genießen, spazierenzugehen und Kongresse zu besuchen. Dagegen haben sie keine Zeit dafür, Kinder zur Welt zu bringen. Wenn sie zwei Papierhühner in die Welt gesetzt haben, meinen sie, ihre Muttermission erfüllt zu haben. Sie wollen auf jede Weise darum herumkommen, Kinder zu haben; sie mögen Kinder nicht stillen, diese Mühe wollen sie nicht auf sich nehmen. Die Folge ist die, daß das gesamte Erfindertalent der Yankees in Bewegung gesetzt wird, um Mittel zu entdecken, die die Geburt von Kindern verhüten. Die Frauen Amerikas kennen diese Mittel ebensogut wie unsere Frauen den Lutherischen Katechismus. Geht es trotz allem doch einmal daneben – aus Unvorsichtigkeit –, so gibt es immer noch einen Weg: In demselben Land, wo ein Mann im Namen der Moral zu einer Gefängnisstrafe verurteilt wird für eine Theorie über die freie Liebe, annoncieren die Ärzte öffentlich ihr Fachkönnen in der Abtreibung. Und niemand zieht sie deswegen zur Rechenschaft. Im Gegenteil. Sie haben Kunden. Die Amerikanerinnen suchen sie auf. Geht nun doch einmal nicht alles nach Wunsch – man kann ja die Kleinigkeit von vier, fünf Monaten zu spät zum Arzt gehen –, dann muß das Unglück also ausgestanden werden. Es kommt ein veritables Kind zur Welt, offen heraus gesagt ein unverschämt wirkliches Kind. Und das ist ein Unglück. Mit so einem Kind gibt es keinen Platz als Vorsitzende im Frauenkongreß. Und das bedauert die Mutter. Sie will das Kind auch nicht stillen; und das Zubereiten des Fläschchens

macht ihr zuviel Mühe; deshalb läßt sie ihren Mann in den Stall gehen und die Kühe für das Kind melken... Bei sämtlichen Sterbefällen in den Vereinigten Staaten im Jahr sind die Kinder unter fünf Jahren mit 50 Prozent beteiligt. Der Mediziner Dr. de Wolff, Oberarzt an einem der größten Krankenhäuser der Union (in Chicago), hat zusammen mit mehreren seiner Kollegen öffentlich erklärt, daß der Hauptgrund für diese widersinnig große Menge von Sterbefällen unter Kindern nur in der Unlust der amerikanischen Mütter gesucht werden könne, sie mit der eigenen Milch zu stillen. Von 100 lebendgeborenen Kindern sterben in Amerika vierzig, bevor sie ein Jahr alt sind. (In Norwegen, soweit ich mich erinnere, zehn.) Die Glashütten in den Vereinigten Staaten erzeugen jährlich über zehn Millionen Säuglingsflaschen. – An dem Tag, an dem die Yankees ihre Häfen den Einwanderern völlig verschließen, müssen sie die wenigen Indianerfrauen, die es noch gibt, einstellen, um ihre Volkszahl beizubehalten...

Wie die Amerikanerinnen da nun in der Kirche sitzen, dreißig bis fünfunddreißig Jahre alt, hübsche, saubere Frauen, die anzusehen einen ästhetischen Genuß bereitet, haben sie vielleicht eine kleine Rechnung mit ihrem himmlischen Washington zu begleichen. Und sie tun es mit vollendeter Fassung. Diese Menschen erheben sich nicht über das allgemeine Niveau der Moral Amerikas, aber sie stützen diese Moral auch nicht. Und das ist die Hauptsache.

V. Etikette

Die Sitten in Amerika sind allem Anschein nach die gleichen, denen man in England begegnet; besonders in den östlicheren Großstädten hat die Etikette die größte formale Ähnlichkeit mit der englischen. In der *Society* sind englische Vergnügungen, englische Geselligkeit, englischer Sport vornehmste Mode. Pferderennen, Hundekämpfe, Boxen, Jagdreiten, Ball- und Cricketspiel sind *»fashionable«* und die beliebtesten Beschäftigungen im Freien. Tee- und Missionskult, Muskelkraft, Anständigkeit und Besprechungen über Gruben- und Eisenbahnspekulationen sind die liebsten geistigen Zerstreuungen hinter den Türen der »Salons«. Die Stutzer in New York können sich mit denen in London sowohl in der weißen Wäsche, wie in den gelben Frühjahrsröcken und den konservativen Gehirnen durchaus messen, und die Damen in den reichen Häusern von Boston stehen kaum hinter irgendeiner englischen *Lady* darin zurück, wie sie sich im Zimmer auf einen Stuhl zubewegen und ein Gespräch mit Takt so führen, daß es nicht zu Ende geht. Der größere Teil des Volkes, namentlich in den westlichen Städten Amerikas, machte sich über die Engländer wegen ihres Backenbartes, ihrer uralten Königin und besonders wegen ihrer englischen Aussprache lustig; doch in Wirklichkeit hegen alle Amerikaner großen Respekt für England und nehmen ehrfürchtig auf, was von englischen Einwanderern dem Yankeeland an reiner und unverfälschter britischer Etikette zugeführt wird. Kommt man nach Washington, so erfährt man, daß dies dort in noch höherem Maß der Fall ist als in jeder andern Stadt in Amerika. Unter den älteren wie jüngeren Angehörigen der *Society* ist hier der englische Geist und Ton herrschend. Die Tochter eines reichen Mannes aus Washington meint oft, das britische Wesen des kleinen Sekretärs der englischen Gesandtschaft sei ihr geradezu in Fleisch und Blut übergegangen; sie ist hinreichend lässig in ihren Manieren, hübsch phlegmatisch in ihrer Ausdrucksweise und lispelt ganz ausgezeichnet. Dagegen kommt es vor, daß eine solche Dame mit dem unwiderstehlichsten Stallneger ihres Vaters nach Kanada zieht; aber das muß als ein Fall von Atavismus betrachtet werden, als kleiner, sich selbst vergessender Rückfall zum alten Menschen, zur Yankeenatur, die über alle Erziehung geht.

Das, was die amerikanische Etikette national macht und sie von der englischen unterscheidet, ist denn auch in der buchstäblichsten Bedeutung ihre Yankeenatur; trotz ihrer äußeren Ähnlichkeit mit der der Engländer ist sie in ihrem innersten Kern doch amerikanisch. Die Engländer sind Aristokraten, die Amerikaner Demokraten – genau diese verschiedenen Grundinstinkte bei den beiden Völkern bestimmen ihre ungleichen Sitten und verleihen der Etikette ihren Charakter. Man gewinnt den Eindruck dieser Ungleichheit der Etikette noch mehr zwischen den Bewohnern der amerikanischen Union und den Bewohnern des englischen Kanada. Wenn man mit der Eisenbahn fährt und die eine Nacht in einem amerikanischen, die nächste in einem kanadischen Hotel wohnt, meint man sofort, mehr Achtung in einem Gruß, mehr Intelligenz in einer Antwort bei den Kanadiern als bei den Amerikanern zu finden. Es braucht so wenig, um diese Nichtübereinstimmung hervorzurufen; die leise Betonung der Herzlichkeit, mit der einem ein Stuhl angeboten wird, die ein bißchen weniger blutsaugerartige Form, in der einem eine Rechnung vorgelegt wird, fordern sofort Sympathie heraus als Äußerung einer anderen und höheren Gemütsbildung. Das Gemüt der Amerikaner ist ohne Vornehmheit; ihr Gemüt ist durch und durch demokratisiert, auf das Gleiche hin erzogen, eingerichtet, niveaumäßig zu empfinden, gewohnt, sich ohne Adel zu äußern; es ist, mit einem Wort, ohne geistige Plastizität. Ein Yankee kann alles vom guten englischen Ton auswendig lernen, er kann die formale Etikette in den Fingerspitzen haben; aber er ist trotzdem in seinem Innern derselbe unveränderte Präriemensch, er wird vom Temperament her niemals Aristokrat werden. Der Engländer hat eine Tradition, ein Erbe geistesadliger Elemente im Blut, der Amerikaner dagegen ist ein Mann von heute, ein Emporkömmling, der seine Person selbst in Bildung und Etikette unterrichtet hat; er erinnert an einen Mann mit einem vornehmen Vornamen und einem höchst demokratischen Zunamen, sagen wir einmal Ørnstjerne Olsen*: wie hoch sein Ørnstjerne mit Hilfe englischer Politur auch steigen mag, sein Olsen zerrt ihn wieder zurück zu seinem nationalen, stallnegerhaften Wesen.

Die Amerikaner sind so wenig Aristokraten, daß selbst ihr rühmlicher Krieg in Wirklichkeit ein Kampf gegen die Aristokratie war. Es war wohl wirklich nicht mehr ein Krieg für die Sittlichkeit** oder ein Krieg für die Befreiung der Neger als ein Krieg um die Ausrottung der Aristokratie des Südens. Es ist doch ein bißchen naiv, sich vorzustellen, daß ein ganzes Volk, obendrein ein solches Volk wie die Amerikaner, in Raserei für einen Krieg gerät – aus Sittlichkeitsgefühlen. Das schmeckt nach Boston, das klingt nach Frauenemanzipation. Wenn es wirklich wegen der Sittlichkeit war, daß die Yankees den Krieg gegen den Süden führten, weshalb haben sie dann hinterher ein ganzes Vierteljahr-

---

* Ørnstjerne heißt Adlerstern, Olsen ist ein Allerweltsname, oft als Knechtname benutzt. (A. d. Ü.)

** Vgl. Bjørnsons »Engifte og mangegifte« (Einmal Verheiratete und mehrmals Verheiratete)

hundert lang die öffentliche, organisierte Unsittlichkeit als absolute Gesellschaftsform mitten im dichtesten Amerika, im Staat Utah, geduldet? – Der Krieg erhielt den Namen Sklavenkrieg. Warum nicht? Ein Krieg muß die eine oder andere christliche Ursache haben, einen offiziellen Namen, also heißt er Sklavenkrieg. Aber sprechen Sie mit den Soldaten und Offizieren dieses Krieges, fragen Sie sie, was sie in erster Linie dazu gebracht habe zu kämpfen, was ihr Gemüt in Brand gesteckt habe, und Sie werden von den Soldaten und Offizieren eine Antwort bekommen, die im höchsten Maß von allen Memoiren Grants und anderer seinesgleichen abweicht. Wenn ein Yankeeoberst am »Dekorationstag« eine Ansprache hält, ist es von Anfang bis Ende eine Ansprache vom Sieg der Demokratie über »die verfluchte Aristokratie«; wenn ein General Logan stirbt, fordert die amerikanische Presse seine Witwe auf, ein Buch vom Sieg dieser Demokratie über die »verfluchten Aristokraten des Südens« zu schreiben. Fragen Sie die Veteranen der Nordstaaten, was sie dazu bewegte, die Frauen des Südens zu ermorden, die Plantagen in Missouri niederzubrennen, Greise mit heißer Asche zu foltern, den Schweinen der Südstaaten rostige Nägel in die Stirn zu schlagen, den Pferden und Kühen der Plantagenbesitzer tiefe Säbelhiebe in die Lenden zu versetzen und Petroleum in die Wunden zu gießen – fragen Sie nur die Soldaten und Offiziere, ob all dies getan wurde aus Sittlichkeitsgefühlen und um die Sklaven zu befreien! – Der Krieg war ein Krieg gegen die Aristokratie und wurde mit dem ganzen rasenden Haß demokratischer Menschen auf den Plantagenadel des Südens geführt. Die gleichen Nordstaatler – die sittlichen Nordstaatler –, die damals die Aristokratie des Südens brechen wollten, spekulierten selbst darauf, Sklaven zu halten. Das vergessen die Frauen von Boston. Die Reichen der Nordstaaten besaßen umfangreiches Eigentum im Süden; als der Krieg ausbrach, schuldeten die Plantagenbesitzer des Südens dem Norden ungeheure Beträge. Es war die allgemeine Regel, daß die Reichen in Ostamerika den Pflanzern im Süden Vorschüsse auf die Ernte des Jahres gaben, Vorschüsse, gegen die die Plantage selbst und die Neger verpfändet wurden! Welche Sittlichkeit! Und welch heiliger Eifer, Onkel Tom in Freiheit zu setzen!

Daß sich die Intelligenz der Amerikaner zwar formal richtig äußert, daß ihr aber völlig der innere Adel, die seelenvolle Poesie fehlt, prägt auch die Etikette. Sie ist ohne innerlichen Inhalt, sie ist ihres symbolischen Wertes beraubt. So wie die Amerikaner den Besuch einer Prügelei zwischen anerkannten Boxern dem eines Auftritts von Sarah Bernhardt in *Ruy Blas** vorziehen, äußert sich diese geistige Uninteressiertheit auch in all ihren Bildungs- und Etikettebestrebungen. In ihren Grußformen, der Art, sich anzuziehen, in ihrem gesellschaftlichen Ton wie im Straßenleben ihrer großen Städte herrscht dieser unbeteiligte Ungeist. Geht man am Abend durch die vornehmste Straße einer amerikanischen Stadt und folgt einem spazierengehenden Paar, dessen Geplauder man unbemerkt belauscht, bekommt man eine ganz genaue Vorstellung von dem unter den Menschen dieses Landes herrschenden Geist. Wiederholt man dieses Experiment eine Zeitlang jeden Abend, stets darauf achtend, daß man jedesmal ein anderes Paar wählt, gewinnt man den gleichen Eindruck von dem letzten wie von dem ersten Gespräch, daß nämlich beide dem gleichen ungeistigen Gemütsleben entspringen und sich um die gleichen Hauptthemen drehen: Geschäfte, Prügeleien, Sport, Wetterverhältnisse, Familienangelegenheiten, Eisenbahnunglücke, Verhaftungen. Das Paar können zwei Verlobte sein – das Gespräch erhält dadurch keinen andern

---

* Drama von Victor Hugo, entstanden 1838

Charakter. Die Dame ist in Seide gekleidet, eine sehr nationale Tracht; ihr Geschmack äußert sich in Zusammenstellungen der desperatesten Farben, schwarze, blaue, weiße und rote Knöpfe an der gleichen Corsage, eine brandgelbe Schleife an der einen Hüfte, flatternde vergoldete Bänder und Rosetten an den unmotiviertesten Stellen – fürwahr, die Amerikanerinnen schmücken sich prunkvoll, und nicht einmal Salomo war gekleidet wie eine von ihnen! – Das Paar ist national. Wie die Dame die rasenden Übergänge liebt, von Dunkel bis zum grellsten Hell, so daß sie mit lauter Farben die innerlich vernünftige Seele ihrer Kleidung völlig verderben kann – so weist auch der Anzug des Herrn die gute nationale Disharmonie auf, ohne die es kein amerikanischer Anzug wäre. Ein Yankee kauft einen Hut für zehn bis fünfzehn Dollar, aber er bringt es fertig, in Beinkleidern herumzulaufen, an denen die Knöpfe dort fehlen, wo an Beinkleidern die Knöpfe nicht fehlen dürfen. Er ist Ørnstjerne im Hut und Olsen in den Hosen. In der warmen Jahreszeit darf man nicht nach Rock und Weste am Leib eines echten Yankee fragen; er geht mit seiner Dame ebenso ungeniert ohne diese Kleidungsstücke wie mit ihnen auf der Straße spazieren.
Am Tag ist die Straße in einer amerikanischen Stadt fieberhaft unruhig. Geschäftsleute strömen mit hurtigem Schritt zur und von der Bank, zu und von einem *Engros*-Haus, zu und von ihren Kunden; Straßenbahnen rollen leer davon, das lahmende Maultier davor; die Damen sitzen im »Kongreß« und debattieren über den Übergang Dakotas vom Territorium zum Staat; der hoffnungsvolle Sohn geht ins Athenäum und liest Patentberichte; die Zeitungsreporter stehen an den Straßenecken und spitzen die Ohren, um etwas über Brände oder Prügeleien für die Morgenausgabe zu erfahren; aber der Stutzer vom Fach, der *dude*, mit seinem manschettenhohen Kragen und seinem Stock mit dem

Goldknauf sitzt in Hemdsärmeln an einem sicheren Platz und beschwindelt einen Farmer im Glücksspiel.

Am späten Nachmittag verändert die Straße ihren Charakter, Punkt sechs promeniert die Stadt. Und jedes Menschenkind in der ganzen Stadt kommt herausgekrochen, die Banken machen zu, das Athenäum schließt seine Schätze bis zum nächsten Tag ein, die Damen gehen aus und schwenken ihren Leutnant, wie ein Leutnant geschwenkt werden muß; aber der Stutzer vom Fach hat seine Arbeit getan und den dummen Farmer gerupft, wie ein Farmer gerupft werden muß. Das lahmende Maultier zieht nun die Straßenbahn die Straßen entlang, die Kneipen füllen sich mit durstigen »Deutschen« aller Nationen, die Fabriken schließen ihre großen eisenbeschlagenen Türen, Scharen geschwärzter Arbeiter biegen, die zerbeulten Blecheimer in der Hand, in die Seitenstraßen ein, und die Zeitungsjungen rufen mit winselnder Stimme den vollendetsten Mord in Kansas City aus! Dies ist der große Augenblick des Stutzers, er hat den ganzen Tag auf diese Stunde gewartet; das erste Seidenkleid, das sich auf der Nicollet Avenue zeigt, bringt ihn in Stimmung. Nach dem neuesten Schnitt eines Herrenrocks zu gaffen, laut über die kürzlich zerschlagenen Nasen zweier Boxer zu schwatzen, in ihrem Jargon zu witzeln, den armen Sünderinnen aus den Hinterzimmern zynische Sticheleien zuzuwerfen, das sind ihre Lebensinteressen. Es gibt begabte Leute unter diesen Gecken, schöne Menschen, geistesgegenwärtige, pfiffige Yankees, Amerikaner mit irischem Blut, junge Herren, die tagsüber in feinen Restaurants leben und nachts in einer Kneipe auf einem Stuhl schlafen, Wracks und Gentlemen, männliche »Damenanbettler«, die an den warmen Abenden die Fräulein Railey vor der Kirche erwarten und zwei Dollar bar erhalten – um ihrem Nächsten in aller leiblichen Not zu helfen...

Der Haupteindruck von dem Straßenleben in Amerika ist durchweg die geistige Uninteressiertheit der Menschen. Diese Luft von üppigem Ungeist, in der die Yankees leben, ist wie geschaffen für die Erzeugung nicht in Anspruch genommener Stutzerhirne. Kein Gemälde und kein Buch ist in den Schaufenstern zu sehen; man kann höchstens die ausgeschnittenen Indianerfiguren in den Zigarrenläden betrachten. Geht ein Herr oder eine Dame auf dem Bürgersteig und liest die letzte Zeitung, dann sind es Morde und Unglücksfälle, von denen sie lesen. Gehen da zwei Verlobte und plaudern über ihre Herzensanliegen, dann sind es Geschäfte und Wetterverhältnisse, von denen sie reden. Gleichzeitig haben alle Spaziergänger ein wachsames Auge auf die geringsten Unregelmäßigkeiten im Straßenverkehr – eine betrunkene Frau, eine überfüllte Straßenbahn, ein Mann mit Brille.

Eines Tages hatten sich vierhundert Menschen auf dem Platz vor der Scandia-Bank versammelt. Was taten diese Leute dort? Sie standen da und sahen sich ein mit Steinen beladenes Fuhrwerk an, das mit den Rädern fest in den Straßenbahnschienen saß. Und in den Häusern rundumher waren in jedem Fenster Gruppen von Gesichtern zu sehen, junge und alte Gesichter nebeneinander, die mit gespannter Miene das Mirakel überwachten, und von den angrenzenden Straßen kamen Menschen angerannt, wie eben alte Weiber angerannt kommen, um sich diese Steinfuhre anzuschauen. Ich habe in keinem der Länder, die ich bereist habe, jemals solche Geruhsamkeit erlebt; diese ganze Menschenmenge stand da und sah sich das Fuhrwerk mit den Steinen an, als ob es sich um ein weltgeschichtliches Schauspiel gehandelt hätte. Mob, wird man sagen; es waren Jugendliche und Mob! Aber nicht in der Überzahl. Vor allem: Es waren Amerikaner. Es befanden sich in der Stadt angesehene Männer darunter, Frauen vom »Kongreß«, elegante

Leute. Es war Mob in Pelzen, Damen in teuren Kleidern; es war Mob – das große Schild *Odd Fellow** auf der Brust, Mob mit Gold für zwanzig Dollar bar in den Zähnen. Es waren Amerikaner.

In dem letzten Winter, den ich in Amerika war, trug ich ein Paar Schneegamaschen, die zusammen zweiundzwanzig Knöpfe besaßen. Nun will ich gern einräumen, daß vielleicht ein, zwei Knöpfe zuviel an den Gamaschen waren, das will ich schon einräumen; aber schließlich war doch nur ein Knopf für jedes Knopfloch da, und das muß man, mit Verlaub, ja in einer Schneegamasche haben. Aber die guten Bürger der großen Stadt konnten es vor ihrem Gewissen nicht verantworten, daß sie darauf verzichteten, sich diese Schneegamaschen genau anzuschauen. Wenn ich mich die Hauptstraße der Stadt entlangwagte, folgte mir jedes Auge in jedem echten Yankeekopf, und es kam mir vor, als hätte ich noch niemals so viele Menschen auf der Straße gesehen wie an den Tagen, an denen ich die Schneegamaschen anhatte. Wenn ich ein wanderndes Theater gewesen wäre, hätte ich nicht größeres Aufsehen erregen können, und ich fühlte mich gar nicht sicher vor einem Engagementsangebot des einen oder andern Varietétheaters. Schließlich wurde die Aufmerksamkeit, die ich mit meinen Schneegamaschen auf mich zog, ein wenig bedenklich. Selbst Polizeibeamte blieben stehen und sahen sie sich an und überlegten, ob sie darauf verzichten dürften, diese Schneegamaschen zu verhaften. Die Folge war, daß ich sie verschenkte, jawohl, das habe ich getan – schenkte sie meinem schlimmsten Feind, einem Zimmermann aus Texas, mit dem ich auf diese Weise einen herzlichen Vergleich schloß.

Aber solche Pusseleien können die Amerikaner beschäfti-

---

* Mitglied einer freimaurerähnlichen Wohltätigkeitsgesellschaft (A. d. Ü.)

gen, solche Bagatellen wie zwei Knöpfe zuviel an einem Paar Schneegamaschen, das, was die Leute an den Beinen tragen, das nimmt ihre Gedanken in Anspruch – während anderswo die Menschen ständig suchend draußen auf den Feldern sind und jede Frage mit wachsamen Augen betrachten. Hier dagegen scheut man sich nicht, der ohnehin ein wenig unzivilisierten Art und Weise, einen Fremden zu beglotzen, die noch weniger feine Etikette hinzuzufügen, die einen neugierigen Blick und einen Ruf hinter einem Fremden her auf der Straße erlaubt. Wo die Leute so »frei« sind wie in Amerika und wo die Hirne geistig so wenig in Anspruch genommen sind, gibt es keinen Grund zur Verwunderung, wenn einem beispielsweise eine Amerikanerin im Vorbeigehen lauthals ins Gesicht lacht und einen »einen armen Franzmann« nennt oder wenn ein schwarzer Halbaffe einem mit dem goldenen Knauf seines Stockes eine Beule in den Hut schlägt. Sich darüber zu beklagen werden sich nur die naiven Menschen trauen, die gerade aus einem Vaterland ausgewandert sind, wo das Volk ein bißchen weniger »frei« und die Etikette ein wenig idealer war.
Ein Eingeborener von Neuguinea würde sich höchst beleidigt fühlen, wenn er auf der Straße einen Bekannten träfe und dieser Bekannte es unterließe, ihn mit geballter Faust zu begrüßen. Das ist der dortige freundschaftliche Gruß. Bei gewissen Malaienstämmen müssen sich zwei Freunde, die sich nach langer Trennung begegnen, mit Schimpfworten, mit ausgesuchten Grobheiten überfallen und sich danach lange und innig umarmen. In Amerika grüßt man mit lauter Stimme: *How do you do?* und fährt vorbei. Und ehe ich Zeit gehabt habe, auf diese Frage zu antworten, ist der Grüßende mindestens zehn Schritt von mir entfernt. Und so geschieht es, daß ich meine Erwiderung, wenn sie endlich kommt, dem nächsten, dem ich begegne, an den Kopf werfe – einem Bananenverkäufer aus Sizilien oder einer Da-

me in Reformkleidung. Dieses *How do you do* ist ein ebenso sinnloser Gruß wie eine freundschaftlich geballte Faust oder ein inniges Schimpfwort; wörtlich übersetzt heißt es: »Wie tust du tun?« Das ist ein aus England eingeführter Gruß, eine rüpelhafte Etiketteäußerung aus Londons Vorstädten; im englischen *high life* hört man die Wendung einfach nie auf der Straße. Nur in Amerika ist es bester Ton, Leute mit dem lauten, fast unartikulierten Ruf: »Wie tust du tun?« zu überfallen. Wenn Amerikaner grüßen, grüßen sie aus Leibeskräften.

Das Grüßen ist vielleicht nichts anderes als ein Überbleibsel aus den unvollkommeneren Stadien des Menschen. Aber natürlich! Zweifellos stammt es aus dem Hundestadium. Gewiß und wahrhaftig! Solange der Mensch nicht weitergekommen ist als bis zu seinem gegenwärtigen Stadium, hat das Grüßen seinen Wert als Symbol, Poesie, Respekt; es ist eine Intelligenzäußerung, die einen gewissen Bildungsgrad bei den Leuten beweist, denen sie gilt. Wie es einen gewissen Bildungsgrad bei den Tieren beweist. Als der Fisch zum Vogel wurde, lernte er eine feinere Lebensart. Der Ochse grüßt würdig und still und glotzt gerade vor sich hin, ohne ein Wort zu sagen; die Katzen dagegen grüßen sich in den dunklen Nächten auf eine solche Weise, daß sie das Ganze lieber lassen sollten. Doch einstweilen ist es *ihre* Art des Grüßens – ein Ausdruck ihres Temperaments und Entwicklungsstadiums.

Das Grüßen der Amerikaner ist ein englischer Jargon, der weniger vernünftig als kräftig ist – ein Unsinn von Wörtern, ein Ruf im Vorüberfahren. Ein Yankee wirft mir mitten auf der Straße eine sinnlose Frage nach, auf die ich nicht antworten kann, ohne hinter dem Mann herzurennen! Mich in Gegenwart aller Welt zu fragen, wie ich es »mache«, während ich mit dem festen Vorsatz nach Haus gehe, mit niemand Zank zu bekommen, überfällt man mich mit einer

Beleidigung in einem Augenblick, in dem ich mich nicht verteidigen kann. Der amerikanische Gruß ist von so großartiger Sinnlosigkeit, daß man in Norwegen einen solchen Gruß als Rüpelei auffassen würde.
In Amerika geht der Mann mit dem Hut auf dem Kopf im Theater durch das ganze Parkett; überflüssige Höflichkeitsrücksichten andern gegenüber kann man sich sparen. Erst wenn er seinen PLatz eingenommen und seinen Mantel ausgezogen hat, den er so zurechtlegt, daß er darauf sitzen kann, erst dann nimmt er den Hut ab. In Varieté- und *Opéra comique*-Theatern nimmt er den Hut gar nicht ab, trennt sich dagegen von der Jacke und in der warmen Jahreszeit auch von der Weste. – Wenn ein Yankee in die Stube eines andern Yankees tritt, braucht er sich überhaupt nicht zu genieren, den Hut auf dem Kopf zu behalten; es ist Brauch und Sitte im Lande, es in dieser Hinsicht ganz so zu machen, wie es einem gefällt. Trifft er zu einer Mahlzeit ein, setzt er sich an den Tisch, wie man sich an die Werkbank setzen könnte, ohne einen Unterschied zwischen Genuß und Arbeit zu machen, ohne sich dem Gastgeber und der Gastgeberin im geringsten verpflichtet zu fühlen. Einem Besucher werden auch nur bei den Mahlzeiten Erfrischungen angeboten, und da nimmt er sie als Selbstverständlichkeit an, als Speise zur Mahlzeit, die er ebensogut zu sich nehmen wie stehenlassen kann. Er ißt wie ein Dienstmann, der zum Essen gemietet worden ist, verzehrt sein Fleisch mit großer Geschicklichkeit, mit reiner Routine; er *gibt* sich dem Genuß nicht *hin*, er nimmt sich ihn, schlägt die Zähne heftig hinein und stürzt sich mit Heldenmut auf das Fleisch; alles muß in soundsovielen Minuten vorüber sein; er hat nicht soviel Zeit zu verschwenden, mit so einem unterlegenen Stück Fleisch behutsam zu verfahren. Und wenn er dann fertig ist, erhebt er sich vom Tisch, ohne ein Wort zu sagen, selbst wenn er geladener Gast ist,

ohne auch nur ein wenig mit dem Kopf zu nicken; sein Dank ist der vollständigste Undank. Mir ist es einmal passiert, daß ich mich bei einem solchen Anlaß vergaß und eine winzig kleine Verbeugung machte; die Verwirrung meiner Gastgeberin war groß, doch noch größer wurde meine, als sie erwiderte: »*Thank you, I don't dance!* Nein, danke, ich tanze nicht.« – »Nein«, sagte ich als Entschuldigung, »ich finde auch, es ist eine Unsitte, nach dem Essen zu tanzen.« Und wir trennten uns.

Es liegt Ungeist in der amerikanischen Etikette, der ihren wenig idealen Charakter zu einem nationalen macht. Es ist eine Vorstadtetikette, von einem Volk mit einer nagelneuen Demokratie aus einem alten, aristokratischen Land in Gebrauch genommen, einer Demokratie, für die die Freiheit Freiheiten bedeutet und die Achtung eine inhaltlose Form ist. Wenn ein Amerikaner zur Begrüßung einen Ruf ausstößt, einen Unlaut von Wort, in dem sich keinerlei Sinn findet, dann ist das ein Gruß, der seines idealen Stimmungsgehalts beraubt worden und nur noch ein Ruf ist. Und wenn ein Fremder am Tisch steht und nicht einmal mit einer Verbeugung als Dank für das Essen gehen darf, dann ist das kein Verzicht auf Zeremoniell; und es ist alles andere als ein Beispiel für die »Einfachheit« und »Natürlichkeit«, für die die Amerikaner überall berühmt geworden sind; es ist vielmehr eine *inhaltslose Zeremonie.* Denn die Zeremonie ist in Amerika faktisch diese: für das Essen nicht zu danken. Es ist Etikette, die man lassen sollte. Dagegen muß man grüßen, daß es einem in den hohlen Zähnen knallt. Auch das ist Etikette.

So gering und unbedeutend die Höflichkeitsäußerungen auf der Straße in Amerika sind, so dürr und unsympathisch ist auch die Etikette innerhalb der vier Wände.

SCHLUSS

Schwarzer Himmel

Eine Nation mit Patriotismus und Fremdenfeindschaft, ein Volk ohne nationale Literatur und Kunst, eine korrupte Gesellschaft, ein materialistisches Leben, eine üppige Geistlosigkeit! Robert Buchanan und Herbert Spencer haben es mitten in Amerika gewagt, diese lebensgefährliche Äußerung über Amerika und die Amerikaner zu machen.

Wenn richtig freie Autoren hier bei uns in Europa einen Helden haben, dem sie alles Gute antun wollen, mit dem es im Vaterland jedoch schief gegangen ist, weil er Freidenker und Angehöriger der Linken ist, dann schicken sie ihn im letzten Kapitel des Buches nach Amerika. Dort ist Ellbogenfreiheit! Wenn unsere freien Journalisten ihren Abonnenten erklären sollen, was Freiheit wirklich ist, dann weisen sie auf Amerika und sagen: Dort ist Freihei! Wenn unsere äußerst fortgeschrittenen Frauen beweisen wollen, wie jämmerlich wenig Lebenskräfte sie in der Politik haben einsetzen dürfen und wie weit sie hinter den »Menschen« anderswo zurückstehen, so nennen sie zu allererst Amerika, wo die Frauen bereits Bürgermeister auf gewissen Prärien geworden sind. Dort gibt es Frauen!
Man ist rasch und leicht überzeugt von der formalen Entwicklung, die Amerika genommen hat, von dem großen Lärm, wie es nun um seinen Namen steht. Man hört das Geschrei von den Wahlkampagnen und ist begeistert, lauscht dem Gebrüll aus dem Zirkus Barnum und bebt, liest die Berichte aus den Schweineschlachtereien in Chicago

und jubelt, liest jedes Märchen in den Zeitungen, liest und glaubt. Nachdem man vom Dampfhammerlärm taub geworden und von den Stimmen der Maschinen fast gefoltert worden ist, denkt man mit seinem verwirrten Hirn: Amerika ist groß! Es ist die *große Sache*, die einen überzeugt. Der amerikanische Geist gleitet einem wirklich nach und nach ins Bewußtsein; er steckt an durch Briefe, Zeitungen und reisende Redner. Die Yankees selbst sind völlig zufrieden mit den Dingen, wenn sie nur groß sind; sind sie nicht groß, müssen sie wenigstens viel Geld gekostet haben. Es ist der Umriß und der Barwert eines Dinges, die den Inhalt dieses Dinges ausmachen. Die flottesten Paläste an der Michigan Avenue in Chicago haben nicht mehr Stil als ein Negerkopf, sie sind jeglicher Architektur beraubt, aber sie kosten eine Million Dollar – was einen überzeugt. Das Washingtondenkmal weckt nicht die Spur von Interesse – außer durch seine Höhe. Es ragt 555 Fuß hoch kerzengerade in die Luft; auf der Spitze soll, wie es heißt, Washington stehen, es kann auch durchaus sein, daß er dort steht, man sieht ihn nur nicht, denn das Kunstwerk selbst bekommt man von der Erde aus nicht zu Gesicht. Der Obere See und der City Park in Philadelphia werden in den Almanachen der Yankees als zwei von den elf Wunderwerken Amerikas genannt. Weshalb? Weil der Obere See der größte Binnensee und der City Park der größte Park der Welt ist. Die Vereinigten Staaten haben weite Prärien, es kommt nur wenig auf ein paar hundert Meilen Erde mehr oder weniger an, wenn es darum geht, ein Wunderwerk von Park zu schaffen! Das *Metropolitan Opera House* in New York veranschaulicht ebenfalls die Leidenschaft der Amerikaner für große Dinge. Natürlich ist es »das größte Theater der Welt«. Der Architekt reiste, ausschließlich dieses Theaters wegen, nach Europa; er verbrachte mehrere Wochen in Paries, Wien und Moskau, reiste dann zurück und baute ein

Monstrum von Opernhaus, in dem man am schlechtesten auf der ganzen Welt hört und sieht. Dennoch ist es »das größte Theater der Welt« – was einen überzeugt. Ein Fremder wird es besuchen, er will die große Bühnenkunst sehen, die er dort zu finden erwartet. Er wird getäuscht, er sieht Possen; er geht nicht mehr hin. – Dann reist er nach Chicago. Dort wird er sofort darüber unterrichtet, daß das *Madison Square Theater* »den kostbarsten Vorhang der Welt« besitzt; so steht es auf den Plakaten. Nein, nein! sagt der Fremde und schüttelt bestimmt den Kopf; es war *Kunst*, was ich sehen wollte! sagt er. Und er hält sich standhaft. Es vergeht eine Weile; nach und nach, ganz allmählich zieht der amerikanische Geist in den seinen ein; er liest die Plakate, stellt sich den teuren Vorhang vor, hört die elektrische Trommel, die jeden Abend von sechs bis sieben auf dem *Madison Square* schallt; die Reklame wirkt. Zuletzt geht er ins Theater – um den Vorhang zu sehen! Der Geldwert der Kunst ist deren Inhalt geworden.

Auf ähnliche Weise ist es zu Haus in Europa leicht, davon überzeugt zu werden, daß Amerika groß ist. Poltert also; das rasende, eintönige Reklamepoltern überwältigt einen einmal. Wenn man jahraus und jahrein nichts anderes über ein Land hört als nur von den gigantischen Dingen mit dem weiten Umfang und dem ungeheuren Geldwert, dann liegt es nahe, daß man schließlich in Träumereien über die Macht in diesem Volk versinkt, das diese hervorgebracht hat. Man fragt nicht nach den kleinen, den *inneren* Dingen; der Koloß ist die populärste Reklame auf der Erde. Und eine Lügengeschichte mehr oder weniger über die amerikanischen Kolosse hat nur wenig zu sagen, wenn man sein Verständnis erst einmal so weit gebracht hat, daß die Größe den Park und der Vorhang die Bühnenkunst ausmacht. Groß ist Amerika!

»Amerika ist in seiner Politik, Literatur, Kultur und Kunst,

in seiner Natur, seinen Städten und seiner Bevölkerung das Land der Illusionszerstörung und der Täuschung. Mit einiger Erfahrung in allen Ländern der zivilisierten Welt, Rußland ausgenommen, kann ich mir kein Gebiet denken, wo ich nicht lieber wohnen möchte als in Amerika; ich kann mir kein Gebiet denken, wo das Leben nicht lebenswerter, weniger unsauber, erbärmlich und unliebenswürdig wäre. Amerika, Apotheose der Philisterei, Verwirrung und Verzweiflung der Staatsmänner, das Mekka, wohin jeder religiöse und soziale Scharlatan zieht; wo der einzige Gott, den man anbetet, der Mammon ist und die höchste Erleuchtung, der man sich naht, Gewinnberechnungen sind; wo eine Nation, um seine Lieferanten, Unternehmer und Monopolisten mit Reichtümern auszustatten, seine Sklaven frei gemacht und seine Freien zu Sklaven gemacht hat; wo das Volk gemästet und betrunken vom Materialismus ist.
Amerika prahlt mit seiner Gleichheit und Freiheit und sieht nicht, daß es kein Land auf der Welt gibt, wo das Recht der einzelnen und die Interessen der Gesellschaft systematischer verletzt werden als in Amerika.«*
Warme Worte, gefährliche Worte, die ihren Mann abstempeln! Lepel Griffin reist vielleicht nicht einmal mehr unter seinem richtigen Namen nach Amerika...

Aber gibt es denn in ganz Amerika keine *Elite?* Keine Auswahl von Männern des Geistes, keinen geistigen Hof, keinen Salon, keine Klasse, keine Clique, keine feinen einzelnen, keine adlige Seele?
Amerika ist zweihundert Jahre alt. In einem Hundert dieser Jahre war es völlig unbebaut, im nächsten kamen ein paar gute europäische Leute ins Land, brave Menschen, strebsame Knechte, Muskeltiere, Körper, deren Fäuste den Boden

---

* Lepel Griffin, *Fortnightly Review,* 1884, I

roden konnten und deren Hirne nicht zu denken vermochten. Es verging ein Menschenalter; immer mehr gute Leute kamen auf Rahseglern nach Quebec, der eine oder andere bankrotte Kneipenwirt und dieser oder jene pietistische Geistliche folgte ihnen. Die Zeit verstrich; ein Schoner lief in Baltimore ein mit dreiunddreißig Knechten, fünf Bankrotteuren und einem Totschläger an Bord. Die Zeit verging; eine Bark segelte in den Hafen von Portsmouth, die hundert Knechte, tausend Pfund Pastoren, ein halb Dutzend Mörder, vierzehn Fälscher und zwanzig Diebe brachte. Eines Nachts fuhr ein Krämerkreuzer in New Orleans ein, in einer Nacht still und finster, ein Kreuzer voller Waren; der kam vom oberen Nil und hatte siebzig Schwarze im Laderaum. Die wurden an Land gesetzt, es waren Muskeltiere, Neger aus Niam-Niam, deren Fäuste niemals den Boden gerodet und deren Hirne niemals gedacht hatten. Und die Zeit verstrich; die Menschen kamen in großen Scharen an Land; man erfand den Dampf, um sie damit über das Meer zu befördern; man überschwemmte Boston, man drang in New York ein. Tag um Tag, Tag um Tag wälzten sich die Menschenmassen einer Welt über das Präriereich, Leute aller Rassen und Zungen, gute Leute ohne Zahl, Bankrotteure und Verbrecher, Abenteurer und Geisteskranke, Geistliche und Neger – lauter Angehörige aus Pariafamilien der ganzen Welt.

Und keine adlige Seele.

In dieser Bevölkerung, aus diesen Individuen sollte Amerika eine geistige Elite schaffen...

Es ging dem Land gut. Es gab Gold in Nevada und Kalifornien, Silber und Öl in Pennsylvania, Eisen, Kupfer, Quecksilber und Blei in Montana, Kohle im Alleghanygebirge, in Ohio, Kentucky und Virginia; es gab Ackerbau und Viehzug, Holzflößerei und Plantagenbetrieb, Fischerei und Jagd; die Sonne war heiß und die Erde reich, es reiften

Früchte auf den bescheidensten Bäumen und es wuchs Gras an allen Landstraßen. Die guten Leute aus der ganzen Welt befanden sich wohl in dem neuen Reich, sie paarten sich und hatten Nachkommen, genossen das Leben und standen bis zu den Knien in der Nahrung, aßen drei-, viermal soviel wie im alten Land. Und es wurden Patrioten aus den Knechten.

Aus diesen Patrioten, aus diesen guten Leuten sollte Amerika seine geistige Elite entwickeln....

Wie verhielten sie sich dabei? Es war nun einmal kein Geist im Land; gute Leute bringen keine Adligen zur Welt, und da sich die guten Leute seither zu Patrioten entwickeln, werden es sehr selbstzufriedene Menschen. Die besten Seelen Amerikas, die höchsten von ihnen, die hervorragenden Männer, die gerade der Anfang des Elitehofs des Landes werden sollten, legten in der Güte ihres Herzens 35 Prozent Zoll auf die Einführungen von Geist – um im Land selbst eine Elite zu schaffen! Am 1. Januar 1863 machten sie die Neger zu Herren über die freien Gutsbesitzer des Südens, nahmen Muskeltiere aus Niam-Niam in ihre Familien auf, gaben denen ihre Söhne und Töchter zur Ehe – um eine Auswahl von geistigen Menschen zu züchten!

– Es ist unbillig, eine Elite in Amerika zu erwarten; es ist mehr als unvernünftig, eine Elite in einem Land zu verlangen, das als Nation betrachtet das reinste Experiment ist und dessen Bevölkerung von geborenen Minderwertigen in einer patriotischen Feindschaft gegen alles Nichtnationale erzogen worden ist. Wird man nicht mit einer geistesadligen Seele geboren, so muß man entweder von Fremden geadelt werden oder kann niemals adlig sein. Unter den Amerikanern gibt es kein Streben nach Höherem; das Kühnste, was sie verlangen, ist, gut versippte Yankees zu sein, deren Ziel auf dem Niveau »politische Demokratie« liegt. Es gibt bei ihnen kein Sehnen nach Adel des Gehirns, nach geistiger

Sultansschaft. Wenn es einen Hof der geistigen Elite in Amerika gäbe, warum herrscht dann auf allen Gebieten des Geistes Schweigen? Wo ist die Klasse, die Clique, der Salon?

Aber Amerika besitzt doch Geist? Oder habe ich vielleicht die einundzwanzig Poeten vergessen, die im Konversationslexikon des Verlagsbüros stehen, die sieben Historiker, elf Maler, zwei Literaturhistoriker, zwei Theologen, der eine General Grant und Henry George? – Nein, ich habe diese Vertreter des Geistes nicht vergessen. Ich habe sie auf keiner dieser Seiten vergessen...

In den fünfziger Jahren zeichnete sich in zwei der ältesten Staaten des Südens eine geistige Elite ab; aber der Krieg kam und verbrauchte sie, bevor sie noch recht gegründet war. Seither hat sie sich nicht geäußert. Das Blut der Bevölkerung wurde seit dieser Zeit demokratisch mit dem von Negern gemischt, und die Intelligenz sank, statt zu steigen. Man wurde zum Zusammenleben mit diesen Schwarzen gezwungen. Die Unmenschlichkeit hatte diese in Afrika geraubt, wo sie zu Haus waren, und die Demokratie machte sie gegen alle Ordnung der Natur zu zivilisierten Bürgern. Sie haben alle dazwischenliegenden Entwicklungsstufen vom Rattenfresser zum Yankee übersprungen. Jetzt werden sie als Pastoren, Friseure, Kellner und Schwiegersöhne gebraucht. Sie besitzen alle Rechte eines Weißen und nehmen sich alle Freiheiten eines Schwarzen. Ein Neger ist und bleibt Neger. Rasiert er einen Mann, dann faßt er ihn an der Nase, wie sein seliger Großvater am Nil nach einem Krokodilbein gegriffen hat; bringt er einem das Essen, hält er seinen glänzenden Daumen bis zum Knöchel in die Suppe. Es nutzt nichts, ihm das Negerhafte in seinem Verhalten vorzuwerfen; wenn man keine grobere Antwort bekommt, dann wird der afrikanische Demokrat doch mindestens gekränkt äußern: *Mind your own business!* (Kümmern Sie sich um Ihre eigenen Angelegenheiten!) Und da muß man schweigen, die Auseinandersetzung ist zu Ende. Doch sitzt man dann da mit zwei großen Fäusten und dem Recht auf seiner Seite, dann verschlingt man das Essen mit geringem Appetit. Etwas anderes wäre es natürlich, wenn man ausdrücklich Suppe mit Daumen verlangt hätte.

Die Neger sind und bleiben Neger, ein Menschenanfang aus den Tropen, Wesen mit Därmen im Kopf, rudimentäre Organe am Körper der weißen Gesellschaft.

Statt eine geistige Elite heranzubilden, hat man in Amerika ein Mulattengestüt gegründet; man tut deshalb vielleicht am besten, die Elite in Ländern zu suchen, wo das Vorhandensein einer Elite eher vorauszusetzen ist als dort. Daraus, daß es in allen alten Ländern mit langer Geschichte und reicher moderner Kultur eine Elite gibt, folgt nicht unbedingt, daß es auch eine Elite in einem neugegründeten Land ohne Geschichte und mit einer alten überlebten Kultur gibt. Man kann billigerweise in Amerika keine höhere Geisteselite verlangen als die, die die Geistlichen im Lauf von vier Generationen geschaffen haben. Insoweit hat diese Elite in Boston ihren Sitz. Sie wirkt in der Stille, sie stürzt keine Welten um und erschüttert keine Erde.

Ist es also unbillig, Geist von den Amerikanern zu erwarten? Da ihr Naturell als »gute Leute« und ihre soziale Lebensordnung sie in so geringem Maß dazu befähigt, sind sie gewiß zum Teil entschuldigt, wenn sie keinen Geist haben. Aber wer möchte schon wegen einer noch so vorsichtigen Äußerung hierzu Kopf und Kragen riskieren? Am sichersten ist es wohl, zu dieser Frage ganz zu schweigen. Der unerfahrene Mann, der in Anwesenheit eines Amerikaners ein entschuldigendes Wort über Amerikas Ungeistigkeit sagt, wird auf der Stelle aufgefordert, er solle nur kommen, er solle gefälligst kommen! Ganz ohne Schuld sind die Amerikaner also nicht, wenn sie aus lauter empfindlichem Selbstgefühl jede geistige Wegweisung von Fremden zurückweisen; man wird bestimmt in ferner Vergangenheit suchen müssen, um eine Nation zu finden, die aus eifersüchtiger Nationaleitelkeit das geistige Leben ihres Landes so öde hält wie die Amerikaner. Man kann an dem Fortschritt, der Stufe um Stufe erfolgt und glatt verläuft, an den kleinen Verbesserungen, den untergeordneten Reformen in Einzelheiten zweifeln, für die heute gekämpft wird und deren Spur durch die nächste Generation verwischt werden wird; man kann statt dessen nur an den großen Schachzug, an die gewaltigen Revolten einzelner Vertreter des Geistes glauben, die mit einem Schlag die Menschheit für mehrere Generationen vorwärtsstoßen. Aber was ist, wenn die Zeit nicht für eine historische Revolte reif gemacht, wenn die Erde nicht für die aufsprießenden geistigen Möglichkeiten in einem Land vorbereitet wird? Wenn die Revolte vielmehr beigelegt, eingezäunt wird, wenn nur wilde Gewächse und Unkräuter in großer Menge wuchern können? Ein zugewachsener nationaler Garten, ein Wunderwerk von einem Park! Es ist die eigentliche Lebensaufgabe eines jeden Amerikaners, zuerst ein patriotischer Bürger der großen Prärien zu sein, bevor er ein gebildetes Individuum in der Menschheit wird. Dieses Gefühl hat von der Wiege an all ihre Vorstellungen durchdrungen und gefärbt; nur dadurch, daß man Amerikaner ist, ist man in Wahrheit Mensch. Deshalb findet sich nicht ein einziger Zweifler in dem ganzen großen Land, nicht ein einziger Lichtsucher, kein aufrührerischer Geist, der ausscheren, aus dem Gleichschritt geraten, den ersten vorsätzlichen falschen Tritt zu der kläglichen Bajazmusik der Blechflöten tun würde. Alle marschieren einträchtig vorwärts mit lautem Hurra, ohne sich umzuschauen...

Eine Welt von Geschrei und Dampf und großen ächzenden

Stempelmaschinen; ein Reich mit Leuten aus allen Gebieten der ganzen Welt – angefangen von den Weißen des Nordens bis zu den Affen und geistigen Mulatten der Tropen; ein Land mit weicher, gedüngter, nahrungbringender Erde und eingefriedigten Urländereien.

Und schwarzem Himmel…

»FESTINA LENTE«

I

Von Leuten aus ganz Europa und zum Teil auch aus Amerika bin ich in den letzten Jahren gebeten worden, ihnen ein Kernwort zu schreiben, ein konzentriertes Wort der Weisheit, nach dem sie in Zukunft leben könnten. Und jedesmal mußte ich denken: Leider haben sie also Wind davon bekommen, daß ich ein weiser Mann bin; es nützt also nichts, daß ich es länger verheimliche, ich bin entdeckt!
Ich begreife schon, daß ich einer von vielen bin, die solche Zuschriften erhalten. In neuerer Zeit handelt es sich bei den andern um Lehrer der Welt wie Kant, Goethe, Darwin, Tolstoi, und da jetzt keine großen Propheten mehr unter uns leben, geht man zu den kleinen – von denen gab es viele, es waren zwölf.
Aber daß man auch zu mir kommt! Zu mir, der ich mich selber nicht im Leben zurechtzufinden weiß, sondern mich jeden Tag bei der See, dem Wind und den Sternen erkundigen muß.
Auch in unsern Tagen sind ja manche tüchtig gewesen und haben ein Serum nach dem andern gefunden. Bergson hat die Intuition lanciert, Einstein die Relativitätstheorie, ich bin leer, habe keine Voraussetzungen, weiß nichts, habe nicht einmal ein Examen von einer Schule. Ich gehe hier umher, ein Bauer auf meinem Boden, ein *»innocent abroad«*. Ein Kernwort, nach dem man leben kann, ein Wort der Weisheit? Das Altertum hatte den Wahlspruch des Augustus: Festina lente.
Aber diese Zuschriften weisen ganz deutlich auf eines hin: auf die ratlose Verwirrung überall in der Menschheit. Alle tappen unsicher umher, keiner hat Frieden. Gott ist vergessen, der Dollar erweist sich als nicht imstande, ihn zu ersetzen, die Technik lindert keine Seelennot. Der Weg ist versperrt. Unter diesen Verhältnissen beschleunigt Amerika noch das Tempo. Amerika will sich ganz und gar nicht von Hindernissen aufhalten lassen, es will vorwärts, es will sich

den Weg bahnen. Sollte Amerika umkehren? Keineswegs! Das würde das Tempo nur um das Hundertfache erhöhen, auf der Erde Orkan spielen und das Leben zur Weißglut hinaufjagen. Wir haben in Europa schließlich das Wort Amerikanismus, die Antike hatte festina lente.

Es ist kein Zeichen von Kraft, sie zu mißbrauchen. In gewissen Fällen ist es nicht einmal ein Zeichen von Kraft, sie zu *gebrauchen.* Kraft nutzt sich ab, es kommt ein Tag, wo die Kraft verbraucht ist und man von seinen Reserven zehren muß. Alte Völker wie die Assyrer und Babylonier gebrauchten ihre Kraft, verbrauchten ihre Kraft und gingen zugrunde.

Mir scheinen die Orientalen in sittlicher Weisheit hoch oben zu stehen. Sie waren von alters her die glücklichen Besitzer von Zufriedenheit mit dem Leben, sie lächelten über das rastlose Zappeln der Abendländer und beugten ihr Haupt in kontemplativer Ruhe; sie hatten genug mit dem, was sie besaßen. Die Zeitungen brachten neulich eine Geschichte von einem Flugzeug, das in der Wüste notlanden mußte. Die Eingeborenen der Oase Sisdiokba, die gesehen hatten, daß der große Vogel vom Himmel herunterkam, gingen um den Vogel herum, dachten sich das ihre, schüttelten den Kopf, schwiegen jedoch. Der Vogel war tot, der Vogel war nie lebendig gewesen. Die Flieger hatten einen andern Empfang erwartet: maßloses Erstaunen, Kniefall vor der Erfindung. Nichts geschah. Die Flieger machten sich interessant, sie erklärten, wie viele Stunden sie in der Luft gewesen waren und wie viele sie noch zurückzulegen hatten. Nun würden sie den Vogel instandsetzen und weiterfliegen. Die Tuareg sprachen einige höfliche Worte, grüßten und wollten sich entfernen. Damit war den Fliegern nicht gedient, sie wünschten die Eingeborenen auf den Knien zu sehen und einen Ausbruch zu hören, sie wollten diese Söhne der Wüste zähmen. Der Scheich äußerte nun

seinen Zweifel daran, ob die Erfindung, die Reise, die ganze Idee die Summe an *menschlicher Seele* wert sei, die bei dem Unternehmen verbraucht wurde.
Natürlich hatten seine Worte keine Wirkung auf die Flieger, er war eine Stimme in der Wüste. Doch schon vor zwei Menschenaltern schrieb John Stuart Mill, es sei die Frage, ob die großen mechanischen Erfindungen auch nur für ein einziges menschliches Wesen die Mühe des Lebens erleichtert hätten. Was hätte John Stuart Mill jetzt gesagt!
Ist die Sensation notwendig für das Erdenleben? Der Tuareg kann ohne sie leben. Wir stellen Rekorde auf im Fliegen, im Fahren, im Prügeln mit Fäusten, wir heulen zum Himmel vor Begeisterung über die Helden, die über den Atlantischen Ozean fliegen – und wir kehren leer von unserer Erregung nach Haus zurück. Der französische Seiltänzer Blondin ging ja bereits im Jahr 1860 auf Stelzen auf einem gespannten Tau über die Niagarafälle.
Es stecken Mut, persönlicher Einsatz, Energie, Ehrgeiz, Sensation in solchen Unternehmungen, aber bei uns spricht es nicht für seelisches Gleichgewicht, wenn wir solch finsterem Unverstand zujubeln, selbst wenn er in eine erfolgreiche Tat umgesetzt wird. Wir beweisen damit vielleicht Zivilisation, Kultur beweisen wir damit nicht. Darum geht es: Wir zivilisieren uns, überzivilisieren uns, aber wir verlieren an Gewicht. Bei Boxkämpfen stellen wir uns ohne jede Scham bloß durch geisteskranken, panikartigen Jubel über den Prügelbruder, der seinem Gegner am meisten Schaden zufügt. Als der kühne – der tollkühne – Flieger Lindbergh nach seinem Atlantikflug nach Haus kam, schrieben amerikanische Zeitungen, daß er zum Präsidenten des freien Staates gewählt werden müsse. Der junge Mann stammt aus einem alten ruhmreichen Volk, er hat sich selbst gegen das alberne Angebot ausgesprochen und es zurückgewiesen, er ist populär, er kennt seine Maschine,

sein Name ist in aller Munde, aber Präsident über das größte und mächtigste Volk der Erde...? Wenn ein solcher Gedanke entstehen und ohne Scham lanciert werden kann – ist das Kultur?
Ein amerikanischer Schriftsteller, wohnhaft in New York, schrieb neulich einen Aufsatz in der großen dänischen Zeitung *Politiken* über einen Königsbesuch in unserer alten norwegischen Stadt Drontheim. Er spöttelte darüber, daß die Drontheimer von einem so unwichtigen Ereignis wie dem Besuch eines Königs so stark in Anspruch genommen worden sein könnten, und darin dürfte er in gewisser Hinsicht sogar recht haben. Ich habe indessen in den Vereinigten Staaten eine weit größere Aufregung beim Präsidentenbesuch in einer kleineren Stadt als Drontheim, einer Stadt ohne dessen tausendjährige Geschichte, erlebt. Aber das ist unwesentlich, ich lege kein Gewicht darauf. Dagegen spöttelte der Autor auch über den unansehnlichen Königshof in Drontheim, überhaupt über die ganze Bebauung der Stadt – eine Frage, die zu erörtern der Schriftsteller keine Voraussetzungen mitbrachte. Es steht in Drontheim ein wunderbarer gotischer Dom, die größte Kirche Skandinaviens, ein edles Bauwerk; Amerika besitzt nichts Vergleichbares und wird es niemals erhalten. Und der Königshof? Er ist kein Wolkenkratzer, aber er ist ein großes Schloß, das größte herrschaftlich eingerichtete Holzgebäude in den nordischen Ländern. Schon dies ist bemerkenswert, denn es ist aus Baumarten errichtet, die dauerhaft sind wie Stein.
Der amerikanische Autor ist sicher ein, wie man es nennt, gebildeter Mann, er hat die ausgezeichneten Schulen seines Landes besucht und sich das rechte und richtige Wissen seiner Zeit auf verschiedenen Gebieten angeeignet, er ist eine zivilisierte Persönlichkeit, und er kommt anscheinend nicht auf den Gedanken, daß ihm etwas an seiner Bildung fehlt. Aber es fehlen ihm die Fähigkeit mitzuerleben, historischer

Geist, Patina. Er hat den Königshof nicht betreten, wie er berichtet, er hätte sich wohl auch nicht für die Einrichtung interessiert, es fehlt der Flitter, aber sie hat ihren Adel. Im ganzen genommen liegt tiefe *Kultur* in der alten Holzarchitektur Drontheims.

II

Habe ich mich nun selbst hingesetzt und über Amerika gespöttelt, Amerika schlecht gemacht? Das habe ich nicht getan, und ich habe auch keinen Grund dazu. Ich werde bis zu meinem Tod schätzen, was ich dort während meiner beiden Aufenthalte gelernt habe, und nicht ohne schöne und gute Erinnerungen daran. Es ist die Nation als Ganzes und das amerikanische Leben, über die ich spreche.
Ich will die große Hilfsbereitschaft der Amerikaner, ihr Mitgefühl, ihre Freigebigkeit nennen. Hier ist es nicht möglich, auf rechte Weise einen Rockefeller, einen Carnegie, einen Morgan zu besprechen, deren Stiftungen so gewaltig sind, daß mir der Maßstab fehlt, sie zu würdigen. Ich denke an die Hilfsbereitschaft des durchschnittlichen Amerikaners im täglichen Leben. Die Menschen springen sofort ein, wenn es nötig ist, und fragen nicht nach dem Vorteil bei der guten Tat. Ich habe einmal um einige Dollar zum Kauf von Büchern für eine kleine norwegische Siedlung in der Nähe der Stadt gebeten, in der ich arbeitete. – Es ging großartig, Dr. Booth setzte sich als erster auf die Liste und damit viele weitere; ich mußte die Sammlung selbst abbrechen. Ich habe einmal bei einem verhältnismäßig armen irischen Farmer gearbeitet, dessen Wohnhaus abbrannte. Da eilten alle Nachbarn von nah und fern herbei, die nicht nur halfen, den Brand zu löschen – sie bauten das Haus auch wieder auf! Wir Leute auf der Farm konnten unsere Arbeit auf den Feldern ruhig fortsetzen, und als das Haus fertig war, für die Hilfe danken und einziehen.
Man wird mir vielleicht verzeihen, daß ich in diesem Zusammenhang ein persönliches Erlebnis berichte. Als ganz junger Mann saß ich auf einer Reise fest. Ich stand in Chica-

go und hatte kein Geld, um aus der Stadt wegzukommen. Ich schrieb deshalb einen kurzen Brief an einen bekannten Amerikaner und bat um – *bat* um fünfundzwanzig Dollar, die zurückzuzahlen ich nicht versprechen konnte. Ich ging selbst mit dem Brief hin. Es war ein langer Weg, ganz hinaus zu den Schlachthäusern. Ich fragte mich durch und fand das Kontor des Mannes. Es war ein riesiger Raum, häßlich anzusehen, am ehesten wie ein Wirtschaftsgebäude, aber mit einem gewaltigen Gewimmel von Angestellten. Am Eingang stand ein junger Mann als Pförtner, er nahm meinen Brief und ging damit weg. Ich sah, wie er auf die Mitte des Raumes zusteuerte, wo ein Mann auf einer Erhöhung saß und mit Papieren arbeitete. Das war Armour.* Von nun an wagte ich nicht mehr aufzublicken; ich verspürte Scham und war auf eine Ablehnung gefaßt. Der Pförtner kam rasch zurück; ich bemerkte ihn erst, als er vor mir stand und mir fünfundzwanzig Dollar aushändigte. Es dauerte eine Weile, bis ich mich erholt hatte. Dann fragte ich idiotisch: Habe ich sie bekommen? Ja, lächelte der Mann. Was hat er gesagt? fragte ich. Er sagte: *Your letter was worth it.* Ich stand noch einen Augenblick da und drehte die Scheine in der Hand. Dann fragte ich: Kann ich hingehen und mich bedanken? Der Mann erwiderte unschlüssig: Vielleicht. Aber das würde ihn wohl nur aufhalten. – Ich schaute zu Mister Armour auf, er schenkte mir nicht einen Blick, sondern arbeitete an seinen Papieren.
Ich erinnere mich nicht mehr, was ich in dem Brief geschrieben habe. Bestimmt war es das elendeste Englisch, das Mister Armour jemals gelesen hat, und daß dies fünfundzwanzig Dollar wert sei, war ganz gewiß Ironie.

---

* Philip D. Armour (1832–1901), Kaufmann und Philanthrop in Chicago, Chef einer Fleischkonservenfabrik und Gründer des Armour Institute of Technology, heute in Illinois (A. d. Ü.)

Während ich auf der großen Dalrumple-Farm im Red-River-Tal arbeitete, erlebte ich einmal folgendes: Eine Gruppe von uns Arbeitern wurde zu einer neuen Sektion hinübergeschickt. Auf dem Weg dorthin wurde ein Mann krank und mußte in einer kleinen Präriestadt zurückgelassen werden, durch die wir kamen. Als wir im Herbst auf der neuen Parzelle fertig waren und auf dem Rückweg wieder durch die kleine Präriestadt kamen, war der Kranke genesen, aber noch schwach; er hatte keinen Verdienst gehabt, war ohne Geld und sah schlecht aus. Während ich dastand und mit ihm redete, wurde mir ein Fünfdollarschein in die Hand geschoben, kurz darauf erhielt ich einen weiteren Fünfdollarschein, später mehrere – es war die Hilfe für unsern kranken Kameraden. –
Ich bin von vielen Beispielen amerikanischer Wohltätigkeit Zeuge gewesen, die ich den erwähnten hinzufügen könnte. Es mag sein, daß es sich der reiche Amerikaner leisten kann, aber es setzt auch ein gutes Herz voraus. Und da die Wohltätigkeit, die Hilfsbereitschaft durchweg auch bei dem einfachen unvermögenden Amerikaner zu finden ist, ist sie bestimmt ein Charakterzug der ganzen Nation.
Um so auffallender ist für Europäer die blinde, verständnislose Härte, die sich in gewissen Handlungen des amerikanischen Staates äußert. Ich nenne hier die gewaltigen Zollmauern gegen Europa und ich nenne die stahlharte Eintreibung der europäischen Kriegsschulden. Als Laie, als Mann von der Straße urteile ich etwa so: Es mag sein, daß Amerika im Augenblick mit seiner Finanzpolitik am meisten verdient, doch für die Zukunft, für alle kommenden Jahre, für alle Geschlechter, die noch geboren werden? Amerika kann ebensowenig wie irgendein anderes Land auf dem Erdball allein stehen. Amerika ist nicht die Welt. Amerika ist ein Teil der Welt und muß sein Leben zusammen mit allen andern Teilen leben.

III

Wenn ich jetzt mehr Raum zur Verfügung hätte, hätte ich einige Zeilen Laienansichten über das moderne Geistesleben Amerikas gewagt. Es besteht ein himmelweiter Unterschied zwischen Amerikas heutigem Geistesleben und dem während meiner Aufenthalte in den achtziger Jahren in den Staaten. Amerika ist immer gewaltig gewesen, auf Grund der guten wirtschaftlichen Möglichkeiten und der intellektuellen Kraft der Nation gigantisch aufgebaut; doch in unsern Tagen hat es auf allen Gebieten eine Höhe erreicht, die des großen Volkes würdig ist – in mehreren Zweigen der Wissenschaft wird das Land jetzt der anerkannte Führer sein. Meine Ansicht kann sich nur auf das wenige gründen, was ich mir durch Lektüre zugänglich machen konnte; ich trage damit nur eine allgemein europäische Ansicht vor. Die Kunst ist aufgeblüht, die bildende Kunst ist reich und talentiert, die Literatur blüht, insbesondere ist die junge Romanliteratur in den Staaten die frischeste und originalste der Welt, eine Erneuerung und ein Exempel für Europa. Schopenhauer ist nicht ohne Einfluß geblieben, Nietzsche ebensowenig, aber es gibt auch große selbständige Geistesarbeiter in der amerikanischen Literatur neben den Dichtern, ich nenne nur den pragmatischen Führer William James.

Wenn ich doch mehr Platz gehabt hätte! Ich hätte über die reizenden Kinder und über die amerikanischen Frauen, den schönsten Frauentyp auf dieser Erde, geschrieben. Ich habe in jüngeren Tagen einen Teil der Welt gesehen, ich habe im Land der Weißen und Farbigen gestanden, doch niemals bin ich so vollkommenen weiblichen Schönheiten begegnet wie in den großen Städten des Ostens in Amerika. Im Antlitz, im Körper, in allen Gliedern, in ihrem Auftreten, ihrem Raffinement, ihrer Koketterie – in allem bewahre ich die Erinnerung an eine Offenbarung der Schönheit. Und das, obwohl ich als gewöhnlicher Arbeiter niemals einen Blick in die Welt der höheren Klassen werfen konnte.

Ich will den Raum, den ich noch habe, dazu nutzen, den Vereinigten Staaten meine ehrerbietigste Huldigung für die Lehre zu Füßen legen, die sie der Welt über Ruhm und Ehre der *Arbeit* gegeben hat. Amerika arbeitet. Amerika lehrt die Welt, fleißig zu sein. Ich denke hier nicht an die forcierte Hast, um sich durchzusetzen, wenn nötig mit dem Revolver in der Hand, ich denke nicht an das Arbeitsfieber auf den Goldfeldern oder bei der schreienden Spekulation an der Börse. Ich denke an den einfachen Amerikaner, der Hände und Kopf zum Arbeiten bekommen hat und beides sein Leben lang gebraucht. *Aber sie zu stark gebraucht.*
In Amerika ist niemand zu fein, um etwas zu tun, aber die Nation als Ganzes scheint in einem Tempo von Fieber und Gewinnsucht zu arbeiten. In einer Autobiographie von Henry Ford lese ich, daß er in seinen Fabriken die Maschinen dicht aneinanderrückt, um den Leuten wegen des Zeitverlustes jeden Schritt zu ersparen, der nicht unbedingt notwendig ist. Zeit ist Geld, und Geld ist alles. So ist es, wenn man ausschließlich nach der Logik der wirtschaftlichen Interessen denkt. Während meiner Zeit auf der Prärie hatten wir einen Arbeitstag von sechzehn Stunden, in denen wir hetzten, um die Ernte einzubringen. Von allem andern abgeschnitten – wir konnten unter diesen Umständen nur arbeiten wie Neger, wie Sklaven, wir arbeiteten grob und häßlich, wir hatten keinen Auftrag, *schöne* Arbeit zu tun –, was für den intelligenten Arbeiter von sittlichem Wert ist. An kalten Morgen wärmten wir unsere Ölkannen, indem wir einen Weizenschober von sechs Garben anzün-

deten. Es eilte uns, wir hatten keine Zeit, einen Haufen Stroh zu einem Ballen zusammenzufügen.

Nun ist ein Menschenleben ja kurz – ach, daß wir Zeit bekämen, es zu leben! Wenn wir uns abrackern, nutzen wir uns ab und machen uns unbrauchbar für die Zeit. Festina lente.

Ihr Amerikaner scheint nicht mit wenig zufrieden zu sein. Ihr wollt ganz obenauf sein. Ihr wollt Überfluß haben. Die Orientalen stehen im Gegensatz hierzu mit ihrer Genügsamkeit, ihrer angeborenen Fähigkeit zu entbehren. In Persien habe ich Kutscher auf ihrem Bock sitzen sehen, die abwechselnd von einer Scheibe Brot und einer Weintraube abbissen; das war ihre Mahlzeit, Fleisch konnten sie entbehren. Sie konnten auch eine goldene Taschenuhr entbehren. Ich fragte meinen Kutscher, wann wir in der nächsten Stadt sein würden. Er schaute nach der Sonne und erwiderte: »Wir müssen in der großen Hitze dort sein« (in der Mittagshitze). Ein poetischer Glockenschlag, fast wie eine Verszeile.

Die Amerikaner werden einwenden, daß hier kein Vergleich möglich sei, ein Fordwagen hätte die kurze Strecke in weniger als einer Stunde zurückgelegt. Persien ist eine Sache, der Fortschritt eine andere. Jawohl, mein Kutscher fuhr mit einem Pferd, dazu hatte er Zeit, das gefiel ihm, und er unterhielt sich auf dem Weg mit seinem Pferd als seinem guten Kameraden. Er fragte das Pferd, ob es sich nicht ein wenig sputen wolle, ob es sich nicht schäme: Schau doch zur Sonne, sagte er, willst du lieber verbrennen?

Fortschritt – was ist das? Daß wir schneller auf den Straßen fahren können? Nein, nein, wenn die Menschen die Rechnung nach der Postierungsweise abschließen, werden sie ins Defizit geraten. – Fortschritt ist die notwendige Rast des Körpers und die notwendige Ruhe der Seele. Fortschritt ist das Gedeihen des Menschen.

KNUT HAMSUN

Pan

Mit 10 Radierungen von
Hermann Naumann

144 Seiten · Leinen

Knut Hamsun – »wie weiß dieser Mensch den Menschen, wie durchdringt dieser Dichter die Natur und wie schwingt und schwebt sein Erzählen immer aus in seelischer Musik!« (Stefan Zweig) Die Novelle »Pan«, jenes »Lied von des Nordlandsommers ewigem Tag«, entstanden 1894, dokumentiert Hamsuns lyrische Begabung auf besonders eindringliche Weise.
Poetische Naturbeschreibungen, eine elegische Liebesgeschichte, die mystische Deutung der Beziehung Mensch – Natur kennzeichnen die Novelle als ein typisches Produkt der Literatur des ausgehenden neunzehnten Jahrhunderts. Von Hamsuns feinsinnigem, auf die Erlebniswelt des Individuums gerichtetem Erzählstil beeindruckt, feierten Schriftsteller und Kritiker das Werk als das »Evangelium der Neuromantik«.

Die zehn Radierungen, die von Hermann Naumann zu dieser Ausgabe geschaffen wurden, sind Dokumente bildnerischer Poesie, die gleichberechtigt neben das dichterische Wort treten.
Naumanns umfangreiches graphisches Werk, das oft bestimmende Anregungen aus der Literatur empfängt, besticht durch den Formenreichtum und die Vielfalt stilistischer Aussageweisen. Neben der Überhöhung zu Symbol und Allegorie stehen knapp formulierte Expressivität oder verhaltener Lyrismus – der Bogen ist bis hin zur Groteske gespannt und ermöglicht Lesartenfülle.

LANGEN MÜLLER